REVISTA

Conversación sin barreras

Second Edition

María Cinta Aparisi

José A. Blanco

Marcie D. Rinka
University of San Diego

Boston, Massachusetts

Publisher: José A. Blanco
Editorial Director: Helene Greenwood
Managing Editor: Sarah Kenney
Project Manager: María Cinta Aparisi
Editor: Daniel Finkbeiner
Director of Art and Design: Linda Jurras
Director of Production and Manufacturing: Lisa Perrier
Design Manager: Polo Barrera
Photo Researcher and Art Buyer: Rachel Distler
Production and Manufacturing Team: Oscar Díez, Mauricio Henao, María Eugenia Castaño, Jeff Perron

President: Janet L. Dracksdorf
Sr. Vice President of Operations: Tom Delano
Vice President of Sales and Marketing: Scott Burns
Senior Language Specialist : Norah Jones
Executive Marketing Manager: Ben Rivera

Printed in the United States of America.

Instructor's Annotated Edition: ISBN-13: 978-1-60007-102-7
ISBN-10: 1-60007-102-3
Student Text: ISBN-13: 978-1-60007-100-3
ISBN-10: 1-60007-100-7

Library of Congress Control Number: 2006935409

2 3 4 5 6 7 8 -B- 11 10 09 08 07

Getting the Conversation Going with REVISTA

Bienvenido a REVISTA, Second Edition, an innovative and exciting college Spanish conversation program that will capture your interest and inspire you to communicate in Spanish. Its engaging lesson topics will compel you to express your ideas in Spanish. With **REVISTA,** you will find it easier and more stimulating to participate in lively conversations in your Spanish class as you explore a broad range of aspects corresponding to each lesson's theme. Most importantly, with **REVISTA** you will find yourself feeling freer than ever before to speak in Spanish.

Speaking Spanish constantly along with practicing your other skills like listening, reading, and writing is crucial to improving your language skills. You will find that **REVISTA** offers abundant opportunities for you and your classmates to engage in stirring conversations on a number of captivating topics. Your Spanish will improve as you put it to use to express ideas and opinions that are important to you. The themes, readings, films, and exercises of **REVISTA**, along with its unique magazine-like presentation, were specifically chosen with the goal of capturing your interest and imagination and compelling you to express yourself. After all, people express themselves most genuinely when they feel strong emotions like joy, anger, sadness, frustration, and love, just to mention a few.

When you speak to your friends and family outside the Spanish classroom, you most likely don't stop to think about whether your sentences are grammatically correct. Instead, you probably speak fluidly because you want to get your message across to your listeners. Why should expressing yourself in Spanish be any different? Participate as much as possible, without worrying about whether your Spanish is "perfect," and remember that we all have ideas and opinions, so you shouldn't let the fear of making grammar mistakes, or anything else, for that matter, stand in your way of voicing them. Although you will be reviewing grammar in the **Estructuras** section of every lesson, it should not be your primary concern when you speak. Don't hesitate to enhance your conversations by applying the same strategies to Spanish that you do to English to capitalize on your enjoyment and comprehension of the conversation. In other words, don't be afraid to ask follow-up questions or ask someone to repeat what he or she has said.

To make progress in Spanish, however, you must also be exposed to the other language skills. Aside from speaking, these include listening, writing, reading, and socio-cultural competence. With **REVISTA,** you will practice these skills often as you improve your conversational Spanish. Every lesson opens with an engaging **Cortometraje**, an enthralling short film by contemporary filmmakers from several Spanish-speaking countries. These short films are sure to absorb your attention while you listen to modern spoken Spanish. **REVISTA** also provides a wealth of readings of various genres, and every lesson ends with a written **Composición** and a **Tertulia** debate activity that tie up what you have learned and discussed throughout the lesson. You will find that **REVISTA** reinforces each film and reading with comprehension checks and communicative activities in a wide range of formats, all intended to encourage you to bring yourself and your experiences into the conversation and voice your ideas and opinions. Furthermore, everything in **REVISTA** will expose you to the cultural diversity of the Spanish-speaking countries. Finally, navigating your way around **REVISTA** will prove effortless, thanks to its highly structured, innovative graphic design and color-coded sections.

Communicating in a foreign language is a risk that takes courage, and sometimes even the most outspoken of students feel vulnerable. Try to work to overcome your fears of speaking Spanish, and remember that only through constant and active participation will you improve your communication in Spanish. Most important, remember to relax and enjoy the experience of communicating in Spanish.

We hope that **REVISTA** will help you get the conversation going.

CONTENIDO

CORTOMETRAJE

features award-winning and engaging short films by contemporary Hispanic filmmakers.

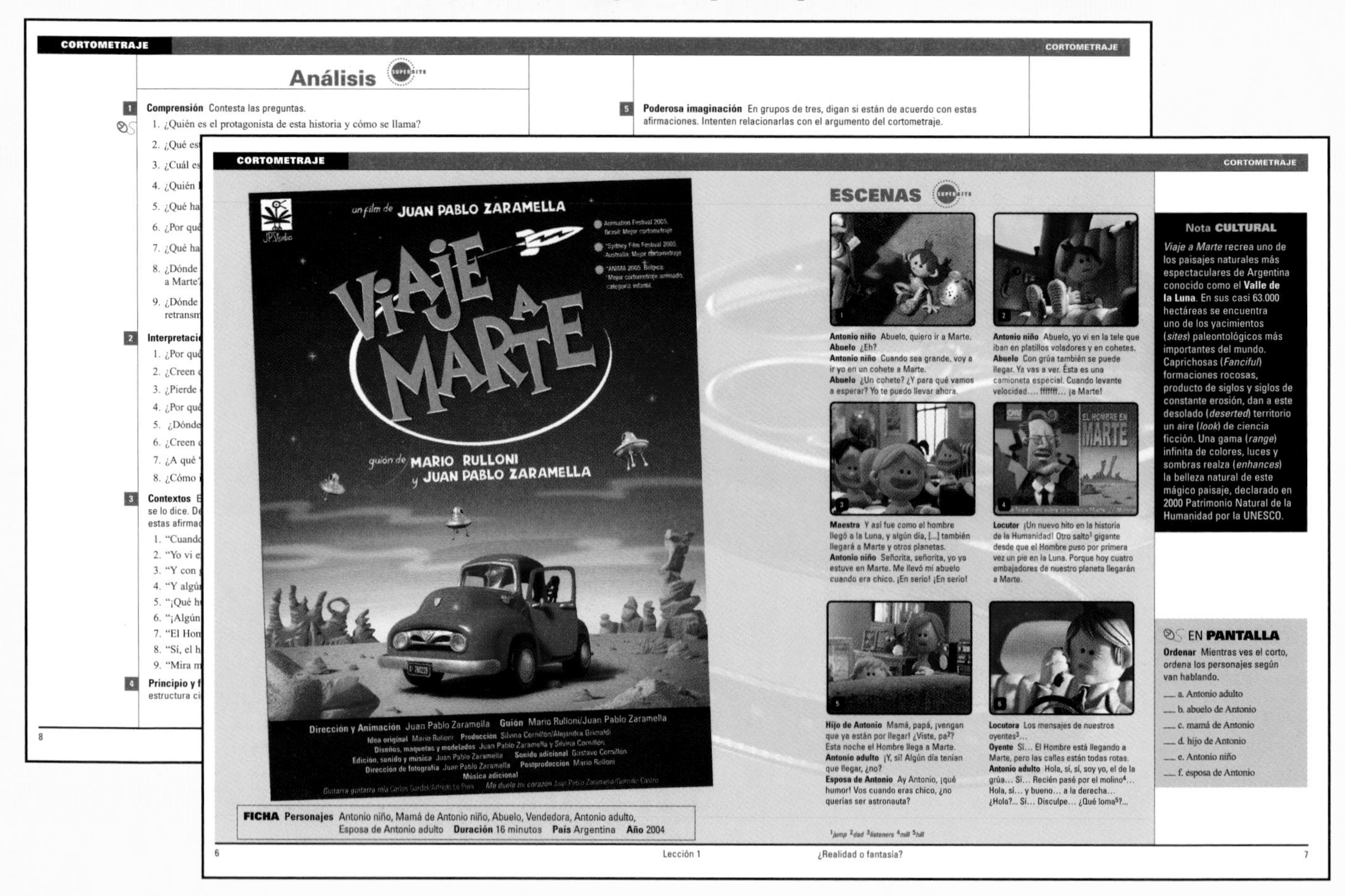

CORTOMETRAJE

Análisis

1 **Comprensión** Contesta las preguntas.

1. ¿Quién es el protagonista de esta historia y cómo se llama?

5 **Poderosa imaginación** En grupos de tres, digan si están de acuerdo con estas afirmaciones. Intenten relacionarlas con el argumento del cortometraje.

FICHA **Personajes** Antonio niño, Mamá de Antonio niño, Abuelo, Vendedora, Antonio adulto, Esposa de Antonio adulto **Duración** 16 minutos **País** Argentina **Año** 2004

ESCENAS

Antonio niño Abuelo, quiero ir a Marte.
Abuelo ¿Eh?
Antonio niño Cuando sea grande, voy a ir yo en un cohete a Marte.
Abuelo ¿Un cohete? ¿Y para qué vamos a esperar? Yo te puedo llevar ahora.

Antonio niño Abuelo, yo vi en la tele que iban en platillos voladores y en cohetes.
Abuelo Con grúa también se puede llegar. Ya vas a ver. Ésta es una camioneta especial. Cuando levante velocidad.... fffffff... ¡a Marte!

Maestra Y así fue como el hombre llegó a la Luna, y algún día, [...] también llegará a Marte y otros planetas.
Antonio niño Señorita, señorita, yo ya estuve en Marte. Me llevó mi abuelo cuando era chico. ¡En serio! ¡En serio!

Locutor ¡Un nuevo hito en la historia de la Humanidad! Otro salto[1] gigante desde que el Hombre puso por primera vez un pie en la Luna. Porque hoy cuatro embajadores de nuestro planeta llegarán a Marte.

Hijo de Antonio Mamá, papá, ¡vengan que ya están por llegar! ¿Viste, pa[2]? Esta noche el Hombre llega a Marte.
Antonio adulto ¡Y, sí! Algún día tenían que llegar, ¿no?
Esposa de Antonio Ay Antonio, ¡qué humor! Vos cuando eras chico, ¿no querías ser astronauta?

Locutora Los mensajes de nuestros oyentes[3]...
Oyente Sí... El Hombre está llegando a Marte, pero las calles están todas rotas.
Antonio adulto Hola, sí, sí, soy yo, el de la grúa... Sí... Recién pasé por el molino[4]... Hola, sí... y bueno... a la derecha... ¿Hola?... Sí... Disculpe... ¿Qué loma[5]?...

[1] *jump* [2] *dad* [3] *listeners* [4] *mill* [5] *hill*

Nota CULTURAL

Viaje a Marte recrea uno de los paisajes naturales más espectaculares de Argentina conocido como el **Valle de la Luna**. En sus casi 63.000 hectáreas se encuentra uno de los yacimientos (*sites*) paleontológicos más importantes del mundo. Caprichosas (*Fanciful*) formaciones rocosas, producto de siglos y siglos de constante erosión, dan a este desolado (*deserted*) territorio un aire (*look*) de ciencia ficción. Una gama (*range*) infinita de colores, luces y sombras realza (*enhances*) la belleza natural de este mágico paisaje, declarado en 2000 Patrimonio Natural de la Humanidad por la UNESCO.

EN **PANTALLA**

Ordenar Mientras ves el corto, ordena los personajes según van hablando.

___ a. Antonio adulto
___ b. abuelo de Antonio
___ c. mamá de Antonio
___ d. hijo de Antonio
___ e. Antonio niño
___ f. esposa de Antonio

6 Lección 1 ¿Realidad o fantasía? 7

Preparación Pre-viewing exercises set the stage for the short film and provide key background information, thereby facilitating comprehension and enjoyment.

Vocabulario This section features the words and expressions necessary to help you talk about the **cortometraje**, along with exercises in which you will use them actively.

Escenas A synopsis of the short film's plot consisting of captioned film photos prepares you visually for the film and introduces some of the lines and expressions you will encounter.

Cortos Three new short films have been added to the Second Edition; all short films are available for viewing on the **REVISTA, Second Edition, Supersite** (revista.vhlcentral.com).

Notas culturales These cultural notes explain historical contexts and aspects of everyday life in the Spanish-speaking world that are central to the short film.

Análisis Post-viewing activities check comprehension and go beyond what you saw and understood in the short film, allowing you to discover broader themes and connections. In this section especially, you should allow yourself to voice your thoughts and let your Spanish flow unimpeded.

ESTRUCTURAS

succinctly review and practice grammar points tied to major language functions.

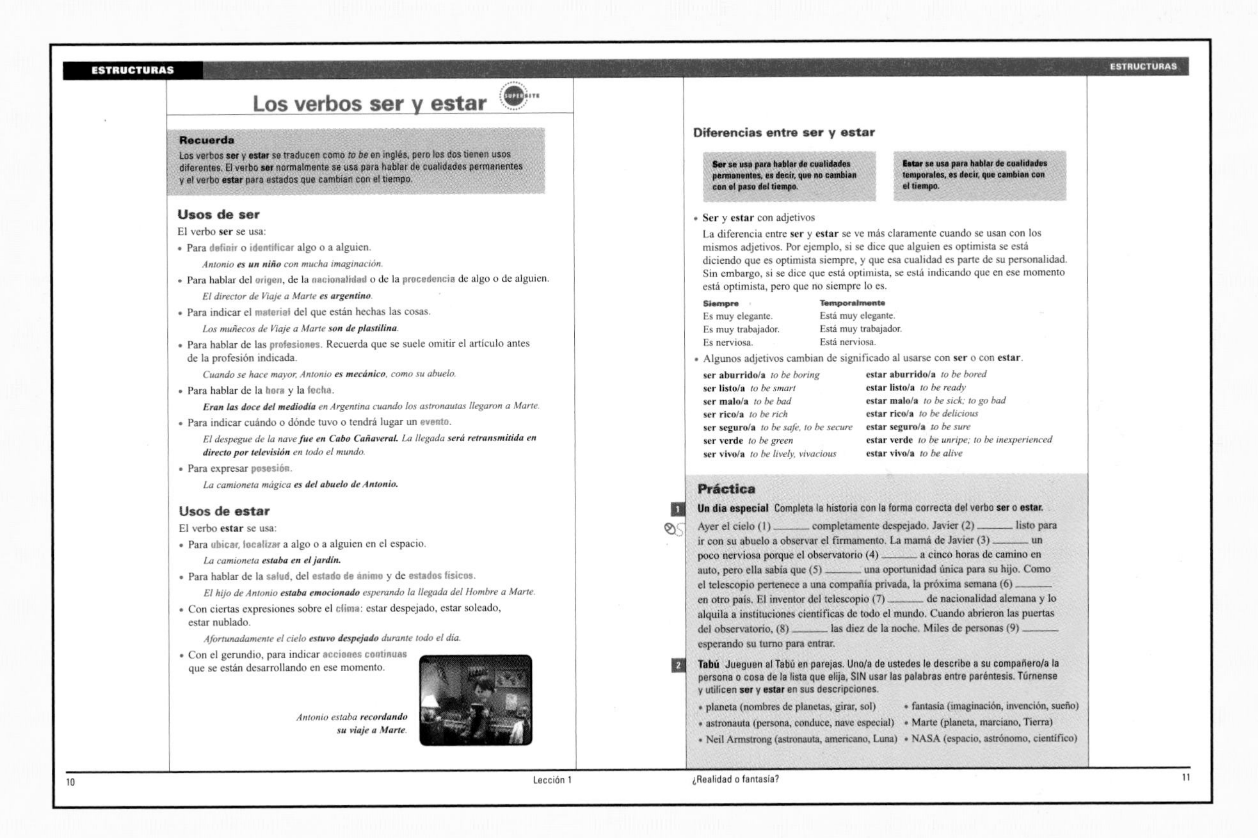

ESTRUCTURAS

Los verbos ser y estar

Recuerda
Los verbos **ser** y **estar** se traducen como *to be* en inglés, pero los dos tienen usos diferentes. El verbo **ser** normalmente se usa para hablar de cualidades permanentes y el verbo **estar** para estados que cambian con el tiempo.

Usos de ser

El verbo **ser** se usa:

- Para definir o identificar algo o a alguien.
  *Antonio **es un niño** con mucha imaginación.*
- Para hablar del origen, de la nacionalidad o de la procedencia de algo o de alguien.
  *El director de Viaje a Marte **es argentino**.*
- Para indicar el material del que están hechas las cosas.
  *Los muñecos de Viaje a Marte **son de plastilina**.*
- Para hablar de las profesiones. Recuerda que se suele omitir el artículo antes de la profesión indicada.
  *Cuando se hace mayor, Antonio **es mecánico**, como su abuelo.*
- Para hablar de la hora y la fecha.
  ***Eran las doce del mediodía** en Argentina cuando los astronautas llegaron a Marte.*
- Para indicar cuándo o dónde tuvo o tendrá lugar un evento.
  *El despegue de la nave **fue en Cabo Cañaveral.** La llegada **será retransmitida en directo por televisión** en todo el mundo.*
- Para expresar posesión.
  *La camioneta mágica **es del abuelo de Antonio.***

Usos de estar

El verbo **estar** se usa:

- Para ubicar, localizar a algo o a alguien en el espacio.
  *La camioneta **estaba en el jardín.***
- Para hablar de la salud, del estado de ánimo y de estados físicos.
  *El hijo de Antonio **estaba emocionado** esperando la llegada del Hombre a Marte.*
- Con ciertas expresiones sobre el clima: estar despejado, estar soleado, estar nublado.
  *Afortunadamente el cielo **estuvo despejado** durante todo el día.*
- Con el gerundio, para indicar acciones continuas que se están desarrollando en ese momento.

*Antonio estaba **recordando su viaje a Marte**.*

10 Lección 1

ESTRUCTURAS

Diferencias entre ser y estar

Ser se usa para hablar de cualidades permanentes, es decir, que no cambian con el paso del tiempo.

Estar se usa para hablar de cualidades temporales, es decir, que cambian con el tiempo.

- **Ser** y **estar** con adjetivos
  La diferencia entre **ser** y **estar** se ve más claramente cuando se usan con los mismos adjetivos. Por ejemplo, si se dice que alguien es optimista se está diciendo que es optimista siempre, y que esa cualidad es parte de su personalidad. Sin embargo, si se dice que está optimista, se está indicando que en ese momento está optimista, pero que no siempre lo es.

Siempre	Temporalmente
Es muy elegante.	Está muy elegante.
Es muy trabajador.	Está muy trabajador.
Es nerviosa.	Está nerviosa.

- Algunos adjetivos cambian de significado al usarse con **ser** o con **estar**.

ser aburrido/a *to be boring*	**estar aburrido/a** *to be bored*
ser listo/a *to be smart*	**estar listo/a** *to be ready*
ser malo/a *to be bad*	**estar malo/a** *to be sick; to go bad*
ser rico/a *to be rich*	**estar rico/a** *to be delicious*
ser seguro/a *to be safe, to be secure*	**estar seguro/a** *to be sure*
ser verde *to be green*	**estar verde** *to be unripe; to be inexperienced*
ser vivo/a *to be lively, vivacious*	**estar vivo/a** *to be alive*

Práctica

1 **Un día especial** Completa la historia con la forma correcta del verbo **ser** o **estar.**

Ayer el cielo (1) _______ completamente despejado. Javier (2) _______ listo para ir con su abuelo a observar el firmamento. La mamá de Javier (3) _______ un poco nerviosa porque el observatorio (4) _______ a cinco horas de camino en auto, pero ella sabía que (5) _______ una oportunidad única para su hijo. Como el telescopio pertenece a una compañía privada, la próxima semana (6) _______ en otro país. El inventor del telescopio (7) _______ de nacionalidad alemana y lo alquila a instituciones científicas de todo el mundo. Cuando abrieron las puertas del observatorio, (8) _______ las diez de la noche. Miles de personas (9) _______ esperando su turno para entrar.

2 **Tabú** Jueguen al Tabú en parejas. Uno/a de ustedes le describe a su compañero/a la persona o cosa de la lista que elija, SIN usar las palabras entre paréntesis. Túrnense y utilicen **ser** y **estar** en sus descripciones.

- planeta (nombres de planetas, girar, sol)
- astronauta (persona, conduce, nave especial)
- Neil Armstrong (astronauta, americano, Luna)
- fantasía (imaginación, invención, sueño)
- Marte (planeta, marciano, Tierra)
- NASA (espacio, astrónomo, científico)

¿Realidad o fantasía? 11

Recuerda A reminder gives a quick framework for the grammar point and its functions.

Visual support Photos, as well as sentences from and about the lesson's short subject film, are incorporated into the grammar explanation so you can see the grammar point in meaningful and relevant contexts.

Práctica Directed exercises and open-ended communicative activities help you internalize the grammar point in a range of contexts (individual, pair, and group work) related to the lesson theme.

Supersite A mouse icon lets you know when an activity is available with auto-grading on the **REVISTA 2/e Supersite** (revista.vhlcentral.com). A Supersite icon lets you know when additional material is available.

LECTURAS

provide a wealth of selections in varied genres from across the Spanish-speaking world.

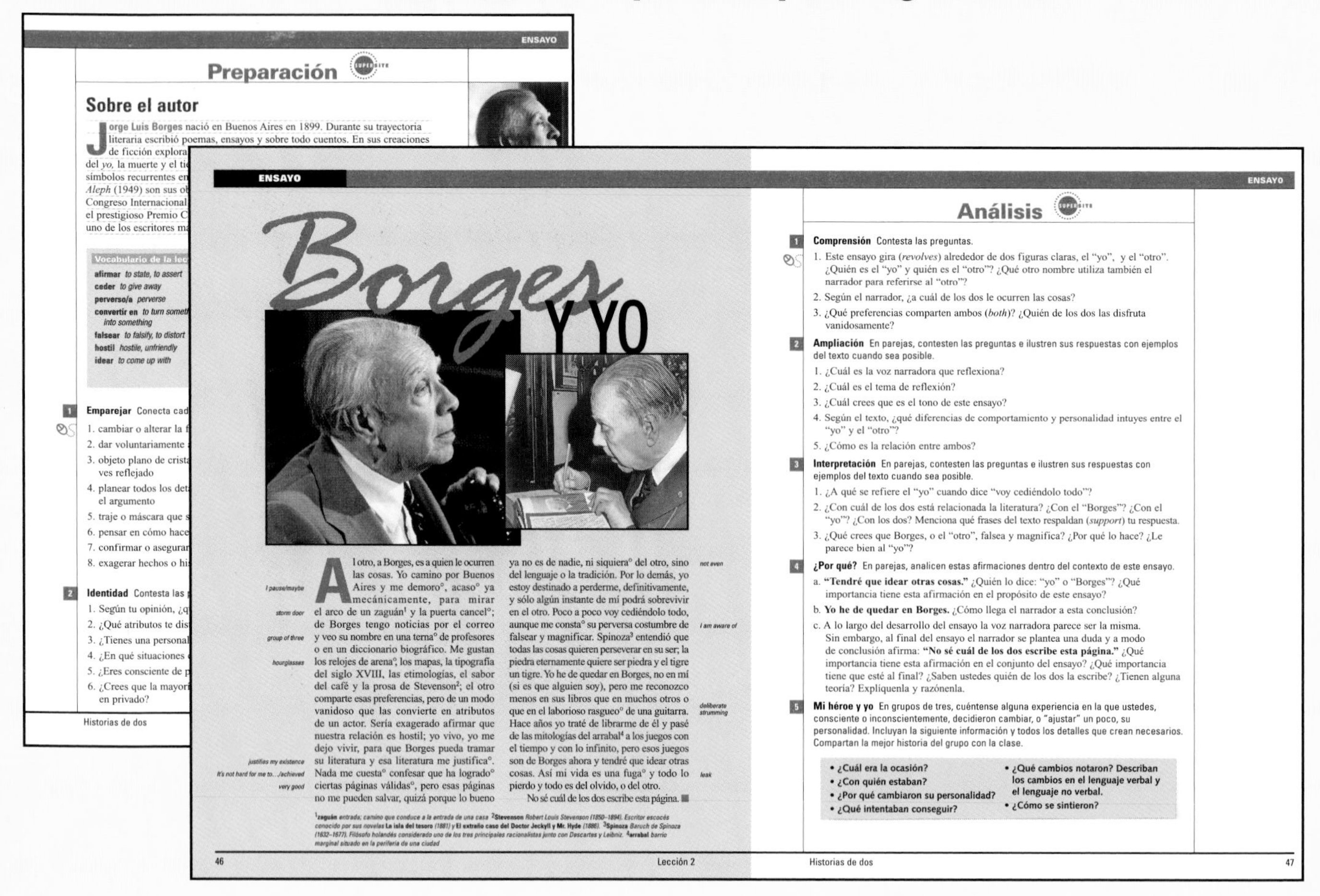

ENSAYO

Preparación

Sobre el autor

Jorge Luis Borges nació en Buenos Aires en 1899. Durante su trayectoria literaria escribió poemas, ensayos y sobre todo cuentos. En sus creaciones de ficción explora
del *yo,* la muerte y el ti
símbolos recurrentes en
Aleph (1949) son sus ob
Congreso Internacional
el prestigioso Premio C
uno de los escritores ma

Vocabulario de la lec
afirmar *to state, to assert*
ceder *to give away*
perverso/a *perverse*
convertir en *to turn someth into something*
falsear *to falsify, to distort*
hostil *hostile, unfriendly*
idear *to come up with*

1 **Emparejar** Conecta cad
1. cambiar o alterar la f
2. dar voluntariamente
3. objeto plano de crista ves reflejado
4. planear todos los det el argumento
5. traje o máscara que s
6. pensar en cómo hace
7. confirmar o asegurar
8. exagerar hechos o hi

2 **Identidad** Contesta las
1. Según tu opinión, ¿q
2. ¿Qué atributos te dis
3. ¿Tienes una personal
4. ¿En qué situaciones
5. ¿Eres consciente de p
6. ¿Crees que la mayorí en privado?

Historias de dos

ENSAYO

Borges y yo

Al otro, a Borges, es a quien le ocurren las cosas. Yo camino por Buenos Aires y me demoro°, acaso° ya mecánicamente, para mirar el arco de un zaguán[1] y la puerta cancel°; de Borges tengo noticias por el correo y veo su nombre en una terna° de profesores o en un diccionario biográfico. Me gustan los relojes de arena°, los mapas, la tipografía del siglo XVIII, las etimologías, el sabor del café y la prosa de Stevenson[2]; el otro comparte esas preferencias, pero de un modo vanidoso que las convierte en atributos de un actor. Sería exagerado afirmar que nuestra relación es hostil; yo vivo, yo me dejo vivir, para que Borges pueda tramar su literatura y esa literatura me justifica°. Nada me cuesta° confesar que ha logrado° ciertas páginas válidas°, pero esas páginas no me pueden salvar, quizá porque lo bueno ya no es de nadie, ni siquiera° del otro, sino del lenguaje o la tradición. Por lo demás, yo estoy destinado a perderme, definitivamente, y sólo algún instante de mí podrá sobrevivir en el otro. Poco a poco voy cediéndolo todo, aunque me consta° su perversa costumbre de falsear y magnificar. Spinoza[3] entendió que todas las cosas quieren perseverar en su ser; la piedra eternamente quiere ser piedra y el tigre un tigre. Yo he de quedar en Borges, no en mí (si es que alguien soy), pero me reconozco menos en sus libros que en muchos otros o que en el laborioso rasgueo° de una guitarra. Hace años yo traté de librarme de él y pasé de las mitologías del arrabal[4] a los juegos con el tiempo y con lo infinito, pero esos juegos son de Borges ahora y tendré que idear otras cosas. Así mi vida es una fuga° y todo lo pierdo y todo es del olvido, o del otro.

No sé cuál de los dos escribe esta página. ■

I pause/maybe · *storm door* · *group of three* · *hourglasses* · *justifies my existence* · *It's not hard for me to.../achieved* · *very good* · *not even* · *I am aware of* · *deliberate strumming* · *leak*

[1]**zaguán** *entrada; camino que conduce a la entrada de una casa* [2]**Stevenson** *Robert Louis Stevenson (1850–1894). Escritor escocés conocido por sus novelas* **La isla del tesoro** *(1881) y* **El extraño caso del Doctor Jeckyll y Mr. Hyde** *(1886).* [3]**Spinoza** *Baruch de Spinoza (1632–1677). Filósofo holandés considerado uno de los tres principales racionalistas junto con Descartes y Leibniz.* [4]**arrabal** *barrio marginal situado en la periferia de una ciudad*

46 Lección 2

ENSAYO

Análisis

1 **Comprensión** Contesta las preguntas.
1. Este ensayo gira (*revolves*) alrededor de dos figuras claras, el "yo", y el "otro". ¿Quién es el "yo" y quién es el "otro"? ¿Qué otro nombre utiliza también el narrador para referirse al "otro"?
2. Según el narrador, ¿a cuál de los dos le ocurren las cosas?
3. ¿Qué preferencias comparten ambos (*both*)? ¿Quién de los dos las disfruta vanidosamente?

2 **Ampliación** En parejas, contesten las preguntas e ilustren sus respuestas con ejemplos del texto cuando sea posible.
1. ¿Cuál es la voz narradora que reflexiona?
2. ¿Cuál es el tema de reflexión?
3. ¿Cuál crees que es el tono de este ensayo?
4. Según el texto, ¿qué diferencias de comportamiento y personalidad intuyes entre el "yo" y el "otro"?
5. ¿Cómo es la relación entre ambos?

3 **Interpretación** En parejas, contesten las preguntas e ilustren sus respuestas con ejemplos del texto cuando sea posible.
1. ¿A qué se refiere el "yo" cuando dice "voy cediéndolo todo"?
2. ¿Con cuál de los dos está relacionada la literatura? ¿Con el "Borges"? ¿Con el "yo"? ¿Con los dos? Menciona qué frases del texto respaldan (*support*) tu respuesta.
3. ¿Qué crees que Borges, o el "otro", falsea y magnifica? ¿Por qué lo hace? ¿Le parece bien al "yo"?

4 **¿Por qué?** En parejas, analicen estas afirmaciones dentro del contexto de este ensayo.
a. **"Tendré que idear otras cosas."** ¿Quién lo dice: "yo" o "Borges"? ¿Qué importancia tiene esta afirmación en el propósito de este ensayo?
b. **Yo he de quedar en Borges.** ¿Cómo llega el narrador a esta conclusión?
c. A lo largo del desarrollo del ensayo la voz narradora parece ser la misma. Sin embargo, al final del ensayo el narrador se plantea una duda y a modo de conclusión afirma: **"No sé cuál de los dos escribe esta página."** ¿Qué importancia tiene esta afirmación en el conjunto del ensayo? ¿Qué importancia tiene que esté al final? ¿Saben ustedes quién de los dos la escribe? ¿Tienen alguna teoría? Explíquenla y razónenla.

5 **Mi héroe y yo** En grupos de tres, cuéntense alguna experiencia en la que ustedes, consciente o inconscientemente, decidieron cambiar, o "ajustar" un poco, su personalidad. Incluyan la siguiente información y todos los detalles que crean necesarios. Compartan la mejor historia del grupo con la clase.

- ¿Cuál era la ocasión?
- ¿Con quién estaban?
- ¿Por qué cambiaron su personalidad?
- ¿Qué intentaban conseguir?
- ¿Qué cambios notaron? Describan los cambios en el lenguaje verbal y el lenguaje no verbal.
- ¿Cómo se sintieron?

Historias de dos 47

Preparación Helpful lists highlight vocabulary that you will encounter in each reading, as well as other words that might prove useful in discussing it. Diverse activities then allow you to practice the vocabulary within the context of the reading's topic.

Sobre el autor A brief description of the author's background and writing style primes you for the topic of a fascinating reading that amplifies the lesson theme and acts as a springboard for abundant conversation.

Análisis Post-reading exercises check your understanding and motivate you to discuss the topic of the reading, express your opinions, and explore how it relates to your own experiences.

Supersite Mouse and Supersite icons let you know that content from the book and additional content are available on the **REVISTA 2/e Supersite** (revista.vhlcentral.com).

Magazine-like design Each literary and cultural reading is presented in the attention-grabbing visual style you would expect from a magazine, along with glosses of unfamiliar words to aid in comprehension.

Lecturas The Second Edition offers new readings and authors to expose you to different takes on the lesson themes.

TIRA CÓMICA

features a comic strip that offers clever, thought-provoking insights into the lesson theme.

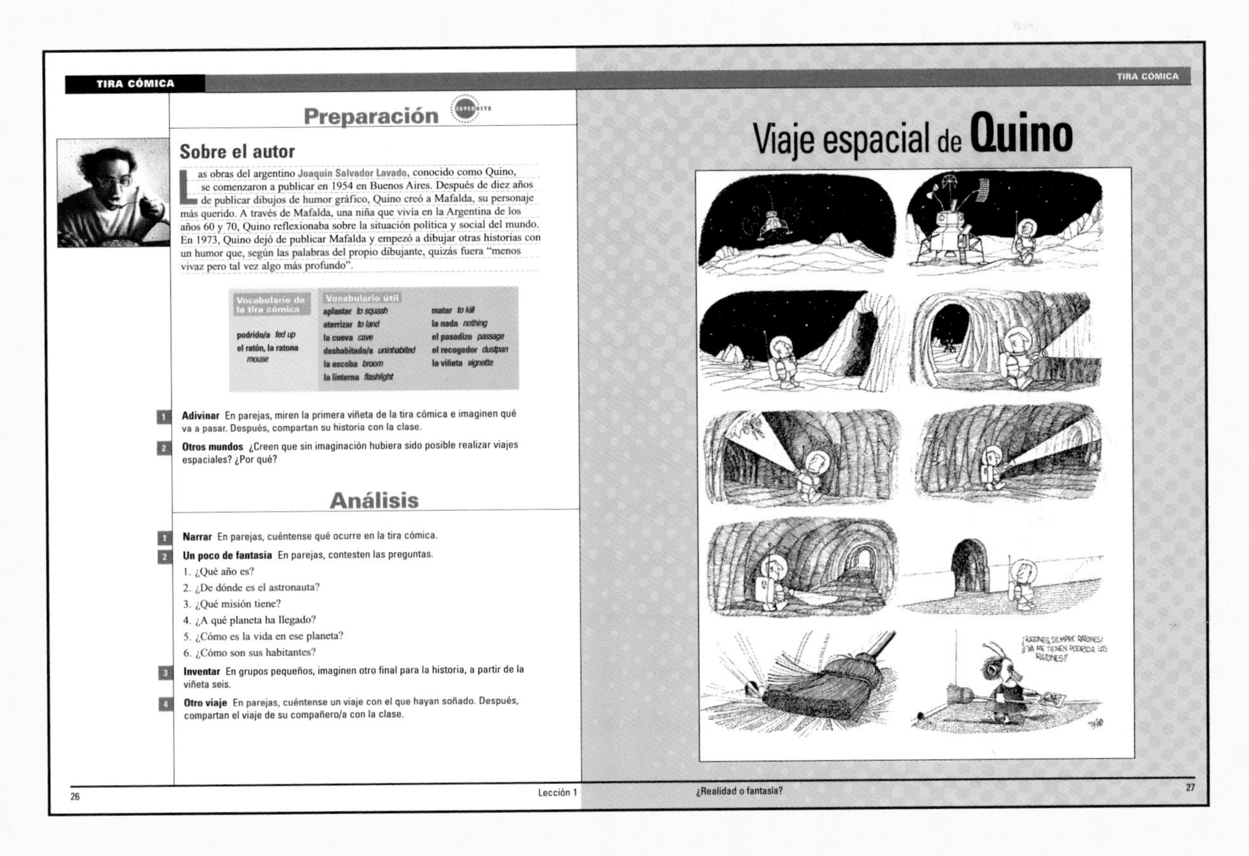

TIRA CÓMICA

Preparación

Sobre el autor

Las obras del argentino **Joaquín Salvador Lavado**, conocido como Quino, se comenzaron a publicar en 1954 en Buenos Aires. Después de diez años de publicar dibujos de humor gráfico, Quino creó a Mafalda, su personaje más querido. A través de Mafalda, una niña que vivía en la Argentina de los años 60 y 70, Quino reflexionaba sobre la situación política y social del mundo. En 1973, Quino dejó de publicar Mafalda y empezó a dibujar otras historias con un humor que, según las palabras del propio dibujante, quizás fuera "menos vivaz pero tal vez algo más profundo".

Vocabulario de la tira cómica

podrido/a *fed up*
el ratón, la ratona *mouse*

Vocabulario útil

aplastar *to squash*
aterrizar *to land*
la cueva *cave*
deshabitado/a *uninhabited*
la escoba *broom*
la linterna *flashlight*
matar *to kill*
la nada *nothing*
el pasadizo *passage*
el recogedor *dustpan*
la viñeta *vignette*

1 **Adivinar** En parejas, miren la primera viñeta de la tira cómica e imaginen qué va a pasar. Después, compartan su historia con la clase.

2 **Otros mundos** ¿Creen que sin imaginación hubiera sido posible realizar viajes espaciales? ¿Por qué?

Análisis

1 **Narrar** En parejas, cuéntense qué ocurre en la tira cómica.

2 **Un poco de fantasía** En parejas, contesten las preguntas.

1. ¿Qué año es?
2. ¿De dónde es el astronauta?
3. ¿Qué misión tiene?
4. ¿A qué planeta ha llegado?
5. ¿Cómo es la vida en ese planeta?
6. ¿Cómo son sus habitantes?

3 **Inventar** En grupos pequeños, imaginen otro final para la historia, a partir de la viñeta seis.

4 **Otro viaje** En parejas, cuéntense un viaje con el que hayan soñado. Después, compartan el viaje de su compañero/a con la clase.

26 Lección 1

TIRA CÓMICA

Viaje espacial de Quino

¿Realidad o fantasía? 27

Preparación Lists spotlight key vocabulary from the comic strip, as well as words and expressions useful for discussing it. Preliminary exercises give you the opportunity to reflect on important aspects and the context of the comic strip.

Análisis In these activities, you will work in pairs and groups to react to the comic strip and to consider how its message applies on both personal and universal levels.

COMPOSICIÓN and TERTULIA

pull the entire lesson together with a structured writing task and a lively discussion.

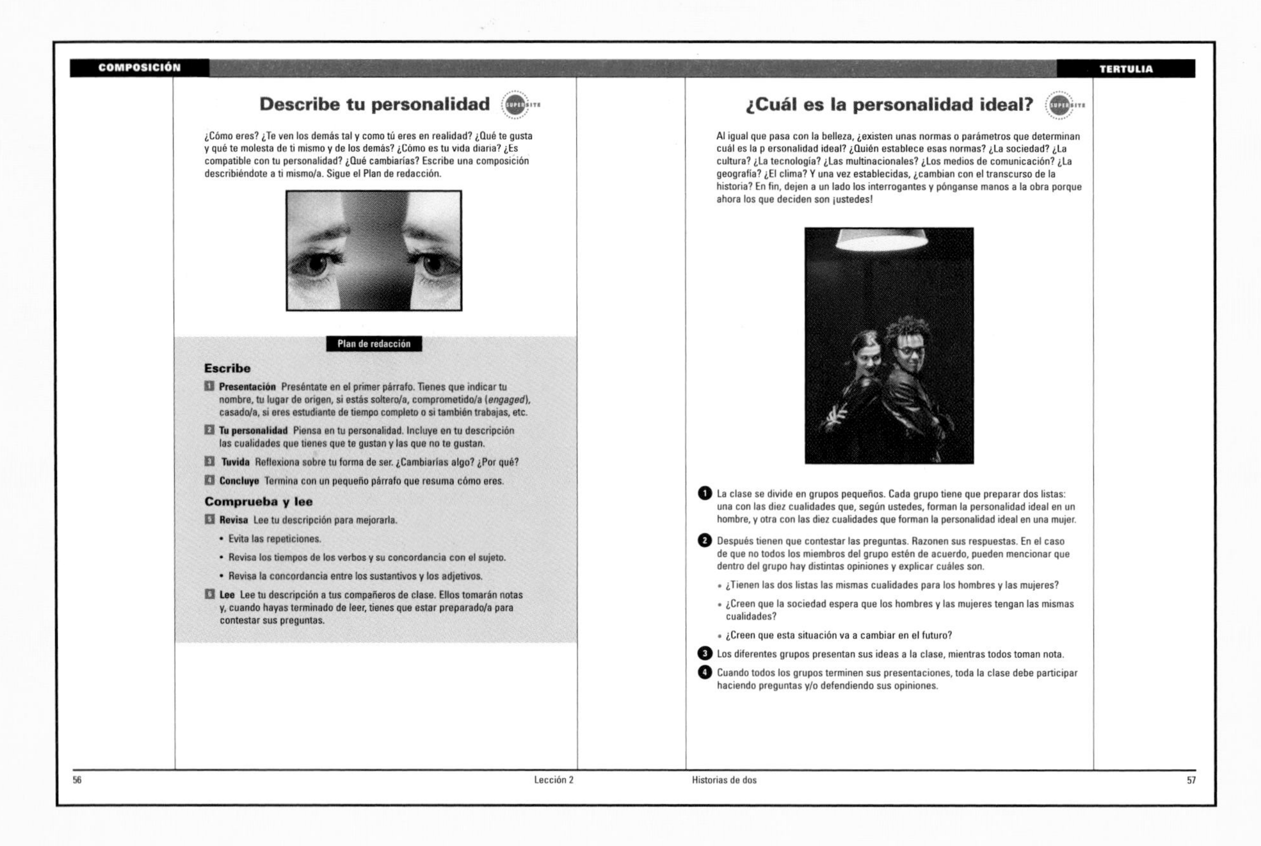

COMPOSICIÓN

Describe tu personalidad

¿Cómo eres? ¿Te ven los demás tal y como tú eres en realidad? ¿Qué te gusta y qué te molesta de ti mismo y de los demás? ¿Cómo es tu vida diaria? ¿Es compatible con tu personalidad? ¿Qué cambiarías? Escribe una composición describiéndote a ti mismo/a. Sigue el Plan de redacción.

Plan de redacción

Escribe

1. **Presentación** Preséntate en el primer párrafo. Tienes que indicar tu nombre, tu lugar de origen, si estás soltero/a, comprometido/a (*engaged*), casado/a, si eres estudiante de tiempo completo o si también trabajas, etc.
2. **Tu personalidad** Piensa en tu personalidad. Incluye en tu descripción las cualidades que tienes que te gustan y las que no te gustan.
3. **Tuvida** Reflexiona sobre tu forma de ser. ¿Cambiarías algo? ¿Por qué?
4. **Concluye** Termina con un pequeño párrafo que resuma cómo eres.

Comprueba y lee

5. **Revisa** Lee tu descripción para mejorarla.
   - Evita las repeticiones.
   - Revisa los tiempos de los verbos y su concordancia con el sujeto.
   - Revisa la concordancia entre los sustantivos y los adjetivos.
6. **Lee** Lee tu descripción a tus compañeros de clase. Ellos tomarán notas y, cuando hayas terminado de leer, tienes que estar preparado/a para contestar sus preguntas.

56 Lección 2

TERTULIA

¿Cuál es la personalidad ideal?

Al igual que pasa con la belleza, ¿existen unas normas o parámetros que determinan cuál es la p ersonalidad ideal? ¿Quién establece esas normas? ¿La sociedad? ¿La cultura? ¿La tecnología? ¿Las multinacionales? ¿Los medios de comunicación? ¿La geografía? ¿El clima? Y una vez establecidas, ¿cambian con el transcurso de la historia? En fin, dejen a un lado los interrogantes y pónganse manos a la obra porque ahora los que deciden son ¡ustedes!

1. La clase se divide en grupos pequeños. Cada grupo tiene que preparar dos listas: una con las diez cualidades que, según ustedes, forman la personalidad ideal en un hombre, y otra con las diez cualidades que forman la personalidad ideal en una mujer.
2. Después tienen que contestar las preguntas. Razonen sus respuestas. En el caso de que no todos los miembros del grupo estén de acuerdo, pueden mencionar que dentro del grupo hay distintas opiniones y explicar cuáles son.
   - ¿Tienen las dos listas las mismas cualidades para los hombres y las mujeres?
   - ¿Creen que la sociedad espera que los hombres y las mujeres tengan las mismas cualidades?
   - ¿Creen que esta situación va a cambiar en el futuro?
3. Los diferentes grupos presentan sus ideas a la clase, mientras todos toman nota.
4. Cuando todos los grupos terminen sus presentaciones, toda la clase debe participar haciendo preguntas y/o defendiendo sus opiniones.

Historias de dos 57

Plan de redacción A highly-structured breakdown tailored to the specific assignment guides you through the writing process and invites you to explore the lesson theme from yet a different perspective. This is an excellent opportunity to synthesize the vocabulary, grammar, and concepts explored in the lesson.

Finale This final activity assembles you and your classmates, giving you the opportunity to work together as one large group. It is your chance to make your voice heard and to use Spanish to engage in a conversation that really means something to you.

REVISTA Film Collection

The **REVISTA** Film Collection contains the short subject films by contemporary Hispanic filmmakers that are supported by the **Cortometraje** section of every textbook lesson. These films offer entertaining and thought-provoking opportunities to build your listening comprehension skills and your cultural knowledge of Spanish speakers and the Spanish-speaking world.

Film Synopses

NEW Lección 1: ***Viaje a Marte*** de Juan Pablo Zaramella (Argentina; 16 minutes)
Viaje a Marte is an animated stop-motion ("claymation") short film. It has won over 40 awards in different festivals around the world. The short tells the story of Antonio, a young boy, who is a great fan of science fiction TV shows and space trips. In view of the child's passion, his grandfather decides to take him to Mars in his tow truck. The target audience of *Viaje a Marte* includes people of all ages, not only because it has different interpretation levels but also because it refers to childhood, which is a part of everybody's life.

NEW Lección 2: ***Diez minutos*** de Alberto Ruiz Rojo (Spain; 16 minutes)
Winner of over 85 awards in different festivals around the world, including the GOYA, *Diez minutos* tells the story of Enrique, desperate to get a phone number for a call made from his cell phone. Nuria is a phone company customer service agent who never breaks the rules. With only ten minutes of call time before he gets cut off, will Enrique be able to persuade her to help him? Why is this phone number so important?

Lección 3: ***Nada que perder*** de Rafa Russo (Spain; 21 minutes)
A taxi driver in Madrid meets an aspiring actress with whom he starts a very special, albeit short, relationship. After some time, they meet again in a significant encounter that makes their relationship unforgettable.

Lección 4: ***El ojo en la nuca*** de Rodrigo Plá (Uruguay/Mexico; 25 minutes)
Every country has some forgotten laws that are still on the books but never enforced. This is the story of Pablo, a young man who uses one of those laws to avenge a wrong he can live with no more.

Lección 5: ***Un día con Ángela*** de Julia Solomonoff (Argentina; 29 minutes)
A man and a woman with two very different jobs and social positions spend a day together. At the end of the day, the man's life will change forever.

NEW Lección 6: ***Bajo la sombrilla*** de Julio Román (Puerto Rico; 16 minutes)
When a young mother accidentally locks her young son in her car, two strangers from different walks of life come forward to help her. When the situation gets sidetracked and a rainstorm hits, a third stranger intervenes. But to what end? *Bajo la sombrilla* reveals how in the end there is a lot more that unites us than what keeps us apart.

New to the Second Edition

- New short films—one from Argentina, one from Spain, and one from Puerto Rico—refresh and improve the very successful **Cortometraje** section.
- New readings from such writers as Jorge Luis Borges and Julia de Burgos enhance **REVISTA's** robust and diverse **Lecturas** section.
- A revised grammar sequence logically tracks students through key review points.
- A completely new ancillary package complements the student text, providing both students and instructors with a wide range of support.
    - The **REVISTA, Second Edition,** Instructor's Annotated Edition provides over-printed answers to all discrete-item activities, as well as presentation and expansion suggestions for films, readings, and activities.
    - The **REVISTA Film Collection DVD** offers all six short films with options for subtitles in both Spanish and English.
    - The **REVISTA Supersite** (revista.vhlcentral.com), powered by **Maestro™,** offers an array of features for students and instructors. The student passcode is free with each purchase of a new student text.

SUPERSITE FEATURES

Icons signal to you when material is available on the Supersite.

For Students

- Activities directly from the textbook, available with auto-grading

- Additional activities for expansion and more practice
- All six short films for convenient viewing
- And much more…

For Instructors

- Full access to the student site
- A robust gradebook and learning management system
- A complete Testing Program (password protected)
- And much more…

Using REVISTA to Promote Communication in Spanish

People are, by nature, predisposed to communication through spoken language. Indeed, we can find almost any reason at all to talk. Sometimes we talk when we feel comfortable in a given context and wish to express our familiarity with it. Other times we talk when we feel uncomfortable in a given context and wish to let others know that something is wrong. But we also talk to express joy, anger, curiosity, sadness, pain, frustration, and love, just to scratch the surface. Regardless of the circumstances, though, one thing is always true: indifference and lack of emotion or interest seldom stimulate genuine, heart-felt communication.

As instructors of Spanish, why should we expect anything different from our students when they participate in class? It isn't realistic to expect that our students will spontaneously generate Spanish unless they have a genuine motivation to do so. That motivation should not be any different from what motivates them to speak their native language in different contexts outside the Spanish classroom. **REVISTA** was designed to serve as the framework within which students and instructors will find the basis for active classroom participation and motivated, meaningful communication. For conversation to blossom in a Spanish classroom, then, it is imperative that discussion topics focus on the students themselves and what they bring to the classroom; in other words, their experiences, their opinions, their likes, their strengths, their weaknesses, their plans, and their dreams.

Students' lives and views should be the focus of virtually any discussion in order to maximize student input. To this end, **REVISTA** offers truly appealing content and vibrant page layout, both designed to put students in a position where indifference, and subsequently silence, are unlikely outcomes. You will find that the films, readings, and discussions in **REVISTA**, along with its unique magazine-like presentation, pique students' interest, capture their feelings and imagination, and arouse a genuine desire to voice their opinions.

Needless to say, in order to make progress in Spanish, students cannot forgo practice in any of the linguistic skills that comprise well-rounded communication. Aside from speaking, these skills include listening, writing, reading, and socio-cultural competence. **REVISTA** amply addresses the practice of these skills. Every lesson opens with an award-winning **Cortometraje**, a riveting short film, each by a different contemporary Hispanic filmmaker from several Spanish-speaking countries, which is sure to hook students and retain their interest. These **cortos** are excellent vehicles for students to listen to modern, spoken, colloquial Spanish of several varieties. **REVISTA** also provides a true wealth of reading selections of various genres (**Ensayo, Opinión, Cuento, Artículo, Entrevista,** and **Tira cómica,** among others), all of which are meant to stimulate students' curiosity and stir their emotions with the ultimate goal of awakening a strong desire to express themselves in class. Furthermore, every lesson includes a **Composición** section in which students are expected to express themselves in writing on a topic closely tied to the lesson's main theme. Finally, all of the linguistic skills are presented in contexts that expose students to the cultural diversity of the Spanish-speaking countries, drawing them closer to their current issues and concerns, and steering them clear of the unfortunate yet ubiquitous stereotypes that continue to plague these countries' images.

Natural conversation also typically flows unhindered. When students are outside the Spanish classroom, it seldom occurs that anyone should ignore the message of their conversation and instead focus on correcting their grammar. The Spanish classroom should be no different. The best way for the instructor to promote communication is by keeping grammar correction to a minimum, so that students can express their ideas as fluidly as they can for their level. If grammatical accuracy becomes a serious concern for the instructor, one strategy that often works well is for the instructor to take notes during the class period of the general grammar mistakes students are making. Afterwards, the instructor may choose to make these lists available to students periodically as reminders, perhaps going over them for five minutes at the end of every class, or briefly once a week as review. In any case, this information should be presented at the end of class, so as not to distract students with grammar concerns during the class period, when they should be most focused on oral production. In no case should these corrections be the focus of any lesson or class period, nor should the instructor use them in a reprimanding spirit. Nothing puts students off more from expressing themselves in a foreign language, indeed, even in their native language, than the fear of being embarrassed, ridiculed, or shamed for their efforts to communicate. Making an effort to communicate in a foreign language is a huge and very public risk that makes even the boldest and most outspoken of students feel intensely vulnerable. The focus of a conversation course, therefore, should avoid the obstacles to communication to the fullest extent possible and exploit the strategies that engage communication to the fullest extent possible. You will find that the grammar in the **Estructuras** sections of **REVISTA** is subtly presented so that oral communication always remains the focus. You might need, every now and again, to remind your students to work to overcome any fears they may have of speaking Spanish with less than 100% grammatical accuracy. After all, who speaks any language with absolute grammatical accuracy?

What, then, should the instructor's role be in the Spanish conversation classroom? The instructor should actually serve as a facilitator, ensuring that the conversations maintain their momentum and intervening momentarily whenever that momentum wavers. The instructor in a conversation class should never conduct a lecture on any topic nor should he or she dominate any discussion. Of course, students often welcome their instructor's guidance, especially when they feel unsure of the direction or content of the discussion. But the instructor should make sure not to influence or sway the students' opinions, so that what they express is always a reflection of their own thinking. Instead, the instructor should be there to provide support and answer questions when they arise. You may also want to provide students with conversational techniques to help their Spanish sound more fluent. Speakers in their native language exploit techniques, such as using rejoinders and asking follow-up questions, to achieve maximum comprehension and benefit from a conversation. Likewise, your Spanish conversation students will also improve their fluency and comprehension in Spanish when they become aware that, just as they would in their native language, in Spanish they can take advantage of a variety of conversational strategies. The instructor's final role is that of coach, encouraging students to participate as much as possible, and creating an environment in which every student feels comfortable participating without worrying about whether their Spanish is "perfect." As coach, remind students that we all have ideas and no one should be afraid to voice them.

Oral communication practice should take place primarily between and among the students themselves. It is from this mutual interaction with their peers that students will maximize their speaking opportunities. Encourage students to assist each other as much as they can, answering each other's questions whenever possible. To do this effectively, the instructor in his or her role as facilitator should see to it that no student dominate any discussion. This situation is easily avoided if the instructor actively encourages students to change the types of groups in which they work. They should not only vary from pairs to groups of three, four, and larger, but these arrangements should also consist of different individuals each time. The instructor can achieve this quickly by organizing students into pairs or groups, based on any number of methods (alphabetical order, counting and then pairing off, etc.), but always ensuring a consistent mix based on language ability, gender, age, outspokenness, and so-forth. To maximize students' availability to their peers as well as to ensure a successful communicative progression, it is suggested that students start off the class period working in pairs with a partner, advance to larger groups, and finally to discussions involving the entire class. This practice can be observed not only within the smaller framework of a single class period, but also within the framework of an entire lesson, always allowing students to assemble the bigger picture after exposure to and practice with its component parts. The **Tertulia** sections that round off every **REVISTA** lesson are designed to allow the class to come together at the end and tie up everything they learned and discussed. Remind students that only through constant and active participation will they improve their communication in Spanish.

We hope that you and your students will enjoy the experience of communicating in Spanish and that **REVISTA** will support and enhance that experience. As an instructor, you can trust that your efforts to stimulate ongoing, lively discussion will make for confident, satisfied language learners who will ultimately feel better prepared to communicate in Spanish. And **REVISTA** will pave the way.

REVISTA, Second Edition is the direct result of reviews and input from students and instructors using the First Edition. Accordingly, we gratefully acknowledge those who shared their suggestions, recommendations, and ideas as we prepared this Second Edition. We want to extend a special thank-you to the four instructors who provided in-depth reviews of **REVISTA 1/e** based on the everyday use of the textbook in their classrooms. Their ideas played a critical role in helping us to fine-tune all sections of every lesson.

In-depth Reviewers

Renée Craig-Odders
University of Wisconsin

Rafael Gómez
California State University, Monterey Bay

Joy Landeira
University of Northern Colorado

Georgiana Osipova
Lick-Wilmerding High School, CA

Reviewers

John Aggor Komla
Carroll University, OH

Alfredo Alonso
Ball State University, IN

Blanca Anderson
Loyola University, New Orleans, LA

Rosalind Arthur
Clark Atlanta University, GA

Mary F. Ayala
Eastern New Mexico University

Russell Baker
Fordham Preparatory School, NY

Clara H. Becerra
Mount Union College, OH

Michelle Bettencourt
University of North Carolina, Asheville

Christine Bridges
Lamar University, TX

Jennifer Brooks Quinn
Green Meadow Waldorf School, NY

Graciela Buschardt
Visitation Academy, MO

Kristine Byron
Michigan State University

Eduardo Cabrera
Millikin University, IL

José Camacho
Rutgers University, NJ

Luis C. Cano
University of Tennessee, Knoxville

Glen Carman
DePaul University, IL

Laura Chamorro
University of Western Ontario

Kimberly Contag
Minnesota State University

Christine Czajkoski
Wheeling Jesuit University, Monterey

José Daben
Bernards High School, NJ

Verónica Dean-Thacker
Transylvania University, KY

Susan Dobrian
Coe College, IA

Priscilla Doel
Colby College, ME

Lee Durbin
West Texas A&M University

María E. Echenique
University of Portland, OR

Alice Edwards
Mercyhurst College, PA

Elizabeth Espadas
Wesley College, DE

Molly Falsetti-Yu
Smith College, MA

Nancy Fink
The Park School, MD

Dolores Flores-Silva
Roanoke College, VA

Marjie B. Foster
Western State College, CO

Linda Frazier
East Chapel Hill High School, NC

Mary E. Frieden
Central Methodist University, MO

Priscilla Gac-Artigas
Monmouth University, NJ

Ana García-Allen
The University of Western Ontario

María C. Garriga
Thomas More College, KY

María I. Gavela
University of Massachusetts, Amherst

Marco González
San Francisco Waldorf High School, CA

Marina Guntsche
Ball State University, IN

Rebecca Haidt
Ohio State University

Susan Hallstead
University of Colorado, Boulder

John Harvey
The Athenian School, CA

M. Cecilia Herrera
University of Wisconsin, Oshkosh

April Hewett
Elon University, NC

Mica Howe
Murray State University, KY

Gregory Hutcheson
University of Louisville, KY

Rosa Jara-Simmons
Southern Methodist University, TX

Liliana E. Jurewiez
Indiana University of Pennsylvania

M. Emilie Keas
The College Preparatory School, Oakland, CA

Lee A. Knauerhaze
St. John's School, Houston, TX

Jerilyn Kuhre
University of Utah

Josefa Lago-Grana
University of Puget Sound, WA

Ann Marie Lahti
Kaukauna High School, WI

Sonja Livingston
Fayetteville State University, NC

Lora L. Looney
University of Portland, OR

Leticia P. López
San Diego Mesa College, CA

Lourdes Bates
Cypress College, CA

Delmarie Martínez
Nova Southeastern University, FL

Paco Martínez
Northwest Missouri State University

Janett Martínez
Carleton University, ON

Anne Massey
King's College, PA

Carolina Moctezuma
Cabrini College, PA

Sharon Montano
Barton College, NC

José Luis Montiel
University of Texas, Austin

Iani Moreno
Salve Regina University, RI

Cassandra Morgan
LeMoyne Owen College, TN

Julia Morton
Bridgewater College, VA

Ruben Murillo
University of San Diego, CA

Mary Ann Naser
St. Xavier High School, Louisville, KY

Anna N. Navarro
Polytechnic School, CA

Jackie Palazzolo
Calhoun High School, GA

Martha Pérez
Kirkwood Community College, IA

Martha Peterka
Bethel College, KS

Kate Peters
Greensboro College, NC

Martin Pflug
University of Wisconsin

Dolores Pons
The University of Michigan, Flint

Jorge E. Porras
Sonoma State University, CA

April Post
Elon University, NC

Catherine Quibell
Santa Rosa Jr. College, CA

Tim Reed
Ripon College, WI

Ana Regidor
West Virginia University

Clara Irene Reyes
University of North Carolina

Jessica Riddle
Visitation Academy, MO

Isidro Rivera
University of Kansas

Miguel R. Ruiz-Aviles
Austin Peay State University, TN

Sherry Rusher
St. Albans School, Washington, DC

Eva Schnitzer
Carleton University, Ottawa, Ontario

Beth Stapleton
Mississippi College, MS

Amanda Stechschulte
Hillsdale College, MI

Irena Stefanova
Santa Clara University, CA

María Suny Oneonta
State University of New York

Adelle Tibbetts
Berwick Academy, ME

Margherita Tortora
Yale University, CT

Julia Urla
Oakland University, MI

Carlos Valdez
Carleton University, ON

Sarah Williams
University of Pittsburgh, PA

Wendy Woodrich
Lewis & Clark College, OR

Leticia Worley
Victoria University, Australia

María Luisa Zamudio
Illinois State University

Gabriela C. Zapata
University of Alberta

Elizabeth Zeiss
University of South Carolina

Second Edition

LECCIÓN 1

¿Realidad o fantasía?

Si algo distingue al hombre del resto de los seres es la capacidad que tiene no sólo para observar y analizar la realidad, sino también para crear mundos imaginarios.

La imaginación, aparte de servirnos de entretenimiento, es uno de los instrumentos que utilizamos para comprender, interpretar y modificar la realidad. Por eso es difícil, en ocasiones, diferenciar lo real de lo imaginario.

¿Existen los ángeles, los fantasmas, los extraterrestres?

¿Existe el destino?

¿Es posible adivinar el futuro?

4

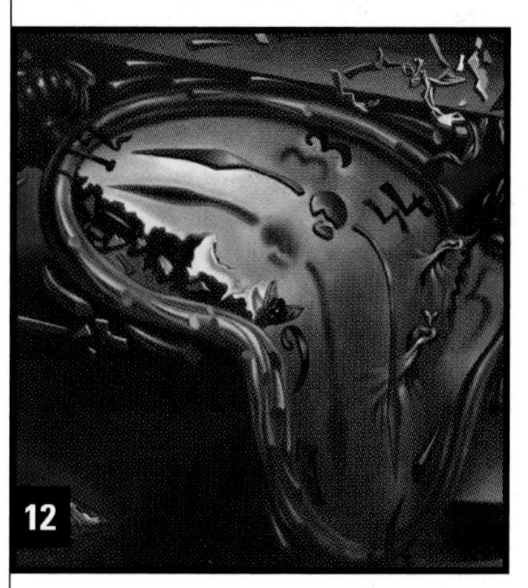
12

19

Preparación

Vocabulario del corto

apasionante *exciting; thrilling*
astronauta *astronaut*
atacar *to attack*
camioneta *pickup truck*
capítulo *chapter*
cohete *rocket*
concebir *to conceive*
despegue *launch, lift-off*
entrenamiento *training*
escándalo *racket*
garra *claw*
grúa *tow truck*
hito *milestone*
Marte *Mars*
monstruo *monster*
nave *spaceship*
perder(se) *to miss*
platillo volador *flying saucer*
recuerdo *souvenir*
riguroso/a *thorough, rigorous*
velocidad *speed*

Vocabulario útil

acontecimiento *event*
animación *animation*
aterrizaje *landing*
banda sonora *soundtrack*
bandeja *tray*
burlarse de *to make fun of*
casco *helmet*
decepción *disappointment*
dibujos animados *cartoons*
jugar a ser *to play make-believe; to pretend*
retransmisión en directo *live broadcasting*

EXPRESIONES

Es un poco a trasmano. *It's a little out of the way.*
Los autos se siguen quedando. *Cars still break down.*
¡Qué humor! *What a mood!*
Ya están por llegar. *They are about to land.*

1 **Viaje interplanetario** Completa el correo electrónico.

Para: Merche De: Laura Asunto: Estoy en Júpiter

Estimada amiga Laura,
Te escribo desde la (1) __________ espacial Sirena. Por fin decidí realizar ese viaje interplanetario con el que siempre soñé. El (2) __________ fue tan (3) __________. ¡Qué emoción! Parecíamos niños. ¡La (4) __________ de esta nave es inimaginable! Salimos de la base espacial de Barcelona ayer al mediodía y en sólo seis horas experimentaremos el primer (5) __________, ni más ni menos que en ¡Júpiter! Estaremos en ese planeta gigante cuatro días y luego iremos de planeta en planeta en (6) __________ porque es más rápido que con la nave. Todos los miembros de la tripulación (*crew*) son amabilísimos y muy competentes. El proceso de selección es muy (7) __________ y el capitán de la nave pasó por cinco años durísimos de (8) __________. Ayer por la noche, vimos *Viaje a la Tierra,* una película de (9) __________ sobre un niño marciano que sueña con una aventura en la Tierra. A mí no me gustó mucho. Había unos (10) __________ feísimos con unas (11) __________ larguísimas que corrían furiosos y rugían (*roared*) y los terrícolas (*earthlings*) atacaban sin miedo (*fearlessly*). Total (*In short*), un (12) __________ inaguantable (*unbearable*). Creí que me iba a quedar sorda. Lo que sí me gustó mucho fue la (13) __________, una mezcla galáctica de jazz y blues. Es interesante pensar que hace tan sólo diez años era impensable (14) __________ un viaje de estas características. Sin duda este viaje es un auténtico (15) __________ en mi vida personal.
Saludos desde las estrellas,
Merche

2 **Juegos de niños** En parejas, háganse las preguntas y contesten detalladamente.

1. ¿Cómo te divertías cuando eras niño? ¿A qué jugabas? ¿Con quién?
2. ¿Mirabas mucho la televisión? ¿Cuál(es) era(n) tu(s) programa(s) preferido(s)?
3. ¿Qué era lo que más te aburría? ¿Qué era lo que más te entusiasmaba?
4. ¿Qué hacías para combatir (*fight*) el aburrimiento?
5. ¿Te contaban tus padres o tus abuelos historias de cuando ellos eran niños?
6. ¿Cómo estaba decorada tu habitación? ¿Qué objetos guardas de tu infancia?
7. ¿Qué importancia tuvo la imaginación en tu infancia? ¿Qué importancia tiene ahora?

3 **Viaje a través de la fantasía** Trabajen en grupos de tres. Relaten una anécdota de su infancia relacionada con el mundo de la fantasía. ¿Se la contaron a alguien? ¿Les creyeron? ¿Cómo se sintieron? Añadan todos los datos y detalles que consideren importantes.

4 **Hito histórico** En grupos de tres, hablen sobre algún acontecimiento que tuvo lugar cuando ustedes eran pequeños y que en algún sentido cambió el curso (*course*) de sus vidas o de la historia. ¿Lo recuerdan con claridad?

- ¿Qué tipo de acontecimiento fue? ¿Cuándo y dónde ocurrió?
- ¿Quiénes eran los protagonistas? ¿Cómo supieron la noticia?
- ¿Cuántos años tenían? ¿Dónde y con quién(es) estaban?

5 **Anticipar** En parejas, observen los fotogramas e imaginen de qué va a tratar este cortometraje. Consideren los interrogantes, el vocabulario y el título del cortometraje para hacer sus previsiones.

- ¿Quién es el protagonista de esta historia?
- ¿Dónde quiere ir? ¿Dónde va? ¿Quién lo lleva? ¿Cómo?
- ¿Es una historia para niños, para mayores o para ambos?
- ¿Dirían que es un corto de ciencia ficción?

FICHA **Personajes** Antonio niño, Mamá de Antonio niño, Abuelo, Vendedora, Antonio adulto, Esposa de Antonio adulto **Duración** 16 minutos **País** Argentina **Año** 2004

ESCENAS 

1

Antonio niño Abuelo, quiero ir a Marte.
Abuelo ¿Eh?
Antonio niño Cuando sea grande, voy a ir yo en un cohete a Marte.
Abuelo ¿Un cohete? ¿Y para qué vamos a esperar? Yo te puedo llevar ahora.

2

Antonio niño Abuelo, yo vi en la tele que iban en platillos voladores y en cohetes.
Abuelo Con grúa también se puede llegar. Ya vas a ver. Ésta es una camioneta especial. Cuando levante velocidad.... fffffff... ¡a Marte!

3

Maestra Y así fue como el hombre llegó a la Luna, y algún día, [...] también llegará a Marte y otros planetas.
Antonio niño Señorita, señorita, yo ya estuve en Marte. Me llevó mi abuelo cuando era chico. ¡En serio! ¡En serio!

4

Locutor ¡Un nuevo hito en la historia de la Humanidad! Otro salto[1] gigante desde que el Hombre puso por primera vez un pie en la Luna. Porque hoy cuatro embajadores de nuestro planeta llegarán a Marte.

5

Hijo de Antonio Mamá, papá, ¡vengan que ya están por llegar! ¿Viste, pa[2]? Esta noche el Hombre llega a Marte.
Antonio adulto ¡Y, sí! Algún día tenían que llegar, ¿no?
Esposa de Antonio Ay Antonio, ¡qué humor! Vos cuando eras chico, ¿no querías ser astronauta?

6

Locutora Los mensajes de nuestros oyentes[3]...
Oyente Sí... El Hombre está llegando a Marte, pero las calles están todas rotas.
Antonio adulto Hola, sí, sí, soy yo, el de la grúa... Sí... Recién pasé por el molino[4]... Hola, sí... y bueno... a la derecha... ¿Hola?... Sí... Disculpe... ¿Qué loma[5]?...

[1]*jump* [2]*dad* [3]*listeners* [4]*mill* [5]*hill*

Nota CULTURAL

Viaje a Marte recrea uno de los paisajes naturales más espectaculares de Argentina, conocido como el **Valle de la Luna**. En sus casi 63.000 hectáreas se encuentra uno de los yacimientos (*sites*) paleontológicos más importantes del mundo. Caprichosas (*Fanciful*) formaciones rocosas, producto de siglos y siglos de constante erosión, dan a este desolado (*deserted*) territorio un aire (*look*) de ciencia ficción. Una gama (*range*) infinita de colores, luces y sombras realza (*enhances*) la belleza natural de este mágico paisaje, declarado en 2000 Patrimonio Natural de la Humanidad por la UNESCO.

EN PANTALLA

Ordenar Mientras ves el corto, ordena los personajes según van hablando.

___ a. Antonio adulto
___ b. abuelo de Antonio
___ c. mamá de Antonio
___ d. hijo de Antonio
___ e. Antonio niño
___ f. esposa de Antonio

Análisis 

1 **Comprensión** Contesta las preguntas.

1. ¿Quién es el protagonista de esta historia y cómo se llama?
2. ¿Qué está haciendo al principio del corto?
3. ¿Cuál es su sueño? ¿A quién se lo dice?
4. ¿Quién lo ayuda a convertir su sueño en realidad? ¿Cómo?
5. ¿Qué hace el protagonista de camino a (*on his way to*) Marte?
6. ¿Por qué en la escuela sus compañeros de clase se burlan de él?
7. ¿Qué hace el protagonista cuando regresa a casa de la escuela?
8. ¿Dónde tiene que ir el protagonista cuando el Hombre está a punto de llegar a Marte?
9. ¿Dónde está el protagonista cuando la llegada del Hombre a Marte es retransmitida en directo por televisión? ¿Dónde están su hijo y su esposa?

2 **Interpretación** Contesten las preguntas en parejas y razonen sus respuestas.

1. ¿Por qué quiere Antonio ir a Marte cuando es niño?
2. ¿Creen que Antonio fue a Marte cuando era niño o fue al Valle de la Luna?
3. ¿Pierde el entusiasmo de la infancia y la capacidad de soñar cuando es mayor?
4. ¿Por qué Antonio nunca le contó a su esposa su viaje fantástico de la infancia?
5. ¿Dónde está Antonio cuando el Hombre llega a Marte?
6. ¿Creen que el hijo de Antonio está imaginando que su papá está en la tele?
7. ¿A qué "problema" se refiere el astronauta?
8. ¿Cómo interpretan el final de la historia?

3 **Contextos** En grupos de tres, digan quién dice cada cita, en qué momento y a quién se la dice. Después compartan con la clase sus opiniones sobre el significado que estas afirmaciones tienen dentro del argumento de la historia. Vuelvan a ver el corto.

1. "Cuando sea grande, voy a ir yo en un cohete a Marte."
2. "Yo vi en la tele que iban en platillos voladores y en cohetes."
3. "Y con grúa también se puede llegar. Ésta es una camioneta especial."
4. "Y algún día, quizás no muy lejano, también llegará a Marte y otros planetas."
5. "¡Qué humor! Vos cuando eras chico, ¿no querías ser astronauta?"
6. "¡Algún día tenían que llegar, ¿no?!"
7. "El Hombre llega a Marte pero los autos se siguen quedando."
8. "Sí, el hombre está llegando a Marte, pero las calles están todas rotas."
9. "Mira mamá, papi está en la tele."

4 **Principio y final** En grupos de tres contesten: ¿Creen que esta historia tiene una estructura circular? Respalden (*Support*) sus teorías con ejemplos del corto.

5 **Poderosa imaginación** En grupos de tres, digan si están de acuerdo con estas afirmaciones. Intenten relacionarlas con el argumento del cortometraje.

"La imaginación nos llevará a menudo a mundos que no existieron nunca, pero sin ella no podemos llegar a ninguna parte." *Carl Sagan*

"La imaginación sirve para viajar y cuesta menos." *George William Curtis*

"El que tiene imaginación, con qué facilidad saca de la nada un mundo." *Gustavo Adolfo Bécquer*

"La imaginación es más importante que el conocimiento." *Albert Einstein*

"Todo lo que una persona puede imaginar, otras pueden hacerlo realidad." *Jules Verne*

6 **Sueños de infancia** Dividan la clase en tres grupos.

a. Hagan una lista de las profesiones con las que soñaban estudiar de mayores cuando eran niños.
b. Razonen qué elementos y características tienen en común todas esas profesiones.
c. Intercambien sus listas y razonen qué elementos y características tienen en común las profesiones. ¿Tienen las tres listas alguna(s) profesión(ones) en común?
d. Ahora todos juntos, inicien un coloquio (*talk*) y amplíen sus opiniones sobre las listas que escribieron. ¿Cuántos de ustedes todavía persiguen su sueño de infancia? ¿Cuántos lo han abandonado? ¿Por qué?
e. ¿Creen que a todos los niños y niñas de distintas generaciones les gusta lo mismo? ¿Pierden la capacidad de imaginar cuando son mayores?

7 **Situaciones** En parejas, elijan una de las situaciones e improvisen un diálogo. Utilicen al menos seis palabras de la lista. Cuando estén listos, represéntenlo delante de la clase.

PALABRAS

acontecimiento	**cohete**	**hito**
astronauta	**concebir**	**nave**
aterrizaje	**decepción**	**platillo volador**
burlarse	**despegue**	**recuerdo**
monstruo	**entrenamiento**	**velocidad**

A

Un niño le cuenta a un amiguito de la escuela (o a su profesora) que cuando era más pequeño su abuelo lo llevó a Marte en camioneta. Su amiguito se burla de él. El niño insiste en que es verdad; el otro insiste en que es mentira.

B

Dos amigos discuten acaloradamente (*heatedly*). Uno está convencido de que existe vida en otros planetas. El otro está convencido de que eso es imposible. Cada uno expone y razona sus teorías de manera persuasiva.

Los verbos ser y estar

Recuerda

Los verbos **ser** y **estar** se traducen como *to be* en inglés, pero los dos tienen usos diferentes. El verbo **ser** normalmente se usa para hablar de cualidades permanentes y el verbo **estar** para estados que cambian con el tiempo.

Usos de ser

El verbo **ser** se usa:

- Para definir o identificar algo o a alguien.

  *Antonio **es un niño** con mucha imaginación.*

- Para hablar del origen, de la nacionalidad o de la procedencia de algo o de alguien.

  *El director de Viaje a Marte **es argentino**.*

- Para indicar el material del que están hechas las cosas.

  *Los muñecos de Viaje a Marte **son de plastilina**.*

- Para hablar de las profesiones. Recuerda que se suele omitir el artículo antes de la profesión indicada.

  *Cuando se hace mayor, Antonio **es mecánico**, como su abuelo.*

- Para hablar de la hora y la fecha.

  ***Eran las doce del mediodía** en Argentina cuando los astronautas llegaron a Marte.*

- Para indicar cuándo o dónde tuvo o tendrá lugar un evento.

  *El despegue de la nave **fue en Cabo Cañaveral.** La llegada **será retransmitida en directo por televisión** en todo el mundo.*

- Para expresar posesión.

  *La camioneta mágica **es del abuelo de Antonio.***

Usos de estar

El verbo **estar** se usa:

- Para ubicar, localizar algo o a alguien en el espacio.

  *La camioneta **estaba en el jardín.***

- Para hablar de la salud, del estado de ánimo y de estados físicos.

  *El hijo de Antonio **estaba emocionado** esperando la llegada del Hombre a Marte.*

- Con ciertas expresiones sobre el clima: estar despejado, estar soleado, estar nublado.

  *Afortunadamente el cielo **estuvo despejado** durante todo el día.*

- Con el gerundio, para indicar acciones continuas que se están desarrollando en ese momento.

*Antonio estaba **recordando su viaje a Marte**.*

Diferencias entre ser y estar

Ser se usa para hablar de cualidades permanentes, es decir, que no cambian con el paso del tiempo.

Estar se usa para hablar de cualidades temporales, es decir, que cambian con el tiempo.

- **Ser** y **estar** con adjetivos

  La diferencia entre **ser** y **estar** se ve más claramente cuando se usan con los mismos adjetivos. Por ejemplo, si se dice que alguien es optimista se está diciendo que es optimista siempre, y que esa cualidad es parte de su personalidad. Sin embargo, si se dice que está optimista, se está indicando que en ese momento está optimista, pero que no siempre lo es.

Siempre	**Temporalmente**
Es muy elegante.	Está muy elegante.
Es muy trabajador.	Está muy trabajador.
Es nerviosa.	Está nerviosa.

- Algunos adjetivos cambian de significado al usarse con **ser** o con **estar**.

ser aburrido/a *to be boring*	**estar aburrido/a** *to be bored*
ser listo/a *to be smart*	**estar listo/a** *to be ready*
ser malo/a *to be bad*	**estar malo/a** *to be sick; to go bad*
ser rico/a *to be rich*	**estar rico/a** *to be delicious*
ser seguro/a *to be safe, to be secure*	**estar seguro/a** *to be sure*
ser verde *to be green*	**estar verde** *to be unripe; to be inexperienced*
ser vivo/a *to be lively, vivacious*	**estar vivo/a** *to be alive*

Práctica

1 **Un día especial** Completa la historia con la forma correcta del verbo **ser** o **estar.**

Ayer el cielo (1) _______ completamente despejado. Javier (2) _______ listo para ir con su abuelo a observar el firmamento. La mamá de Javier (3) _______ un poco nerviosa porque el observatorio (4) _______ a cinco horas de camino en auto, pero ella sabía que (5) _______ una oportunidad única para su hijo. Como el telescopio pertenece a una compañía privada, la próxima semana (6) _______ en otro país. El inventor del telescopio (7) _______ de nacionalidad alemana y lo alquila a instituciones científicas de todo el mundo. Cuando abrieron las puertas del observatorio, (8) _______ las diez de la noche. Miles de personas (9) _______ esperando su turno para entrar.

2 **Tabú** Jueguen al Tabú en parejas. Uno/a de ustedes le describe a su compañero/a la persona o cosa que elija de la lista, SIN usar las palabras entre paréntesis. Túrnense y utilicen **ser** y **estar** en sus descripciones.

- planeta (nombres de planetas, girar, Sol)
- astronauta (persona, conduce, nave espacial)
- Neil Armstrong (astronauta, americano, Luna)
- fantasía (imaginación, invención, sueño)
- Marte (planeta, marciano, Tierra)
- NASA (espacio, astrónomo, científico)

Preparación

Sobre el autor

Eduardo Hughes Galeano nació en Montevideo, Uruguay, en 1940. Comenzó trabajando en diferentes periódicos como *El Sol*, *Marcha* y *Época*. En 1973 tuvo que irse a vivir a Argentina por razones políticas. Fundó la revista *Crisis* durante su exilio en ese país. Posteriormente, vivió en España hasta 1985, año en que regresó a Uruguay. Sus libros están marcados por la realidad político-social latinoamericana, que se refleja en su gusto por la narración histórica, la crónica y los artículos periodísticos. El relato "*Celebración de la fantasía*" es de *El libro de los abrazos*, publicado en 1994.

Vocabulario de la lectura

- **atrasar** *to run behind/slow*
- **el bicho** *bug*
- **correrse la voz** *to spread news*
- **de buenas a primeras** *suddenly*
- **exigir** *to demand*
- **el fantasma** *ghost*
- **la muñeca** *wrist*
- **rodear** *to surround*
- **el suelo** *ground*

Vocabulario útil

- **conmovido/a** *to be (emotionally) moved*
- **el encuentro** *meeting*
- **enterarse** *to find out*
- **imaginario/a** *imaginary*
- **la inocencia** *innocence*
- **la magia** *magic*
- **la pobreza** *poverty*

1 **Vocabulario** Completa el crucigrama con las palabras adecuadas.

Horizontales

3. Cuando la policía quiere detener a un ladrón, hace esto para que no se escape.
5. De__________ a primeras
6. Animales pequeñísimos

Verticales

1. Cuando dos amigos se ven por casualidad y toman un café.
2. Nuestros pies lo tocan casi todo el tiempo.
4. Lo que une la mano con el brazo.

2 **De niño** En parejas, háganse las siguientes preguntas.

1. ¿Tenías más imaginación cuando eras niño/a?
2. ¿Qué cosas creías que eran ciertas y luego descubriste que no lo eran?
3. ¿Crees que es bueno tener mucha imaginación? ¿Por qué?

Celebración de la fantasía

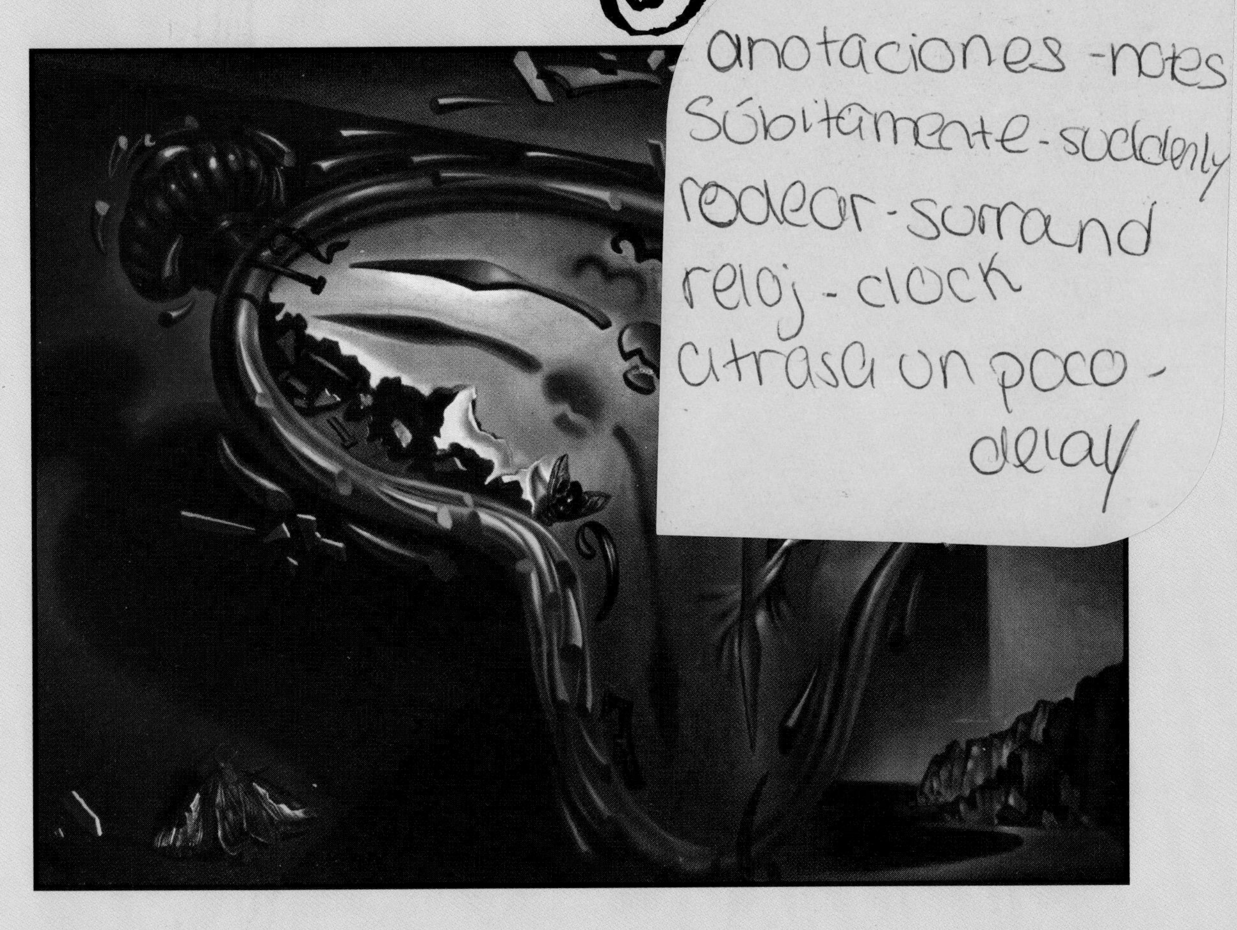

Fue a la entrada del pueblo de Ollantaytambo, cerca del Cuzco. Yo me había despedido de un grupo de turistas y estaba solo, mirando de lejos las ruinas de piedra, cuando un niño del lugar, enclenque°, haraposo°, se acercó a pedirme que le regalara una lapicera. No podía darle la lapicera que tenía, porque la estaba usando en no sé qué aburridas anotaciones, pero le ofrecí dibujarle un cerdito° en la mano.

Súbitamente, se corrió la voz. De buenas a primeras me encontré rodeado de un enjambre° de niños que exigían, a grito pelado°, que yo les dibujara bichos en sus manitas cuarteadas de mugre° y frío, pieles de cuero quemado,° había quien quería un cóndor y quien una serpiente, otros preferían loritos o lechuzas° y no faltaban los que pedían un fantasma o un dragón.

Y entonces, en medio de aquel alboroto°, un desamparadito° que no alzaba° más de un metro del suelo, me mostró un reloj dibujado con tinta negra en su muñeca:

—Me lo mandó un tío mío, que vive en Lima —dijo.

—¿Y anda bien? —le pregunté.

—Atrasa un poco —reconoció. ■

weak/ragged

little pig

swarm

at the top of their lungs

chapped by dirt

burnt leather skins

little parrots or owls

disturbance

defenseless kid/who didn't reach

Análisis 

1 Comprensión Contesta las preguntas.

1. ¿Dónde estaba el narrador?
2. ¿Qué quería el niño?
3. ¿Por qué el narrador no podía dársela?
4. ¿Por qué se vio el narrador rodeado de niños?
5. ¿Qué querían los niños?
6. ¿Qué tenía el niño en la muñeca?
7. Según el niño, ¿quién le regaló el reloj?
8. ¿Andaba bien el reloj?

2 Ampliación En parejas, contesten las preguntas y compartan sus opiniones.

1. ¿Cómo son los niños de la historia?
2. ¿Qué importancia tiene la descripción de los niños en el desarrollo de la historia?
3. Relacionen el título de este relato con el breve diálogo con el que termina. Razonen su respuesta.
4. En una entrevista, Eduardo Galeano afirmó que "es a través de las pequeñas cosas que puede acercarse uno a las grandes". Expliquen el significado de esta afirmación y su relación con el relato.

3 Personajes Trabajen en parejas para contestar las siguientes preguntas.

1. ¿Cuáles son los personajes favoritos de la imaginación de los niños? Hagan una breve lista.
2. ¿Qué tipo de personajes son importantes en la imaginación de los adultos? Preparen una lista.
3. ¿Qué diferencias hay entre las dos listas? ¿Por qué?
4. ¿Qué aportan (*bring*) estos personajes de ficción a nuestras vidas? Razonen sus respuestas.

4 Historia En parejas, cuéntense una historia de algo que les haya ocurrido a ustedes en la que se mezclaban la realidad y la fantasía. Incluyan la siguiente información.

- Cuántos años tenían cuando ocurrió
- Dónde ocurrió
- Qué hora era aproximadamente
- Con quién estaban
- Qué pasó
- Si tienen un recuerdo positivo o negativo y por qué

5 **Ensalada de cuentos** En parejas, invéntense un cuento con las siguientes ilustraciones. Usen los verbos **ser** y **estar.** Después, compartan su cuento con la clase.

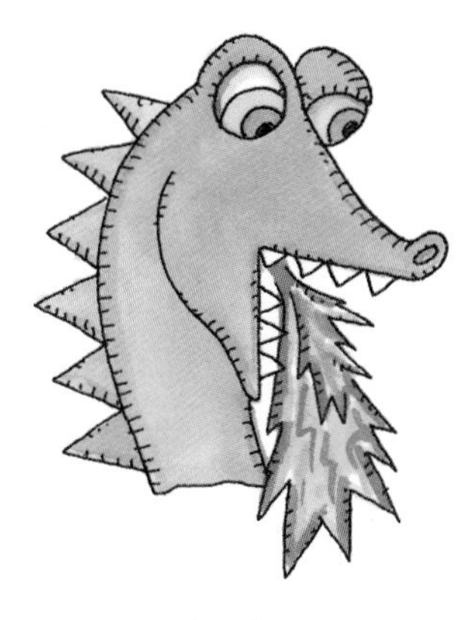
dragón

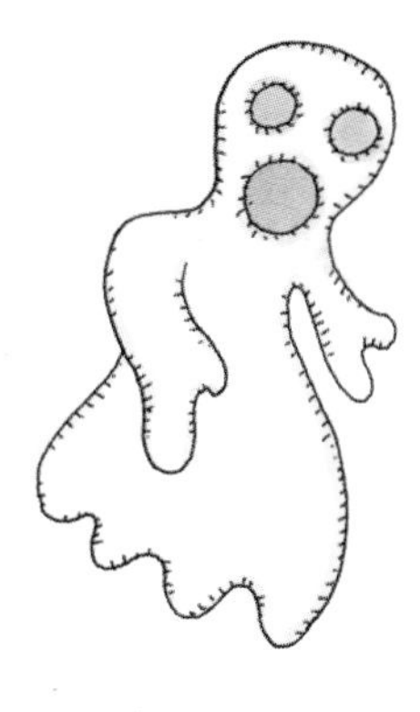
fantasma

reloj

6 **Imaginar** Trabajen en grupos de tres para imaginarse cómo sería la vida si en lugar de ir de niños a viejos, fuéramos de viejos a niños. Consideren estas sugerencias.

- Cómo serían nuestros primeros años de vida
- En qué cambiarían los años universitarios
- A qué edad se elegiría pareja
- A qué edad se tendrían hijos
- Cómo sería la relación entre padres e hijos

7 **Situaciones** En parejas, elijan una de las situaciones e improvisen un diálogo. Utilicen al menos seis palabras o expresiones de la lista. Cuando estén listos, represéntenlo delante de la clase.

PALABRAS

acontecimiento	**de buenas a primeras**	**fantasma**
atacar	**decepción**	**imaginario/a**
burlarse	**encuentro**	**inocencia**
conmovido/a	**enterarse**	**magia**
correrse la voz	**exigir**	**rodear**

A

Una pareja de enamorados está planeando su futuro (trabajo, hijos, casa, etc.). Uno de ellos es muy práctico y el otro es muy imaginativo. Los dos intentan convencerse de que sus planes son los mejores.

B

Dos amigos están discutiendo sobre política. Uno de ellos piensa que el presidente tiene que ser imaginativo. El otro dice que tiene que ser práctico. Los dos tienen que defender sus opiniones.

Preparación 

Sobre el autor

Pedro García Bilbao, nacido en España en 1961, es editor y escritor de ciencia ficción. Es también el fundador de la editorial Silente, dedicada a la publicación de literatura fantástica y de ciencia ficción. En 1998, recibió el premio Ignotus de la Asociación Española de Ciencia Ficción y Fantasía, al Mejor Libro de Ensayo por su estudio sobre *La saga de los Aznar.*

Vocabulario de la lectura

acertado/a *right*
ambulante *itinerant*
amenazar *to threaten*
ciego/a *blind*
la crónica *report*
el/la extraterrestre *extraterrestrial, alien*
perdurar *to last*
plantear un interrogante *to raise a question*
la superpoblación *overpopulation*

Vocabulario útil

el astro *heavenly body*
la clonación *cloning*
desconocido/a *unknown*
extraño/a *strange, odd*
fantástico/a *fantastic, imaginary*
la huella *footprint, track*
el ovni, OVNI (objeto volador no identificado) *UFO*

1 **Vocabulario** Conecta las palabras con la definición adecuada. Hay tres palabras de más.

1. ____ astro
2. ____ ciego/a
3. ____ perdurar
4. ____ amenazar
5. ____ extraño/a
6. ____ ambulante
7. ____ crónica
8. ____ acertado/a
9. ____ ovni
10. ____ interrogante
11. ____ superpoblación
12. ____ huella

a. sinónimo de raro
b. Se dice de una persona o cosa que va de un lugar a otro.
c. durar indefinidamente
d. sinónimo de correcto
e. cuestión sobre la que existe alguna duda
f. información periodística
g. que no ve
h. anunciar a alguien que se le va a hacer daño
i. excesivos habitantes

2 **Ciencia ficción** En parejas, contesten las preguntas y expliquen sus respuestas.

1. ¿Les interesa la ciencia ficción? ¿Por qué? ¿Qué obras y/o autores conocen de este género?
2. ¿Qué películas o novelas de ciencia ficción creen que son de más calidad? ¿Por qué?
3. ¿Es verdad que la ciencia ficción sólo sirve para entretener?
4. ¿Creen que tiene alguna utilidad práctica en la vida real?
5. ¿Creen que sirve para despertar (*spark*) la imaginación de los niños y/o de los adultos?

La ciencia ficción **clásica perdurará**

Preguntas acertadas, y no respuestas exactas, ésa es la clave de la buena ciencia ficción. ¿Qué ocurriría si el viaje interestelar fuera posible? ¿Cómo sería la vida en un planeta lejano? ¿A qué nos llevaría la superpoblación? ¿Cómo serán las relaciones humanas en un mundo hipertecnificado? ¿Es posible construir una Esfera de Dyson[1] y vivir en ella? ¿O construir un Mundo Anillo[2] con su estrella en el centro? La ciencia ficción ha permitido especular sobre lo que ocurriría si toda la población mundial quedase ciega, excepto un puñado° de afortunados, y amenazada por una extraña especie de plantas ambulantes; sobre lo que podría ocurrir si realmente hubiera una invasión extraterrestre o sobre qué problemas habría que afrontar° si los viajes temporales fueran una realidad.

fistful · *to face*

También se ha preguntado por la superpoblación, las inteligencias artificiales y el lejano futuro y tantas otras cuestiones. Son miles las preguntas sugerentes y atractivas, nacidas de preocupaciones ancladas° en la realidad del escritor y el lector, las que han conformado la mayoría de las mejores obras del género. La ciencia ficción plantea interrogantes que responden a cuestiones cercanas y reales (la buena ciencia ficción), y aunque las acciones se desarrollen en el futuro, constituyen una crónica de lo que se cierne° sobre el presente; las soluciones técnicas erróneas que pueden figurar° en ocasiones en sus páginas sólo son consecuencia del deseo humano de superación°. No todo lo que se escribe responde a este planteamiento°, pero la clave está en el lector; en su curiosidad y aprecio por el sentido de la maravilla; mientras haya lectores que valoren estos elementos, la ciencia ficción clásica perdurará. ■

anchored · *can be observed* · *appear* · *self-improvement* · *approach*

[1]**Esfera de Dyson** Fue imaginada por el físico estadounidense Freeman Dyson para arreglar los problemas de energía y superpoblación de la Tierra. Es una esfera artificial tan grande que el Sol y los planetas caben en ella. [2]**Mundo Anillo** El Mundo Anillo es una invención del escritor estadounidense Larry Niven. En su novela, *Ringworld*, unos viajeros descubren un mundo con forma de anillo de enormes dimensiones.

Análisis

1 Comprensión Contesta las preguntas.

1. ¿Cuál es la clave de la buena ciencia ficción?
2. ¿Qué ha permitido especular la ciencia ficción? Da algunos ejemplos.
3. ¿Qué ha conformado las mejores obras del género?
4. ¿A qué responden los interrogantes planteados por este género?
5. ¿En quién está la clave de la ciencia ficción y por qué?

2 Ampliación Contesten en parejas las preguntas inspiradas en la lectura.

1. Imaginen cómo sería el planeta si hubiera superpoblación. ¿Qué cambiaría en nuestra vida diaria? Hagan una lista de lo que cambiaría, explicando los cambios. Luego, compartan su lista con la clase.
2. Pedro García afirma que la ciencia ficción plantea interrogantes que responden a cuestiones reales y cercanas. ¿Están de acuerdo con esta afirmación? ¿Por qué?
3. ¿Creen en los extraterrestres? Expliquen las razones que tienen para defender sus ideas.

3 Ahora ustedes En grupos de tres, imaginen que son viajeros espaciales y que llegan a un mundo de ciencia ficción. Tienen que crear ese mundo. Para ello, contesten las preguntas de la lista. Pueden añadir otros detalles. Luego, compartan su creación con toda la clase.

- cómo son los habitantes
- dónde viven
- qué comen
- cómo visten
- cómo van de un lugar a otro
- cómo se comunican

4 Situaciones En parejas, elijan una de las situaciones e improvisen un diálogo. Utilicen al menos seis palabras de la lista. Cuando estén listos, represéntenlo delante de la clase.

PALABRAS

acertado/a	interrogante	peligro
amenazar	fantástico/a	perdurar
crónica	nave espacial	plantear
desconocido/a	ovni	superpoblación

A

Dos científicos/as están en una conferencia. Uno/a de ellos/as está a favor de la clonación de seres humanos y el/la otro/a está en contra. Tienen que dar argumentos para defender sus teorías.

B

Dos investigadores/as del FBI encuentran unas huellas muy extrañas. Uno/a de ellos/as cree que son de extraterrestres e intenta convencer a su compañero/a, que no cree en esos temas.

Preparación

Sobre el autor

Luis R. Santos nació en Santiago de los Caballeros en la República Dominicana. Realizó sus estudios en el Instituto Superior de Agricultura, donde estudió agronomía, y luego en la Universidad Nordestana. En su carrera como escritor, se desenvolvió como columnista para los diarios dominicanos *Hoy, El Siglo y El Nacional.* Ha sido premiado por sus cuentos en la Alianza Cibaeña y en Casa de Teatro. Varios de estos cuentos han sido incluidos en antologías nacionales e internacionales. Entre sus obras se destacan *Noche de mala luna,* una serie de cuentos publicada en 1993, *En el umbral del infierno,* novela de 1996 y *Tienes que matar al perro,* cuentos publicados en 1998.

Vocabulario de la lectura

animar *to cheer up*
arrebatar *to snatch*
la amargura *bitterness*
el aspecto *appearance*
la cicatriz *scar*
descuidado/a *careless*
dilatar *to prolong*
disiparse *to clear*
hendido/a *a cleft, split*
insólito/a *unusual*
lentitud *slowness*
moribundo/a *dying*
el presagio *omen*
el relámpago *lightening*
temer *to fear*
la tormenta *storm*
la venganza *revenge*

Vocabulario útil

anunciar *to foreshadow*
la aparición (de un fantasma) *apparition (of a ghost)*
asustarse *to become frightened*
escéptico/a *skeptical*
inmortal *immortal*
el miedo *fear*
la sangre *blood*
el sueño *dream*

1 **Definiciones** Conecta las palabras con la definición adecuada.

______ 1. presagio	a. se dice de un acontecimiento poco frecuente e inexplicable
______ 2. temer	b. marca que permanece en la piel después de tener una herida
______ 3. arrebatar	c. tener miedo
______ 4. cicatriz	d. quitar algo a alguien de un modo violento
______ 5. insólito	e. señal que anuncia algo que va a suceder
______ 6. anunciar	f. indicar de manera directa o indirecta que algo va a suceder

2 **Diálogo** En parejas, improvisen un breve diálogo entre un taxista extraño y un pasajero que es médico. Usen palabras de la lista. Después, represéntenlo delante de la clase.

PALABRAS

amargura	insólito/a
aspecto	miedo
asustarse	presagio
cicatriz	temer
inmortal	tormenta

3 **Historias del más allá** En parejas, háganse las preguntas y luego compartan sus respuestas con la clase.

1. ¿Han leído, visto u oído alguna vez una historia de fantasmas? Relaten el argumento.
2. ¿Creen en los fenómenos paranormales? Razonen sus respuestas.
3. ¿Les gustan las historias fantásticas? ¿Por qué?
4. Si no les gustan las historias fantásticas, ¿qué tipo de historias prefieren?

El otro círculo

“Dilatar la vida de los hombres es dilatar su agonía y multiplicar el número de sus muertes.”

Jorge Luis Borges

Hay fechas que bajo ninguna circunstancia pueden ser borradas° de la memoria. Era un 24 de diciembre de 1976 y los hechos que acaecieron° aquella noche, dramáticos, insólitos e inexplicables contribuyeron de forma notable a su imborrabilidad.

Mientras la ciudad se preparaba para iniciar los festejos tradicionales de Navidad, yo estaba allí derrumbado° cavilando° sobre lo más importante que había acontecido y que acontecería por muchos años: la muerte repentina° de mi esposa. Se murió así, sin que se pudiera hacer algo; yo, que había salvado tantas vidas, me sentí en extremo frustrado al no poder contribuir en lo más mínimo con la sobrevivencia de mi joven mujer. Eso había sucedido apenas una semana atrás. Pero tres meses antes la vida me había hecho uno de esos tantos regalitos con los que muchas veces gratifica a la gente: la muerte de mi madre en un accidente. Para esos días sentía que todo lo que tenía lo había perdido, que no me quedaban muchos motivos para seguir en este mundo. Ni siquiera mi brillante profesión de médico, que, sin jactancias°, era una carrera en rápido crecimiento con un nombre hecho y respetado, me parecía importante. Sólo me interesaba encontrar una respuesta al ensañamiento° de la vida (o de la muerte) en mi contra. Porque si yo vivía constantemente arrebatándole vidas a la muerte, ¿por qué no pude arrebatarle, por lo menos, la de mi esposa? ¿Sería una conspiración? ¿Una absurda venganza?

Lo más injusto de todo fue el instante en que sucedió la tragedia, exactamente después de haber pasado el período de prueba, ese lapso de adaptación doloroso, esa incómoda transición que se vive al pasar de soltero a hombre casado. Yo, que era un hombre empedernido° con mi soltería°, que decía que no cambiaba mi libertad por ninguna mujer, aunque baste decir que° mi libertad consistía en llegar todos los días a las tres de la madrugada a casa, y acostarme con tres mujeres distintas por semana. Pero ya me había olvidado de mi "libertad" y me había acostumbrado muy bien a la cálida° rutina del matrimonio, a esa placidez monótona del hogar y, precisamente, después de todo eso, ella comete el abuso de morirse.

Sumido° en esas pesarosas° meditaciones me sobresaltó° el estruendo° de una descarga° eléctrica en lo alto de la atmósfera, señal que anunciaba con certeza una inminente tormenta. Acto seguido°, a las 11.00 p.m., sonó el teléfono.

[Cuando escuché estas expresiones, sentí que algo me unía a aquel desconocido.]

—Doctor Espinosa venga seguido, se me muere mi padre —me comunicó una voz femenina y temblorosa.

—Es difícil salir esta noche —respondí.

—Es una emergencia, por amor de Dios, venga rápido, doctor.

—No tengo auto disponible excúseme, llame a otro médico...

—Llame un taxi, doctor Espinosa, se lo ruego°, por favor.

Yo estaba consciente de que lo del transporte no era más que un pretexto. Los recuerdos me pesaban demasiado aquella noche y no quería salir de mi refugio. No obstante, los ruegos de mi interlocutora y su tono suplicante terminaron por convencerme. Le pregunté la forma en que había averiguado° mi número telefónico y me dijo que había sido su padre moribundo quien se lo había susurrado°. No encontré nada extraño en aquel dato°, pues mi nombre estaba en la guía médica. Anoté la dirección y me disgusté°, contrariado°,

erased · *happened* · *collapsed/ pondering* · *sudden* · *boasting* · *rcilessness*

hardened · *bachelorhood* · *suffice it to say* · *cozy* · *Immersed/sorrowful* · *startled/din, crash* · *discharge* · *Right after* · *I'm begging you* · *had found* · *whispered* · *information* · *I got upset/annoyed, put out* al comprobar que para trasladarme° hasta aquel sector sería preciso atravesar la ciudad de extremo a extremo, y mucho más desagradable se hacía dicha travesía en una noche tan lluviosa como aquella.

to go, to get

Llamé un taxi y mientras tardaba su arribo encendí un cigarrillo más. Fumar era de lo poco que me atraía en aquellos días; veía a través del humo disiparse un poco mi amargura. La lluvia había dejado de ser lluvia y se había convertido en tormenta. Las descargas eléctricas terminaron por interrumpir el servicio eléctrico. La claridad de las luces de los relámpagos inundaba por instantes el recinto° oscurecido; era una luz inusual, como cargada de presagios.

room

Escuché el toque en la puerta, me incorporé° y tomé el maletín° que contenía el instrumental médico necesario para esos casos.

I sat up/case

—Buenas noches, doctor Espinosa —me saludó el taxista.

—Buenas noches, señor. ¿Cómo sabe que soy el doctor Espinosa?

—La operadora me informó: vaya a esta dirección y recoja al doctor Espinosa.

—Bueno, dije, es a esta dirección hacia donde nos dirigimos.

—Y lo difícil que es trasladarse a esa zona; las calles deben estar inundadas° con toda el agua caída —concluyó el taxista.

flooded

Avanzábamos con lentitud, pues seguía precipitándose una lluvia pesada y rabiosa°. A poco se detuvo el auto.

furious

—Perdóneme un segundo, doctor, se desconectó el limpiavidrios° —me informó el taxista.

windshield wipers

—Okey, pero dése prisa, que es una emergencia.

—¡Ah!, una emergencia —dijo mi acompañante—, la gente siempre tiene una emergencia cuando cree que va a morir. Apuesto° que fue el enfermo quien dijo: "Díganle que es una emergencia, para que venga rápido". Y quizás lo que tiene es un simple dolorcito de estómago. Lo que sucede es que los hombres le tememos demasiado a la muerte.

I bet

—Es posible que así sea; y usted, ¿no le teme?

—¡Qué le voy a temer! Total, temiéndole o no temiéndole..., fíjese, fíjese bien en esta cicatriz que tengo en la frente, mire mi boca, mi labio inferior, específicamente, está hecho una mierda. Eso fue un desgraciado accidente que tuve; me abrieron la cabeza, para operarme; me vi en un hilito° y nunca sentí temor; es más, hasta pienso que hubiera sido mejor morir, mire qué aspecto tengo. Mucha gente me rechaza°, y hace una mueca° fea cuando me ve.

I felt like I was hanging on by just a thread

rejects/ sneer

—Pero el aspecto exterior no es lo importante —le dije, para animarlo.

—Sí, doctor; pero ese rechazo continuo a un ser humano, por el simple hecho de tener el rostro° desfigurado, le va creando a uno una coraza°, un resentimiento contra todos, un estado de amargura permanente que da al traste con lo poquito bueno que pueda uno tener, y ése es mi caso, doctor; la gente, con su desdén y desprecio me ha transformado. Así que la muerte, a veces, es la mejor solución.

face

shell

—Pero usted puede recomponerse ese aspecto, con una cirugía° de ésas que se hacen los artistas; si usted lo acepta, yo prometo ayudarlo.

surgery

—Ya es demasiado tarde, doctor. Después de escuchar aquellas sentencias seguimos nuestra lenta marcha; había mermado° la tormenta y sólo una llovizna° menuda se precipitaba haraganamente°. Encendí un cigarrillo y reanudé° el diálogo.

died down/ drizzle

lazily

I resumed

—¿Por qué dice usted que es demasiado tarde? —le pregunté

—No desespere, doctor, más tarde lo sabrá —me respondió.

Ahí mismo exclamó:

—¡Qué joder! Creo que se pinchó una goma°, bajaré a verificar.

a tire went flat

En ese instante, un relámpago alumbró

la faz° del taxista y pude ver el aspecto un tanto monstruoso de ésta, con su marcada cicatriz en la frente y el labio inferior hendido; sentí una profunda conmiseración por aquel desgraciado° ser.

face
wretched

—Parece que todo está en contra del enfermo —comentó el taxista—, ahora perderemos de veinte a veinticinco minutos más.

—Ojalá lo encontremos vivo —apunté—; según la persona que me habló por teléfono era grave el asunto.

Se tomó dieciocho minutos, exactamente, para sustituir el neumático averiado°.

damaged tire

—La verdad que usted es un gran tipo, doctor.

—¿Por qué?

—Imagínese, salir de su casa a las 11 de la noche, un 24 de diciembre, bajo lluvia y dejando a su esposa sola en casa.

—Es el deber, aunque a veces a uno le dan ganas de mandar el deber a la porra°.

pay no attention to duty

—Así es, doctor; yo, últimamente, al deber lo he agarrado por las greñas° y lo he arrojado a la basura, y hasta a Dios lo he mandado al carajo.

hair

Cuando escuché estas expresiones, sentí que algo me unía a aquel desconocido. Tuve una especie de acercamiento, solidaridad o empatía con alguien que me había punzado°, allá, en lo más hondo con esas palabras. Porque yo también había estado últimamente en un cuestionamiento permanente de Dios a raíz de la muerte de mi madre y mi esposa. ¿Me merezco esto, Dios?, le he preguntado. No te conformas con una, sino que me quitas a las dos, le he increpado°. ¿O tú no eres más que un engaño? ¿Un fraude, un truco, una invención? ¡Dime! Háblame! ¡Respóndeme!

punched
I railed

—Falta poco para que lleguemos —interrumpió él mis oscuros pensamientos.

—Por suerte —le dije—. Quiero que me recojas luego de concluida la consulta.

—Será un gusto, doctor.

Unos instantes después el motor del auto detuvo la marcha.

—¡Otra y van tres! —protestó el taxista.

—¿Qué pasa ahora?

—Se terminó la gasolina.

—No faltaba más.

—No se preocupe, ya casi llegamos, la lluvia ha cesado, usted puede llegar a pie, la Duarte es en la próxima esquina.

—De acuerdo, pero trate de conseguir combustible para el regreso y no sea tan descuidado.

—Está bien, doctor, pero recuerde que llegan momentos en que ya nada resuelve nada.

Ésas últimas palabras me intrigaron, no lo niego.

Caminé de prisa, ahora bajo un viento fresco y húmedo. Llegué a la esquina, busqué en un bolsillo el papel donde estaba anotada la dirección y leí: "Calle Duarte 106". Fui identificando los números hasta que llegué a la casa con la numeración buscada. La puerta estaba abierta, había mucho movimiento en la sala, alguien lloraba en un rincón°.

corner

Me recibió una joven con el rostro compungido°, que me dijo: "Doctor, llega usted tarde, hace apenas cinco minutos que el enfermo falleció°".

sad
passed away

De inmediato, entré al cuarto donde estaba el muerto y, efectivamente, yacía° sobre la cama un hombre con una horrible cicatriz en la frente y el labio inferior hendido. ■

lay

Análisis

1 **Comprensión** Contesta las preguntas.

1. ¿Qué evento importante marcó la vida del doctor antes de la noche del 24 de diciembre de 1976?
2. ¿Qué le había sucedido al doctor tres meses antes de la muerte de su esposa?
3. ¿Por qué estaba frustrado el doctor después de la muerte de su esposa?
4. ¿Por qué le pareció injusto el momento en que ocurrió la tragedia?
5. ¿Cómo era la vida del doctor cuando era soltero?
6. ¿Quién llamó al doctor por teléfono? ¿Qué le pidió esa persona?
7. ¿Cómo había conseguido la mujer el número de teléfono del doctor?
8. ¿Qué tiempo hacía esa noche?
9. Cuando el doctor viajaba en el taxi, ¿qué complicaciones tuvo para llegar?
10. ¿Cuál era el aspecto del taxista a causa del accidente que tuvo?
11. ¿Qué pensaba el taxista sobre la muerte?
12. ¿Con qué se encontró el doctor Espinosa al llegar a la casa del moribundo?

2 **Ampliación** En parejas, contesten las preguntas y razonen sus respuestas.

1 ¿Por qué creen que el taxista tiene tantos inconvenientes para llevar al doctor a su destino?
2. ¿Por qué creen que el moribundo quería que fuera el doctor Espinosa y no otro el que lo fuera a visitar?
3. ¿Creen que el taxista va a recoger al doctor a la casa del paciente para llevarlo de regreso a su casa tal y como habían quedado?
4. ¿Por qué creen que el cuento se llama "El otro círculo"?
5. ¿Cuáles son los indicios (*signs*) que se dan a lo largo de la historia que nos permiten saber que algo extraño va a ocurrir?
6. El doctor está deprimido por la muerte de su madre en un accidente; el taxista, por su parte, está deprimido por haber sobrevivido a un cruel accidente. ¿Creen que el punto de vista del doctor cambia después de su encuentro con el taxista?
7. ¿Creen que la historia tiene una moraleja (*moral*)? ¿Cuál es?

3 **Analizar** En grupos de cuatro, digan qué personaje dice cada cita, en qué circunstancias y expliquen la importancia que tienen en el desenlace (*ending*) de la historia. Después, entre todos, digan qué tienen en común el doctor y el taxista.

1. Si yo vivía constantemente arrebatándole vidas a la muerte, ¿por qué no pude arrebatarle, por lo menos, la de mi esposa?
2. Lo que sucede es que los hombres le tememos demasiado a la muerte.
3. No desespere, más tarde lo sabrá.
4. De acuerdo, pero trate de conseguir combustible para el regreso y no sea tan descuidado.
5. Está bien, pero recuerde que llegan momentos en que ya nada resuelve nada.

4 **Interpretar** En grupos de cuatro, traten de explicar por qué el autor inicia su relato con la cita de Jorge Luis Borges. ¿Qué relevancia creen que tiene esta idea en el contexto del cuento? ¿Creen que alguno de los personajes de la historia estaría de acuerdo con Borges? ¿Quién(es)? Respalden sus respuestas con ejemplos del texto.

5 **Adivinar** En grupos pequeños, elijan una película o novela fantástica. Cada miembro del grupo tiene que contar algo de lo que pasa en la historia y el resto de la clase tiene que adivinar de qué película o novela se trata.

6 **Clichés** Las "historias de miedo" suelen compartir en general una estructura y unos elementos típicos que muy bien podríamos considerar clichés. En parejas, preparen una lista de convenciones que han observado en "El otro círculo", (por ejemplo, el hecho de que es de noche). Después, añadan a su lista otras convenciones que han observado en novelas, cuentos y películas de este género. Compartan y discutan sus listas con los otros grupos. ¿Qué técnicas consideran más efectivas?

7 **Situaciones** En parejas, elijan una de las situaciones e improvisen un diálogo basado en ella. Usen al menos seis palabras de la lista. Cuando lo terminen, represéntenlo delante de la clase.

PALABRAS

aparición	**cicatriz**	**sangre**
arrebatar	**inmortal**	**sueño**
aspecto	**insólito/a**	**temer**
asustarse	**miedo**	**venganza**

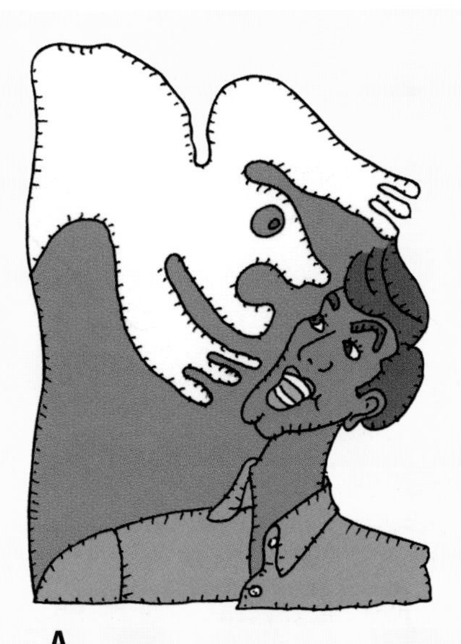

A
Un fantasma se le aparece a una persona escéptica y la tiene que convencer de que es real. La persona no le cree y discuten.

B
Ha llegado el día de bodas de una pareja de enamorados. Ese día, el novio tiene que confesarle a su amada que es un vampiro y la tiene que convencer para que ella se convierta en vampiro también.

Preparación

Sobre el autor

Las obras del argentino **Joaquín Salvador Lavado**, conocido como Quino, se comenzaron a publicar en 1954 en Buenos Aires. Después de diez años de publicar dibujos de humor gráfico, Quino creó a Mafalda, su personaje más querido. A través de Mafalda, una niña que vivía en la Argentina de los años 60 y 70, Quino reflexionaba sobre la situación política y social del mundo. En 1973, Quino dejó de publicar Mafalda y empezó a dibujar otras historias con un humor que, según las palabras del propio dibujante, quizás fuera "menos vivaz pero tal vez algo más profundo".

Vocabulario de la tira cómica	Vocabulario útil	
podrido/a *fed up*	**aplastar** *to squash*	**matar** *to kill*
el ratón, la ratona *mouse*	**aterrizar** *to land*	**la nada** *nothing*
	la cueva *cave*	**el pasadizo** *passage*
	deshabitado/a *uninhabited*	**el recogedor** *dustpan*
	la escoba *broom*	**la viñeta** *vignette*
	la linterna *flashlight*	

1 **Adivinar** En parejas, miren la primera viñeta de la tira cómica e imaginen qué va a pasar. Después, compartan su historia con la clase.

2 **Otros mundos** ¿Creen que sin imaginación hubiera sido posible realizar viajes espaciales? ¿Por qué?

Análisis

1 **Narrar** En parejas, cuéntense qué ocurre en la tira cómica.

2 **Un poco de fantasía** En parejas, contesten las preguntas.

1. ¿Qué año es?
2. ¿De dónde es el astronauta?
3. ¿Qué misión tiene?
4. ¿A qué planeta ha llegado?
5. ¿Cómo es la vida en ese planeta?
6. ¿Cómo son sus habitantes?

3 **Inventar** En grupos pequeños, imaginen otro final para la historia, a partir de la viñeta seis.

4 **Otro viaje** En parejas, cuéntense un viaje con el que hayan soñado. Después, compartan el viaje de su compañero/a con la clase.

Viaje espacial de Quino

Escribe un relato fantástico

Escribe un relato fantástico. Antes de empezar, recuerda que estos relatos cuentan lo imposible y lo sobrenatural. Nos presentan, de esa forma, un mundo que rompe las reglas de la realidad. ¿Estás preparado/a?

Plan de redacción

Planea

1. **Quién es el protagonista** Piensa en quién va a ser el protagonista de tu historia. ¿Vas a ser tú, o vas a elegir a una tercera persona? ¿Es un hombre o una mujer? ¿Qué edad tiene? ¿Cómo es físicamente?

2. **Crear el marco** (*setting*) Decide el lugar, la hora y el año en que se desarrolla la historia.

3. **Cuál será el elemento fantástico** ¿Qué fenómeno o personaje fantástico tendrá tu historia?

4. **Qué va a ocurrir** Piensa en lo que va a suceder en el cuento.

Escribe

5. **Historia** Comienza a escribir la historia que has pensado. No debe ser muy larga.

6. **Desenlace** (*Outcome*) ¿Cómo termina la historia? El final de tu historia tiene que tener un elemento de sorpresa que capte la imaginación del lector.

Comprueba y lee

7. **Revisa** Lee tu cuento para mejorarlo.
   - Evita las repeticiones.
   - Comprueba (*Verify*) que los tiempos verbales que has utilizado son los correctos.
   - Revisa la concordancia (*agreement*) entre sustantivos y adjetivos.

8. **Lee** Lee tu cuento a tus compañeros de clase. Ellos tomarán notas de tu relato. Cuando hayas terminado de leerlo, tienes que estar preparado para contestar sus preguntas.

¿Productos de la imaginación o realidades?

Si bien nos dicen que tener imaginación no es sólo algo positivo, sino deseable, ¿qué pasa cuando esa "imaginación" cruza los límites de la "realidad"? ¿Cuál es el grosor (*thickness*) de la línea imaginaria que divide lo que es real de lo que no lo es? ¿Han cruzado ustedes esa línea alguna vez? ¿Les da miedo cruzarla o simplemente creen que no existe? Aprovechen esta oportunidad para intercambiar sus puntos de vista.

1. La clase se divide en cuatro grupos y cada uno tiene que pensar y anotar sus opiniones sobre una de las siguientes preguntas.

"¿Existen los fantasmas?"

"¿Crees en el destino?"

"¿Y los ovnis?"

"¿Y en el horóscopo?"

2. Cada grupo tiene que preparar un breve resumen sobre lo que piensa del tema. En el caso de que no todos los miembros del grupo estén de acuerdo, pueden mencionar que dentro del grupo hay distintas opiniones y explicar cuáles son.
3. Los diferentes grupos presentan sus ideas a la clase, mientras todos toman nota.
4. Cuando todos los grupos terminen sus presentaciones, toda la clase debe participar haciendo preguntas y/o defendiendo sus opiniones.

LECCIÓN 2

Historias de dos

¿Qué es la personalidad? Se suele definir como el conjunto de características que distinguen a un individuo de otro. Estos rasgos y conductas determinan la manera que tiene un individuo de relacionarse con los demás y de enfrentarse al mundo.

¿Cómo eres?

¿Corresponde tu comportamiento con tu personalidad?

¿Cuál es la personalidad ideal?

32

40

54

Preparación

Vocabulario del corto

el anuncio (tele) *(TV) commercial*
atropellar *to run over*
el cajón (Esp.) *drawer*
el capricho *whim*
la consulta *question*
el DNI (Documento Nacional de Identidad) *ID*
facilitar *to provide*
la factura *bill*
hueco/a *hollow*
el (teléfono) móvil *cell (phone)*
el ordenador (Esp.) *computer*
superar *to exceed*
suplicar *to plead*
el/la usuario/a *customer*
vaciar *to empty*

Vocabulario útil

la (in)comprensión *(lack of) understanding*
comportarse *to behave*
conmover *to move*
los datos personales *personal information*
desesperar(se) *to become exasperated*
desistir *to give up hope*
la esperanza *hope*
intransigente *unyielding*
luchar por *to fight for*

EXPRESIONES

Ahora te la paso. *Hold on. (on the phone)*
Dar de baja. *To cancel (a service).*
Figúrate qué ambientazo. *Imagine the mood.*
Indicarle que... *I must inform you that...*
¿Me pones con un supervisor? *Can I speak with a supervisor?*
No constar. *To be unavailable; To not appear.*
Saltarse una norma. *To break a rule.*

1 **Verbo incorrecto** Marca el verbo menos lógico para acompañar a la palabra dada en una frase. Después, escribe una oración con cada palabra y uno de los dos verbos correctos.

1. factura	a. pagar	b. vaciar	c. recibir
2. consulta	a. desistir	b. responder	c. hacer
3. servicio	a. ofrecer	b. comprender	c. dar de baja
4. norma	a. respetar	b. saltarse	c. comportarse
5. usuario	a. constar	b. insistir	c. desesperarse
6. información	a. facilitar	b. solicitar	c. atropellar
7. cajón	a. llenar	b. conmover	c. vaciar

2 **Preguntas rápidas** En parejas, háganse preguntas y contéstenlas usando en cada pregunta y en cada respuesta al menos una palabra o expresión del vocabulario. La idea es ser rápido, espontáneo e imaginativo.

Modelo
S1-P: Perdone señorita, ¿puedo hacerle una consulta?
S2-R: Pues claro, pero primero necesito saber sus datos personales.
S2-P: Fernando, ¿ya has dado de baja tu móvil?
S1-R: Sí, pagar facturas me desespera.

3 **Rebelde con causa** Trabajen en grupos de tres. Compartan una experiencia en la cual sus razonamientos lógicos no sirvieron de nada en una conversación con una persona a la cual le pidieron un favor.

a. ¿Con quién hablaron?
b. ¿Qué favor le pidieron?
c. ¿Obtuvieron la ayuda que necesitaban?
d. ¿Cómo reaccionaron? ¿Se desesperaron?
e. ¿Desistieron o insistieron?
f. ¿Qué elementos persuasivos emplearon para conseguir lo que querían?
g. ¿Cómo se sintieron cuando la conversación terminó?

4 **La paradoja de la comunicación** Trabajen en grupos de tres y digan si están de acuerdo con estas afirmaciones. Razonen sus respuestas. Si lo desean, pueden ampliarlas con alguna anécdota o experiencia personal.

a. Hablando se entiende la gente.
b. A veces, el silencio mejora la comunicación.
c. Es más fácil comunicarse con un ordenador que con una persona.
d. La personalidad de las personas juega un papel importante a la hora de comunicarse.
e. El desarrollo vertiginoso de las nuevas tecnologías está afectando las relaciones personales.

5 **Anticipar** En parejas, observen los fotogramas e imaginen qué va a ocurrir en el cortometraje. Consideren los interrogantes para hacer sus previsiones.

- ¿Qué relación hay entre los dos personajes principales de esta historia? ¿Son novios? ¿Hermanos? ¿Amigos? ¿Compañeros de trabajo? ¿Desconocidos?
- ¿Dónde está él? ¿Dónde está ella? ¿En qué época se desarrolla esta historia?
- ¿Quién llama a quién? ¿Cuál es el propósito de la llamada? ¿Quién de los dos habla más?
- ¿Tienen dificultades de comunicación? ¿Cómo consiguen comunicarse al final?
- ¿Dirían que es un corto de acción, de suspenso, de horror, de aventura? ¿O es un drama?
- ¿Por qué puede llamarse *Diez minutos*? ¿Creen que tiene un final feliz? ¿Tiene mensaje?

FICHA **Personajes** Nuria y Enrique **Duración** 15 minutos **País** España

ESCENAS

Nuria Airfone, buenas noches, mi nombre es Nuria. ¿En qué puedo ayudarle?
Enrique Vamos a ver, es muy sencillo. A las 19.35 de esta tarde se ha hecho una llamada desde este teléfono. Quería saber a qué número se ha realizado[1].

Nuria Don Enrique, indicarle que puede usted comprobar[2] en su teléfono las diez últimas llamadas realizadas.
Enrique Ya, eso ya lo sé, pero el problema es que no hay manera de que salga el número[3] porque ya he hecho más de diez llamadas.

Enrique Lo que le estoy pidiendo no es ningún capricho, es una información muy importante para mí. ¿Me entiende? Mire, mi novia me ha dejado, se ha ido esta tarde... Usted habrá estado enamorada alguna vez, ¿no?
Nuria No nos está autorizado dar ningún tipo de información personal.

Enrique Si usted me facilita ese teléfono, yo podré llamarla y hablar con ella. ¿Entiende lo importante que es para mí esa llamada?
Nuria Don Enrique, indicarle no obstante[4] que esa información no nos consta... Si usted desea hacerme otra consulta, yo le contestaré con mucho agrado[5].

Enrique ¿No puede comprender usted lo que es la desesperación?, ¿lo que es la impotencia humana? ¿Dónde vamos a ir a parar si no nos echamos una mano[6] cuando lo necesitamos? Nuria, imagínese que fuese al revés[7].

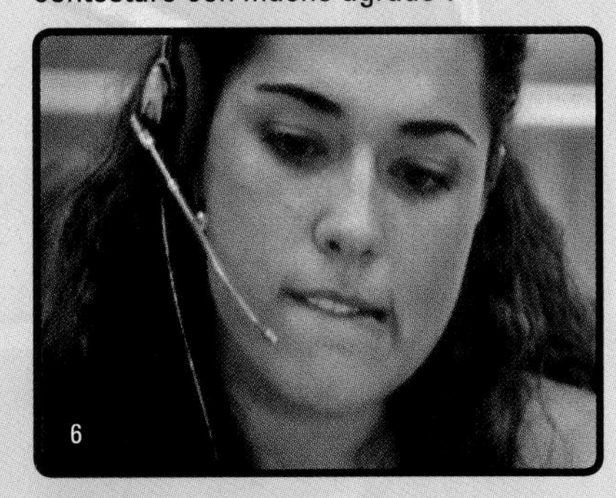

Enrique No, bueno, si tienes un cóker[8] definitivamente eres una buena persona. Ha costado saberlo[9], pero al final se sabe que eres una buena persona. Nuria, ¿tú sabes el teléfono, verdad? La llamada de las 19.35, la tienes ahí delante, ¿verdad?

1 (the call) was made 2 check 3 the number will not appear 4 nevertheless 5 gladly 6 help each other out 7 the other way around 8 Cocker Spaniel 9 It took effort to find out

Nota CULTURAL

El uso del teléfono móvil en España está tan extendido que cada vez son más los jóvenes que prefieren tener sólo móvil. Aparte de la comodidad, es mucho más económico que el teléfono fijo. Además, las tarifas (*rates*) se pueden reducir aún más si se hace uso de los mensajes escritos, mucho más baratos que las llamadas. *Movistar*, *Vodafone* y *Amena* son las tres empresas de telefonía móvil que ofrecen sus servicios en el territorio español. Una curiosidad de la numeración de teléfonos en España es que enseguida se puede saber si un número pertenece a un teléfono fijo o a un teléfono móvil: los fijos empiezan siempre por nueve y los móviles siempre por seis.

EN PANTALLA

Ordenar Ordena estas acciones según las vas viendo.

___ a. Enrique localiza a su novia.
___ b. Enrique está desesperado.
___ c. Enrique se enfada.
___ d. Nuria se emociona.
___ e. Nuria se niega a ayudarle.
___ f. Nuria está contenta.

Análisis

1 Comprensión Contesta las preguntas.

1. ¿Quién es Nuria? ¿Quién es Enrique?
2. ¿Qué información solicita Enrique?
3. ¿Por qué Enrique no puede comprobar esa información él mismo?
4. ¿Por qué es esa información tan importante para él?
5. ¿Por qué necesita esa información **"YA"**?
6. ¿De quién es el número de teléfono que solicita Enrique? ¿Por qué no llama directamente a su novia?
7. ¿Con qué dos razones le explica la operadora que no le puede facilitar esa información?
8. ¿Qué reflexión hace Enrique ante lo absurdo de la situación?
9. ¿Cómo interpreta Enrique el silencio de la operadora?

2 Interpretación Contesten las preguntas en parejas y razonen sus respuestas.

1. ¿Por qué se frustra Enrique?
2. ¿Por qué crees que la operadora se niega a facilitarle esa información si la sabe?
3. ¿Por qué al final la operadora calla cuando quiere decir que "sí"?

3 Personajes secundarios En el corto se hace referencia a tres personajes que nunca aparecen en pantalla. Trabajen en parejas para:

1. identificar quiénes son.
2. explicar cuál es su relación con Enrique.
3. determinar qué importancia tiene cada uno de ellos en el desarrollo de la historia.

4 Reflexión En grupos de tres contesten las preguntas y expliquen sus respuestas. Vuelvan a ver el corto si es necesario.

1. ¿Por qué crees que las personas que trabajan en los servicios de atención al cliente están entrenadas para hablar como si fueran ordenadores?
2. ¿Por qué estos empleados no están autorizados a facilitar información personal?

5 Momento clave En un momento de la conversación Enrique le pregunta a Nuria: *"Pero vamos a ver, ¿estoy hablando con un ordenador o estoy hablando con una persona?"* Contesten en grupos de tres. Ilustren sus respuestas con ejemplos del corto cuando lo consideren necesario.

1. ¿Cuál es la importancia de esta pregunta en esta historia?
2. ¿Cómo deduce Enrique que ella es una persona? Da tres ejemplos.
3. ¿Por qué pone tanto énfasis él en el hecho de que ella es una persona y no un ordenador?

6 ¿Y tú? Piensa en cómo habrías reaccionado tú en la situación de Enrique. ¿Y en la de Nuria? Luego explícales a tus compañeros lo que hubieras hecho igual que ellos y lo que hubieras hecho diferente. Comparen sus reacciones.

7 **Perfil de personalidad** En grupos de tres desarrollen un perfil de personalidad de los dos protagonistas de este cortometraje. Describan sus rasgos de personalidad basándose en lo que han aprendido de ellos en esta historia. Consideren estas preguntas.

¿Qué tipo de persona crees que es Enrique? ¿Que realidad representa? ¿Por qué quiere recuperar (*get back*) a su novia? ¿Crees que es una buena persona? ¿Dudaste en algún momento de sus intenciones?

¿Qué tipo de persona crees que es Nuria? ¿Es feliz en su trabajo? ¿Disfruta del "poder" que le otorgan (*confer*) las normas de su empresa?

8 **Un encuentro** En parejas, imaginen que un año después de hablar por teléfono, el destino hace que Enrique y Nuria se encuentren y se conozcan personalmente. Improvisen una escena. Consideren estos interrogantes y añadan otros detalles.

- ¿Dónde se encuentran? ¿Cómo se reconocen? ¿Están solos o acompañados?
- ¿Dónde trabaja ella? ¿Dónde vive él? ¿De qué hablan? ¿Qué hacen?

9 **Clave del éxito** Entre todos contesten las preguntas. Después compartan sus ideas para identificar los elementos que contienen la clave del éxito de este cortometraje

a. Personalmente, ¿qué es lo qué más te ha gustado a ti de este corto?

b. ¿Qué crees que quiere criticar el director?

c. ¿Qué sugiere el desenlace (*ending*) de la historia?

10 **Situaciones** En parejas, elijan una de las situaciones e improvisen un diálogo. Utilicen al menos seis palabras o expresiones de la lista. Cuando estén listos, represéntenlo delante de la clase.

PALABRAS

capricho	**facilitar**	**ordenador**
comportarse	**factura**	**saltarse una norma**
consulta	**indicarle que**	**superar**
dar de baja	**no nos consta**	**suplicar**

A

Tu novio/a te ha dejado y quieres recuperarlo/a a toda costa (*at all costs*). Para ello llamas al servicio de atención al cliente de tu móvil. Necesitas el número de teléfono donde poder localizarlo/a. Para tu sorpresa, el/la operador(a) se niega a ayudarte. Tú no te rindes; el sentido común es tu arma (*weapon*).

B

Eres un usuario/a desesperado/a que llama al servicio de atención al cliente de una compañía de teléfonos móviles para solicitar una información vital. El/La operador(a) que te atiende te entiende y quiere ayudarte, pero las normas de la empresa se lo impiden. Tú intentas convencerlo/la con argumentos convincentes.

Diez minutos es el cortometraje más premiado en 2005 y en la historia del corto en España. Además del prestigioso **Goya** al Mejor Cortometraje de Ficción, ha acumulado más de ochenta y cinco premios en festivales nacionales e internacionales.

El pretérito y el imperfecto

Recuerda

En español, tanto el pretérito como el imperfecto se utilizan para hablar del pasado, pero cada uno tiene usos diferentes. Sus funciones se pueden resumir así: el pretérito se usa para narrar las acciones y el imperfecto para describir las escenas y los individuos que participan en esas acciones.

Usos del pretérito

- Se usa para expresar **el principio y el final de una acción**, cuando se quiere decir que algo empezó a ocurrir o que terminó.

  Enrique ***empezó a desesperarse****.*

- Las acciones con principio y fin, es decir las **acciones completas**, se expresan con el pretérito.

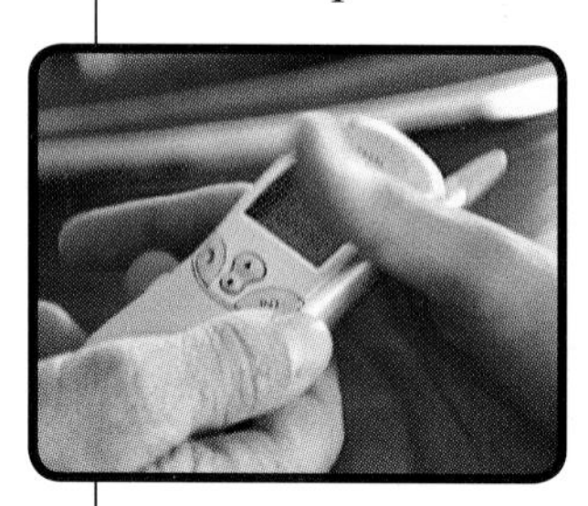

La amiga de Marta ***hizo*** *una llamada desde el móvil de Enrique.*

- El pretérito también se utiliza para narrar una **serie de acciones**.

  La novia de Enrique ***vació*** *los cajones,* ***cogió*** *sus cosas,* ***cerró*** *las maletas y* ***se fue****.*

Usos del imperfecto

- El imperfecto es el tiempo verbal que se utiliza para describir **una acción sin principio ni final**.

  Todos ***adorábamos*** *a nuestro perrito.*

- Se usa también para expresar **acciones habituales** en el pasado.

  Cuando ***éramos*** *niños, nuestros padres* ***siempre*** *nos* ***llevaban*** *a la escuela.*

- Con el imperfecto, se describen los **estados mentales, físicos y emocionales**.

  Estaba *cansado.* ***Necesitaba*** *ese número y no* ***sabía*** *qué más decir para conseguirlo.*

- Se utiliza también para **decir la hora y para describir la escena** en la que ocurrieron los hechos.

Eran *las siete y treinta y cinco de la tarde y Marta* ***se preparaba*** *para marcharse.*

Diferencias entre el pretérito y el imperfecto

El pretérito se usa para narrar acciones que cuentan qué pasó e implican el avance de los sucesos de la narración. Su objetivo principal es informar de los hechos.

El imperfecto ayuda a completar la narración de los hechos con detalles que describen cómo eran las escenas y los individuos que participaron en la acción. Esta descripción añade un valor más expresivo y lírico a la narración.

- Todos los verbos en pretérito del siguiente párrafo nos informan del desarrollo de los sucesos, nos describen acciones completas y dan una idea de movimiento. Contestan la pregunta **¿qué ocurrió?**

  Cuando ya era muy tarde, Enrique ***decidió*** *llamar al servicio de atención al cliente.* ***Pidió*** *un número de teléfono, pero la operadora* ***se negó*** *a dárselo. Parecía un caso perdido hasta que finalmente la operadora* ***cedió*** *(*gave in*).*

- Todos los verbos en imperfecto de este párrafo describen las circunstancias en las que se desarrolla la acción. Contestan las preguntas **¿qué hora era?, ¿cómo era el personaje?, ¿cómo estaba?,** etc.

  Eran *las diez de la noche. Enrique* ***estaba*** *muy nervioso porque al día siguiente su novia* ***iba*** *a Nueva York a trabajar.* ***Quería*** *hablar con ella pero* ***no sabía*** *cómo localizarla.* ***Se sentía*** *tan solo.*

- Cuando una acción sin principio ni final, expresada en el imperfecto, es interrumpida por otra, la acción que ocurre rápidamente o por sorpresa requiere el pretérito.

  Ella ***estaba escuchando*** *la historia cuando, de repente,* ***empezó*** *a llorar.*

Práctica

1

Un final feliz Completa la historia con el pretérito o el imperfecto de los verbos de la lista. Los verbos *estar* y *sentirse* se utilizarán dos veces. Lee el párrafo entero al menos una vez antes de empezar. Si necesitas ayuda, el número que aparece al lado de cada verbo de la lista indica su posición.

Nuria (1) ______________ por la noche en el servicio de atención al cliente de Airfone. Ella (2) ______________ una empleada muy responsable y siempre (3) ______________ todas las normas de la empresa. Una noche, un usuario (4) ______________ y (5) ______________ que se le facilitara[1] una información. El cliente era un chico joven que (6) ______________ Enrique. (7) ______________ desesperado. Él le (8) ______________ a la operadora que (9) ______________ el número de teléfono de su novia. Él (10) ______________ que era un asunto de vida o muerte. Al principio, Nuria (11) ______________ a dárselo. Enrique, aunque (12) ______________ frustrado y (13) ______________ impotente, no (14) ______________. Y mientras él (15) ______________, ella (16) ______________ en silencio. Para explicarle cómo (17) ______________, él le (18) ______________ una historia que la (19) ______________. Nuria, emocionada, (20) ______________ y (21) ______________ a Enrique. Enrique (22) ______________ encontrar a su novia gracias a la ayuda de Nuria.

PALABRAS

ayudar[21]	llamar[4]
ceder[20]	llamarse[6]
conmover[19]	necesitar[9]
contar[18]	negarse[11]
decir[10]	pedir[5]
desistir[14]	poder[22]
escuchar[16]	respetar[3]
estar[7, 12]	sentirse[13, 17]
explicar[8]	ser[2]
insistir[15]	trabajar[1]

[1] *asked to be provided with*

Preparación

Vocabulario de la lectura

la ambición *ambition*
asequible *attainable*
la autoestima *self-esteem*
el bienestar *well-being*
la clave *key*
la depresión *depression*
el descubrimiento *discovery*
desgraciado/a *unhappy, unfortunate*
la ecuación *equation*
entristecerse *to become sad*
la estupidez *stupidity*
la expectativa *expectation*
el/la investigador(a) *researcher*
la meta *goal*
el olvido *oblivion*
la seguridad *safety*
sumar *to add*

Vocabulario útil

la amabilidad *kindness*
duradero/a *lasting*
el entusiasmo *enthusiasm*
evadirse *to escape*
la generosidad *generosity*
la humildad *humility*
la infelicidad *unhappiness*
la integridad *integrity*
la lealtad *loyalty*

1 **Vocabulario** Completa el correo electrónico con las palabras adecuadas.

De: Carmen <Carmen@micorreo.com>
Para: Jorge <Jorge@micorreo.com>
Asunto: el Departamento de Psicología

Querido Jorge:

¡Estoy tan contenta! Voy a trabajar con la mejor (1) ____________ del Departamento de Psicología.

Tú me dijiste que tengo demasiada (2) ____________, pero yo no estoy de acuerdo. Mi (3) ____________ es trabajar con ella para encontrar la (4) ____________ de los problemas de (5) ____________ que son tan frecuentes hoy día. Sé que va a ser difícil, pero deseo intentarlo.

Me (6) ____________ mucho que no me comprendas. Espero hablar contigo pronto.

Besos,

Carmen

2 **La felicidad** En parejas, háganse las siguientes preguntas y razonen sus respuestas.

1. ¿Son ustedes felices? ¿Conocen a alguien que sea feliz? ¿Cuál es su secreto?
2. ¿Cuáles son las tres prioridades básicas en su vida?
3. ¿Es la felicidad hereditaria o creen que se aprende a ser feliz?
4. ¿Creen que cada nueva generación es siempre más feliz que la anterior?
5. ¿Es la felicidad una ciencia exacta? ¿Creen que hay fórmulas para ser feliz?
6. ¿Tienen ustedes una fórmula para ser felices? ¿Cuál es?
7. ¿Creen que existen sociedades más felices que otras?
8. Preparen su lista personal de "La felicidad". Escriban, por orden de importancia, las diez cosas que los hacen más felices a los dos. Después, compartan sus listas con la clase y hagan una nueva lista con las cosas que aparecen en todas ellas.

Las cuatro fórmulas científicas de la felicidad

Felicidad = Características personales
+ 5 (Necesidades básicas)
+ 3 (Necesidades adicionales)

Decía la canción: "Tres cosas hay en la vida: salud, dinero y amor", pero hoy sabemos, gracias a las últimas investigaciones, que estos tres términos no son más que uno de los componentes de la felicidad. ¿Cuáles son los otros componentes? Las características personales como el optimismo, la flexibilidad, la extroversión; las necesidades básicas, que incluyen: la salud, el dinero, el amor y la seguridad personal; y, para terminar, las necesidades adicionales: la autoestima, las expectativas, las relaciones profundas y las ambiciones.

Si crees en las estadísticas, claro. Y si te fías° de la lectura que hacen de ellas los investigadores británicos Carol Rothwell y Pete Cohen, una psicóloga y un "asesor° de estilos de vida°", que afirman que han encontrado la ecuación de la felicidad. Para obtenerla, encuestaron° a mil voluntarios, y de sus respuestas concluyeron que el nivel de felicidad de una persona tiene los siguientes ingredientes, y en las siguientes proporciones (casi culinarias): La felicidad es igual al conjunto° de características de la persona sumadas a° las necesidades básicas (multiplicadas por cinco) sumadas a las necesidades adicionales (multiplicadas por tres).

trust
advisor
lifestyles
surveyed
whole

El tipo y el equipo de fútbol

Así de fácil°. Para los autores, su "descubrimiento" tiene el mérito de "ser la primera ecuación que permite a las personas poner cifras° a su estado emocional". No todos están de acuerdo. El autor del libro *La felicidad*, José Manuel Rodríguez Delgado, se muestra así de tajante°: "Es una estupidez: ninguna ecuación matemática podrá definir la felicidad". Quizá el mérito de esa investigación sea el de aportar° algunos datos° estadísticos. Gracias a ellos, sabemos que hombres y mujeres obtienen de forma diferente su felicidad —por ejemplo, ellos, del triunfo deportivo, de su equipo, claro; y ellas, de... ¡adelgazar!° Otros estudios apuntan° que lo más indicado para ser feliz es ser mujer y mayor de 30, que la inflación nos entristece° y la democracia nos alegra.

It's as simple as that; figures; categorical, cutting; that of providing; data; to lose weight; note; saddens

[¿Existe alguna "receta"? Sean optimistas, nos dicen.]

"Qué voy a hacerle, soy feliz", confesaba avergonzado° Pablo Neruda[1]. La felicidad ha tenido a menudo mala prensa, como si el desgraciado fuera más lúcido, más digno de estudio. La psicología ha sido durante mucho tiempo una ciencia de la enfermedad que ha ignorado un aspecto del ser humano más frecuente de lo que se pensaba.

ashamed

Como apuntan los psicólogos María Dolores Avia y Carmelo Vázquez en su obra *Optimismo inteligente,* "la investigación tiene una deuda pendiente° con emociones importantísimas". Una deuda que se está saldando° gracias a la llamada "psicología positiva", que analiza las emociones gratificantes, que define la salud no como ausencia de enfermedad, sino como estado de bienestar.

an unpaid debt; is being paid off

Los placeres terrenales

Pero, ¿qué es la felicidad desde el punto de vista psicológico? Los expertos han dudado entre dos ideas. Una, la felicidad concebida° como orientación hacia objetivos que uno valora° , no su satisfacción plena, porque la falta de las cosas deseadas es elemento indispensable de la felicidad, y otra, la más sencilla: felicidad como hedonismo. Y la han relacionado con tres sistemas de conducta: el biológico (las necesidades más terrenales)°, el social y el psicológico (autorrealización)°. ¿Qué significa? Pues bien, que ante un manjar°, y con buena compañía, sentimos felicidad porque se satisfacen tanto placeres sensoriales (comer, reír) como otros más elevados (buenas relaciones sociales). Unos sin otros no dan felicidad.

conceived; values; worldly, earthly; self-awareness; good meal

Menos felices, más enfermos

¿Existe alguna "receta"? Sean optimistas, nos dicen. Tenemos que convencernos de que con serlo obtendremos beneficios para nuestra salud. Un estudio afirma que los pesimistas de un grupo de estudiantes pasaron 8,6 días enfermos al mes como media°; los optimistas, sólo 3,7. En su mayor parte fueron infecciones, males vinculados con° el sistema inmunitario.

on average; related to

Pero los psicólogos apuntan más claves. Metas asequibles, no obsesionarse con uno mismo, abrirse al mundo... Y nos recuerdan que el olvido es una característica de la memoria, no un defecto. El olvido selectivo afecta positiva —normalmente— o negativamente —en casos de depresión. Las personas felices no viven menos tragedias, sino que su memoria no se "regodea°" con ellas. En las mundanas palabras de Rita Hayworth[2]: "Los dos atributos que marcaron mi felicidad son: una buena salud y una mala memoria". ■

takes great delight

[1] **Pablo Neruda** (1904–1973) célebre poeta chileno [2] **Rita Hayworth** (1918–1987) famosa actriz norteamericana

Análisis

1 Comprensión Contesta las preguntas.

1. Según Carol Rothwell y Pete Cohen, ¿cuáles son algunos componentes de la felicidad?
2. ¿Qué opina José Manuel Rodríguez Delgado de la ecuación de la felicidad?
3. Según el artículo, ¿qué hace felices a las mujeres y qué hace felices a los hombres?
4. Según algunos estudios, ¿qué es lo más indicado para ser feliz?
5. ¿Qué analiza la psicología positiva?
6. Desde el punto de vista psicológico, ¿cuáles son las dos ideas de la felicidad?
7. ¿Por qué somos felices cenando en un restaurante con buena compañía?
8. ¿Qué beneficio nos da el ser optimistas?

2 Nosotros creemos... Trabajen en parejas para contestar las preguntas.

1. ¿Qué opinan de lo que dijo la actriz Rita Hayworth? ¿Creen que la mala memoria ayuda a ser feliz? Den ejemplos.
2. ¿Qué es más importante para ustedes: la salud, el amor o el dinero? ¿Por qué?
3. ¿Es posible ser feliz hoy día? ¿Qué debemos hacer para ser más felices?

3 Hombres y mujeres ¿Qué opinan de que las mujeres sean felices cuando adelgazan y los hombres cuando su equipo deportivo gana? ¿Están de acuerdo? Trabajen en grupos pequeños y razonen sus respuestas.

4 La búsqueda de la felicidad En grupos pequeños, hablen de los medios que utilizamos hoy día para encontrar la felicidad y contesten las preguntas de la tabla. Cuando hayan terminado, compartan sus opiniones con la clase. ¿Están todos de acuerdo?

¿Dónde buscamos la felicidad?
¿Funcionan esos métodos? ¿Por qué?
¿Creen que es necesario evadirse de la realidad para ser feliz?

5 ¡Qué feliz fui! En parejas, compartan con su compañero/a un momento en el que fueron muy felices. Incluyan esta información.

- ¿Cuándo fue?
- ¿Dónde estabas?
- ¿Estabas solo/a?
- ¿Qué te hizo feliz?
- ¿Serías feliz ahora en las mismas circunstancias?
- ¿Cuánto tiempo duró ese momento?
- ¿Qué aprendiste de esa experiencia?

6 **La felicidad de los otros** En grupos pequeños, seleccionen un personaje famoso, de la vida real o de ficción, y denle cinco consejos para ser más feliz.

7 **Titulares** Trabajen en grupos pequeños para dar su opinión sobre los titulares. Anoten sus opiniones y después compártanlas con la clase. ¡Intenten llegar a un acuerdo!

Hay que ser mayor de 30 años para saber lo que es la felicidad.

Los hombres son más felices que las mujeres.

Cada persona debe descubrir su propio camino hacia la felicidad.

8 **Situaciones** En parejas, elijan una de las situaciones e improvisen un diálogo. Utilicen al menos seis palabras o expresiones de la lista. Cuando estén listos, represéntenlo delante de la clase.

PALABRAS

autoestima	entusiasmo	generosidad
bienestar	estupidez	infelicidad
depresión	evadirse	integridad
duradero/a	expectativa	meta

A

Dos amigos/as están hablando de cómo van a ser sus vidas en el futuro. Uno/a de ellos/as es muy pesimista. La felicidad no existe.

B

Un(a) psicólogo/a y su paciente tienen diferentes opiniones sobre lo que es la felicidad. El/La psicólogo/a está seguro/a de que el/la paciente puede ser feliz si quiere. El/La paciente dice que no es verdad.

Preparación

Sobre el autor

Jorge Luis Borges nació en Buenos Aires en 1899. Durante su trayectoria literaria escribió poemas, ensayos y sobre todo cuentos. En sus creaciones de ficción explora sus principales preocupaciones como son la identidad del *yo,* la muerte y el tiempo, entre otras. Los espejos y los laberintos son símbolos recurrentes en esas exploraciones literarias. *Ficciones* (1944) y *El Aleph* (1949) son sus obras fundamentales. En 1961 compartió el Premio del Congreso Internacional de Escritores con Samuel Beckett y en 1980 recibió el prestigioso Premio Cervantes. En 1986 murió en Ginebra. Está considerado uno de los escritores más importantes del siglo XX.

Vocabulario de la lectura

afirmar *to state, to assert*
ceder *to give away*
perverso/a *perverse*
convertir en *to turn something into something*
falsear *to falsify, to distort*
hostil *hostile, unfriendly*
idear *to come up with*
librarse de *to get free of*
magnificar *to exaggerate*
ocurrir *to occur*
perderse *to disappear*
el ser *being*
tramar *to plot, to weave*
tratar de *to try to*
vanidoso/a *vain*

Vocabulario útil

deformar *to distort*
el disfraz *costume*
esconderse *to hide*
el espejo *mirror*
la máscara *mask*
pertenecer *to belong*
reflejar *to reflect*
el vicio *vice*
la virtud *virtue*

1 **Emparejar** Conecta cada palabra con su definición.

1. cambiar o alterar la forma natural o normal
2. dar voluntariamente a otro lo que es de uno
3. objeto plano de cristal que refleja la luz y cuando lo miras te ves reflejado
4. planear todos los detalles de un texto de ficción para tejer el argumento
5. traje o máscara que se usa para cambiar o esconder la realidad
6. pensar en cómo hacer o conseguir algo
7. confirmar o asegurar que lo que se dice es verdad
8. exagerar hechos o historias para darles más importancia

a. disfraz
b. afirmar
c. magnificar
d. idear
e. deformar
f. tramar
g. ceder
h. espejo

2 **Identidad** Contesta las preguntas. Después, en grupos de tres expliquen sus respuestas.

1. Según tu opinión, ¿qué elementos definen la identidad individual de una persona?
2. ¿Qué atributos te distinguen de los demás? ¿Crees que eres una persona única?
3. ¿Tienes una personalidad en público y otra en tu vida privada?
4. ¿En qué situaciones cambias de personalidad? ¿Con quién lo haces más a menudo?
5. ¿Eres consciente de por qué lo haces? ¿Qué diferencias notas en tu comportamiento?
6. ¿Crees que la mayoría de las personas tiene una personalidad en público y otra en privado?

Borges y yo

Al otro, a Borges, es a quien le ocurren las cosas. Yo camino por Buenos Aires y me demoro°, acaso° ya mecánicamente, para mirar el arco de un zaguán[1] y la puerta cancel°; de Borges tengo noticias por el correo y veo su nombre en una terna° de profesores o en un diccionario biográfico. Me gustan los relojes de arena°, los mapas, la tipografía del siglo XVIII, las etimologías, el sabor del café y la prosa de Stevenson[2]; el otro comparte esas preferencias, pero de un modo vanidoso que las convierte en atributos de un actor. Sería exagerado afirmar que nuestra relación es hostil; yo vivo, yo me dejo vivir, para que Borges pueda tramar su literatura y esa literatura me justifica°. Nada me cuesta° confesar que ha logrado° ciertas páginas válidas°, pero esas páginas no me pueden salvar, quizá porque lo bueno ya no es de nadie, ni siquiera° del otro, sino del lenguaje o la tradición. Por lo demás, yo estoy destinado a perderme, definitivamente, y sólo algún instante de mí podrá sobrevivir en el otro. Poco a poco voy cediéndolo todo, aunque me consta° su perversa costumbre de falsear y magnificar. Spinoza[3] entendió que todas las cosas quieren perseverar en su ser; la piedra eternamente quiere ser piedra y el tigre un tigre. Yo he de quedar en Borges, no en mí (si es que alguien soy), pero me reconozco menos en sus libros que en muchos otros o que en el laborioso rasgueo° de una guitarra. Hace años yo traté de librarme de él y pasé de las mitologías del arrabal[4] a los juegos con el tiempo y con lo infinito, pero esos juegos son de Borges ahora y tendré que idear otras cosas. Así mi vida es una fuga° y todo lo pierdo y todo es del olvido, o del otro.

No sé cuál de los dos escribe esta página. ■

me demoro I pause / *acaso* maybe / *puerta cancel* storm door / *terna* group of three / *relojes de arena* hourglasses / *me justifica* justifies my existence / *Nada me cuesta* It's not hard for me to… / *ha logrado* achieved / *válidas* very good / *ni siquiera* not even / *me consta* I am aware / *laborioso rasgueo* deliberate strumming / *fuga* leak

[1]**zaguán** *entrada; camino que conduce a la entrada de una casa* [2]**Stevenson** *Robert Louis Stevenson (1850–1894). Escritor escocés conocido por sus novelas* **La isla del tesoro** *(1881) y* **El extraño caso del Doctor Jeckyll y Mr. Hyde** *(1886).* [3]**Spinoza** *Baruch de Spinoza (1632–1677). Filósofo holandés considerado uno de los tres principales racionalistas junto con Descartes y Leibniz.* [4]**arrabal** *barrio marginal situado en la periferia de una ciudad*

Análisis

1 **Comprensión** Contesta las preguntas.

1. Este ensayo gira (*revolves*) alrededor de dos figuras claras, el "yo", y el "otro". ¿Quién es el "yo" y quién es el "otro"? ¿Qué otro nombre utiliza también el narrador para referirse al "otro"?
2. Según el narrador, ¿a cuál de los dos le ocurren las cosas?
3. ¿Qué preferencias comparten ambos (*both*)? ¿Quién de los dos las disfruta vanidosamente?

2 **Ampliación** En parejas, contesten las preguntas e ilustren sus respuestas con ejemplos del texto cuando sea posible.

1. ¿Cuál es la voz narradora que reflexiona?
2. ¿Cuál es el tema de reflexión?
3. ¿Cuál crees que es el tono de este ensayo?
4. Según el texto, ¿qué diferencias de comportamiento y personalidad intuyes entre el "yo" y el "otro"?
5. ¿Cómo es la relación entre ambos?

3 **Interpretación** En parejas, contesten las preguntas e ilustren sus respuestas con ejemplos del texto cuando sea posible.

1. ¿A qué se refiere el "yo" cuando dice "voy cediéndolo todo"?
2. ¿Con cuál de los dos está relacionada la literatura? ¿Con el "Borges"? ¿Con el "yo"? ¿Con los dos? Menciona qué frases del texto respaldan (*support*) tu respuesta.
3. ¿Qué crees que Borges, o el "otro", falsea y magnifica? ¿Por qué lo hace? ¿Le parece bien al "yo"?

4 **¿Por qué?** En parejas, analicen estas afirmaciones dentro del contexto de este ensayo.

a. **"Tendré que idear otras cosas."** ¿Quién lo dice: "yo" o "Borges"? ¿Qué importancia tiene esta afirmación en el propósito de este ensayo?

b. **Yo he de quedar en Borges.** ¿Cómo llega el narrador a esta conclusión?

c. A lo largo del desarrollo del ensayo la voz narradora parece ser la misma. Sin embargo, al final del ensayo el narrador se plantea una duda y a modo de conclusión afirma: **"No sé cuál de los dos escribe esta página."** ¿Qué importancia tiene esta afirmación en el conjunto del ensayo? ¿Qué importancia tiene que esté al final? ¿Saben ustedes quién de los dos la escribe? ¿Tienen alguna teoría? Explíquenla y razónenla.

5 **Mi héroe y yo** En grupos de tres, cuéntense alguna experiencia en la que ustedes, consciente o inconscientemente, decidieron cambiar, o "ajustar" un poco, su personalidad. Incluyan la siguiente información y todos los detalles que crean necesarios. Compartan la mejor historia del grupo con la clase.

- ¿Cuál era la ocasión?
- ¿Con quién estaban?
- ¿Por qué cambiaron su personalidad?
- ¿Qué intentaban conseguir?
- ¿Qué cambios notaron? Describan los cambios en el lenguaje verbal y el lenguaje no verbal.
- ¿Cómo se sintieron?

6 **Autorretrato** ¿Conoces a la artista mexicana Frida Kahlo? ¿Qué sabes de ella desde el punto de vista artístico? ¿Y desde el punto de vista humano y femenino? ¿Sabes que los autorretratos eran su medio de comunicación y también de expresión personal? En grupos de tres observen este autorretrato. ¿Qué nos revela de la Frida humana? ¿Y de la Frida artista? Perfilen (*Shape/Outline*) lo más detalladamente posible su estado emocional. ¿Qué diferencias pueden existir entre su vida privada y su vida pública? ¿Creen que las dos dimensiones de su ser coexistían en armonía? Razonen sus observaciones. Usen los adjetivos de la lista que necesiten u otros. Tengan en cuenta la concordancia (*agreement*) entre género y número.

ADJETIVOS

apasionado	modesto
auténtico	reservado
dócil	sensible
egocéntrico	sincero
enérgico	soñador
excéntrico	talentoso
imaginativo	temperamental
impulsivo	valiente

7 **Situaciones** En parejas, elijan una de las situaciones e improvisen un diálogo basado en ella. Usen, al menos, seis palabras de la lista. Cuando estén listos represéntenlo delante de la clase.

PALABRAS

ceder	magnificar	reflejar
convertir en	máscara	tramar
esconderse	ocurrir	vanidoso/a
falsear	pertenecer	vicio
idear	perverso	virtud

A

Tienes una cita a ciegas (*blind date*). Estás nervioso/a porque no sabes cómo comportarte. Te debates entre ser tú mismo o improvisar tu lenguaje verbal y no verbal dependiendo de cómo sea él/ella. Consideras los pros y los contras de cada posibilidad. ¿Qué decides?

B

Entrevistas a una persona muy famosa. ¿Quién es? La parte central de la entrevista gira alrededor de su comportamiento en público y en privado, y si tiene algún efecto en su vida. Le haces muchas preguntas, algunas personales. Él/Ella responde a todas de manera sincera y creíble.

Preparación

Sobre el autor

Marco Denevi, brillante cuentista y novelista argentino, nació en la provincia de Buenos Aires en 1922. A pesar de su carácter retraído (*withdrawn*), la fama lo persiguió (*followed him*). El reconocimiento internacional lo sorprendió en 1960 con el cuento "Ceremonia secreta", que fue llevado al cine de Hollywood. Ocasionalmente se dedicó al teatro y, hacia el final de su vida, al periodismo político. Con un estilo directo y agudo (*sharp*), su obra trasluce (*reveals*) una gran capacidad para la ironía, el pensamiento original y la sorpresa.

Vocabulario de la lectura

adivinar *to guess*
alimentar *to feed*
aparentar *to feign*
complacer *to please*
complicar *to complicate*
confesar *confess*
desaparecer *to disappear*
dulcemente *sweetly*
el arma de fuego *firearm*
el disparo *shot*
fingir *to pretend*
permanecer *to remain*
sufrir *to suffer*
tener celos *to be jealous*

Vocabulario útil

el/la amante *lover*
engañar *to cheat*
extrañar *to miss*
la emoción *emotion*
la infidelidad *infidelity*
la rutina diaria *daily routine*
sobrevivir *survive*
sospechar *to suspect*

1 **Vocabulario** Completa el anuncio con palabras del vocabulario. Haz los cambios que sean necesarios.

¡Dígale adiós al aburrimiento!

¿Usted y su pareja se quejan de la (1) _________? ¿(2) ________ los días de pasión y felicidad? ¿La persona a quien ama (3) ________ estar cansada de usted? ¿Comienza a sospechar que conoció a alguien y a (4) _________? ¡No (5) _____ más! Llegó la hora de (6) ________ su relación con (7) _________ fuertes. La compañía de cruceros *Fin del mundo* tiene la solución ideal. Los llevamos en barco al fin del mundo. Allí, en la Patagonia, les entregamos un manual de supervivencia, una brújula (*compass*), una cómoda carpa (*tent*) para dormir y agua para (8) ________ diez días. Imagínelo... Deberán (9) _________ allí hasta que vayamos a buscarlos para traerlos de regreso a casa. ¿Cuándo? No se lo diremos: ustedes tendrán que (10) _______.

2 **Por la boca muere el pez** En parejas, contesten las preguntas. Después, compartan sus explicaciones y opiniones con la clase.

1. ¿Cuándo fue la última vez que metiste la pata (*put your foot in your mouth*) y hablaste o preguntaste de más? ¿Cómo reaccionaste cuando te diste cuenta?
2. ¿Te gusta hacer preguntas indiscretas? ¿En qué circunstancias? ¿Qué diferencia hay entre ser indiscreto y ser curioso?
3. En una relación de pareja, o de amistad, ¿es aconsejable (*advisable*) decirlo "todo"?
4. ¿Qué pasa en una relación si no hay misterio? ¿Y si hay demasiado misterio? ¿La rutina es siempre mala para una relación? ¿Cuándo puede ser buena? ¿Y mala?

No hay que complicar

ÉL Te amo.

ELLA Te amo.

(Vuelven a besarse.°) — They kiss again.

ÉL Te amo.

ELLA Te amo.

(Vuelven a besarse.)

ÉL Te amo.

ELLA Te amo.

(Él se pone violentamente de pie.)

ÉL ¡Basta!° ¡Siempre lo mismo! ¿Por qué cuando te digo que te amo, no contestas, por ejemplo, que amas a otro? — Enough

ELLA ¿A qué otro?

ÉL A nadie. Pero lo dices para que yo tenga celos. Los celos alimentan el amor. Nuestra felicidad es demasiado simple. Hay que complicarlo un poco. ¿Comprendes?

ELLA No quería confesártelo porque pensé que sufrirías.

[Nuestra felicidad es demasiado simple. Hay que complicarlo un poco.]

ÉL ¿Qué es lo que adiviné?

(Ella se levanta, se aleja unos pasos.)

ELLA Que amo a otro.

(Él la sigue.)

ÉL Lo dices para complacerme. Porque yo te lo pedí.

ELLA No. Amo a otro.

ÉL ¿A qué otro?

ELLA A otro.

(Un silencio.)

LA FELICIDAD

ÉL Entonces, ¿es verdad?

ELLA *(Vuelve a sentarse. Dulcemente.)* Sí. Es verdad.

(Él se pasea. Aparenta un gran furor.°) — rage

ÉL Siento celos. No finjo. Siento celos. Estoy muerto de celos. Quisiera matar a ese otro.

ELLA *(Dulcemente)* Está allí.

> **Lo dices para complacerme. Porque yo te lo pedí.**

ÉL ¿Dónde?

ELLA Allí, entre los árboles.

ÉL Iré en su busca.

ELLA Cuidado. Tiene un revólver.

ÉL Soy valiente.

(Él sale. Al quedarse sola, ella ríe. Se escucha el disparo de un arma de fuego. Ella deja de reír.)

ELLA Juan.

(Silencio. Ella se pone de pie.)

ELLA Juan.

(Silencio. Ella corre hacia los árboles.)

ELLA Juan.

(Silencio. Ella desaparece entre los árboles.)

(Silencio. La escena permanece vacía. Se oye, lejos, el grito desgarrador° de Ella.) — bloodcurdling

ELLA ¡Juan!

(Después de unos instantes, desciende silenciosamente el telón.°) — curtain

ELLA Juan.

Análisis

1 Comprensión Contesta las preguntas.

1. ¿Cómo comienza esta obra de teatro?
2. ¿Qué le molesta a Él de la felicidad que tiene con Ella?
3. ¿Por qué quiere Él tener celos?
4. ¿Qué quiere Él que comprenda Ella?
5. ¿Qué es lo que quisiera Él que dijera Ella?
6. ¿Qué le confiesa Ella a Él?
7. ¿Por qué no se lo confesó antes?
8. ¿Dónde está el otro? ¿Es peligroso ir allí? ¿Cómo lo sabes?
9. ¿Qué hace ella cuando escucha el disparo?

2 Interpretación En parejas, contesten las preguntas y razonen sus respuestas.

1. ¿Qué tipo de relación tienen Él y Ella? ¿Cómo interpreta Él esa relación? ¿Y Ella?
2. ¿Cómo es el carácter de Él? ¿Y el de Ella?
3. ¿Existe en realidad el "otro" o es una invención de Ella para seguir el juego de Él?
4. ¿Cree Él que es cierto lo que Ella le confiesa?
5. ¿Por qué ríe Ella?
6. ¿Qué sucede entre los árboles?
7. ¿Por qué deja Ella de reír?
8. ¿Por qué crees que Ella lanza un grito desgarrador?

3 Ampliación En grupos de tres, resuelvan los siguientes interrogantes.

1. ¿Quién creen que es Juan? ¿Él o el "otro"?
2. ¿Por qué dice Ella que el "otro" tiene un revólver?
3. ¿Por qué los dos personajes principales no tienen nombres propios?
4. ¿Creen que esta obra de teatro demuestra que "no hay que complicar la felicidad"?

4 Imaginación Entre todos, den rienda suelta (*give free rein*) a su imaginación y propongan respuestas para las preguntas.

1. ¿Qué diferencia hay entre la relación que Ella tiene con Él y la supuesta (*alleged*) relación que Ella tiene con el "otro"? ¿Con cuál de los dos es Ella más feliz? ¿Por qué?
2. ¿Cómo es el comportamiento de Ella con Él? ¿Cómo se comporta Ella con el otro?
3. ¿Está el "otro" tan celoso de Él como Él dice estarlo del "otro"?
4. Lo que Él le sugiere a Ella que haga para romper la simplicidad de su relación, ¿por qué no lo hace Él?

5 Antes y después Dividan la clase en grupos de tres. La mitad de los grupos prepara una escena anterior a la que presenta la obra; la otra mitad prepara una escena posterior a los hechos que ponen punto final a la obra. Cuando hayan terminado, cada grupo interpreta su escena delante de la clase. Las escenas deben indicar dónde ocurren los hechos, y deben incluir diálogos y acotaciones (*stage directions*). Entre todos decidan cuál es la mejor escena anterior y la mejor escena posterior. ¿Cambiarían el título de la obra?

6 **Citas para pensar** Entre todos lean las citas y digan si están o no de acuerdo. Respalden (*Support*) sus respuestas con experiencias personales o anécdotas que conozcan.

a. "Los celos alimentan el amor." *Él*

b. "El que no tiene celos no está enamorado." *San Agustín*

c. "Una de las ventajas de no ser feliz es que se puede desear la felicidad." *Miguel de Unamuno*

7 **¿Eres celoso/a?** En parejas, háganse *El cuestionario de los celos.* Anota las respuestas de tu compañero/a. Cuando le digas el resultado, dale al menos un consejo sobre cómo debe actuar en el futuro para ser más feliz con su pareja.

El cuestionario de los celos

1. ¿Te gustaría que tu pareja te confesara todos sus pensamientos?
2. ¿Estás obsesionado/a en adivinar todos sus movimientos?
3. Cuando están juntos en una fiesta, ¿te molesta que hable con otro/a?
4. ¿Tienes celos cuando otro/a trata a tu pareja demasiado bien?
5. Cuando tu pareja se viste muy bien, ¿crees que es para complacer a otro/a y no a ti?
6. ¿Sufres cuando él/ella va de vacaciones sin ti?
7. Si un fin de semana no tuvieras noticias de tu pareja, ¿sobrevivirías o morirías de celos?
8. Si descubrieras que tu pareja te engaña con otro/a, ¿intentarías comprenderla?
9. ¿Piensas que tu pareja finge estar enamorada de ti?
10. Si tu pareja te dijera un día que tiene un amante, ¿creerías que es un juego?

Sí (3 puntos) A veces/Quizás (2 puntos) No (1 punto)

De 10 a 17 puntos: No eres muy celoso/a. Tienes que ____________.
De 17 a 25 puntos: Eres un poco celoso/a. Tienes que ____________.
De 25 a 30 puntos. Eres demasiado celoso/a. Tienes que ____________.

8 **Situaciones** En parejas, elijan una situación e improvisen un diálogo basado en ella. Usen al menos seis palabras de la lista. Cuando estén listos represéntenlo para la clase.

PALABRAS		
adivinar	confesar	extrañar
amante	desaparecer	fingir
aparentar	dulcemente	sobrevivir
complacer	emoción	sufrir
complicar	engañar	tener celos

A

Tú te quejas de que tu novio/a se muere de celos por ti. Siempre te llama por teléfono para saber dónde estás, te pregunta por qué te vistes bien para salir con tus amigas, quiere saber todo lo que haces cuando no estás con él/ella, etc., etc. Tú te sientes agobiado/a (*smothered*) y quieres que deje de sospechar de ti. Discuten.

B

Tú estás molesto/a porque tu novio/a nunca está celoso/a. No le importa que vayas solo/a a una fiesta y te diviertas sin él/ella. No le importa que no lo/la llames durante días y no siente curiosidad de saber lo que haces en tu tiempo libre. Tú crees que si él/ella no tiene celos es porque ya no te quiere como antes. Hablan y cada uno explica lo que piensa.

Preparación

Sobre el autor

Ricardo Reyes nació en México D.F. en 1977. Se graduó en diseño gráfico en la Escuela Nacional de Artes Plásticas en 1998 y, desde entonces, ha trabajado en los campos del diseño y la ilustración desarrollando trabajos para el periódico *El Universal* y para las compañías Nivea, Agfa, Make a Team y Dineronet.com, entre otras. Actualmente, Reyes es jefe de diseño en Azul Púrpura Comunicación y está realizando varios proyectos propios donde se integran el cómic, la ilustración y el diseño.

Vocabulario de la lectura

el/la bombero/a *firefighter*
darse cuenta *to become aware of something, to realize*
desilusionar *to disappoint*
odiar *to hate*
saborear *to savor*
tanto *so much*

Vocabulario útil

apreciar *to appreciate*
arrepentirse *to regret*
despreciar *to despise*
la época *time*
(in)maduro *(im)mature*
tolerar *to tolerate*
valorar *to value*

1 **Cuando era niño** Contesta las preguntas.

1. ¿Cómo eras cuando eras niño/a?
2. ¿En qué características eres igual y en cuáles has cambiado?
3. Haz una lista de las cosas que eran más fáciles cuando eras niño/a y otra de las que eran más difíciles.

Más fácil	Más difícil

Análisis

1 **Su vida** En parejas, lean otra vez la tira cómica y digan cómo era la vida del protagonista cuando era niño y cómo es su vida de adulto.

2 **Imaginar** Imagina que puedes hablar contigo cuando eras niño/a. ¿Qué te dirías?

3 **El futuro** En parejas, preparen una lista de preguntas que se harían si pudieran hablar con ustedes mismos con veinte años más. Después, intenten responderlas. Compartan sus preguntas y respuestas con la clase cuando hayan terminado.

Yo le diría de **Ricardo Reyes**

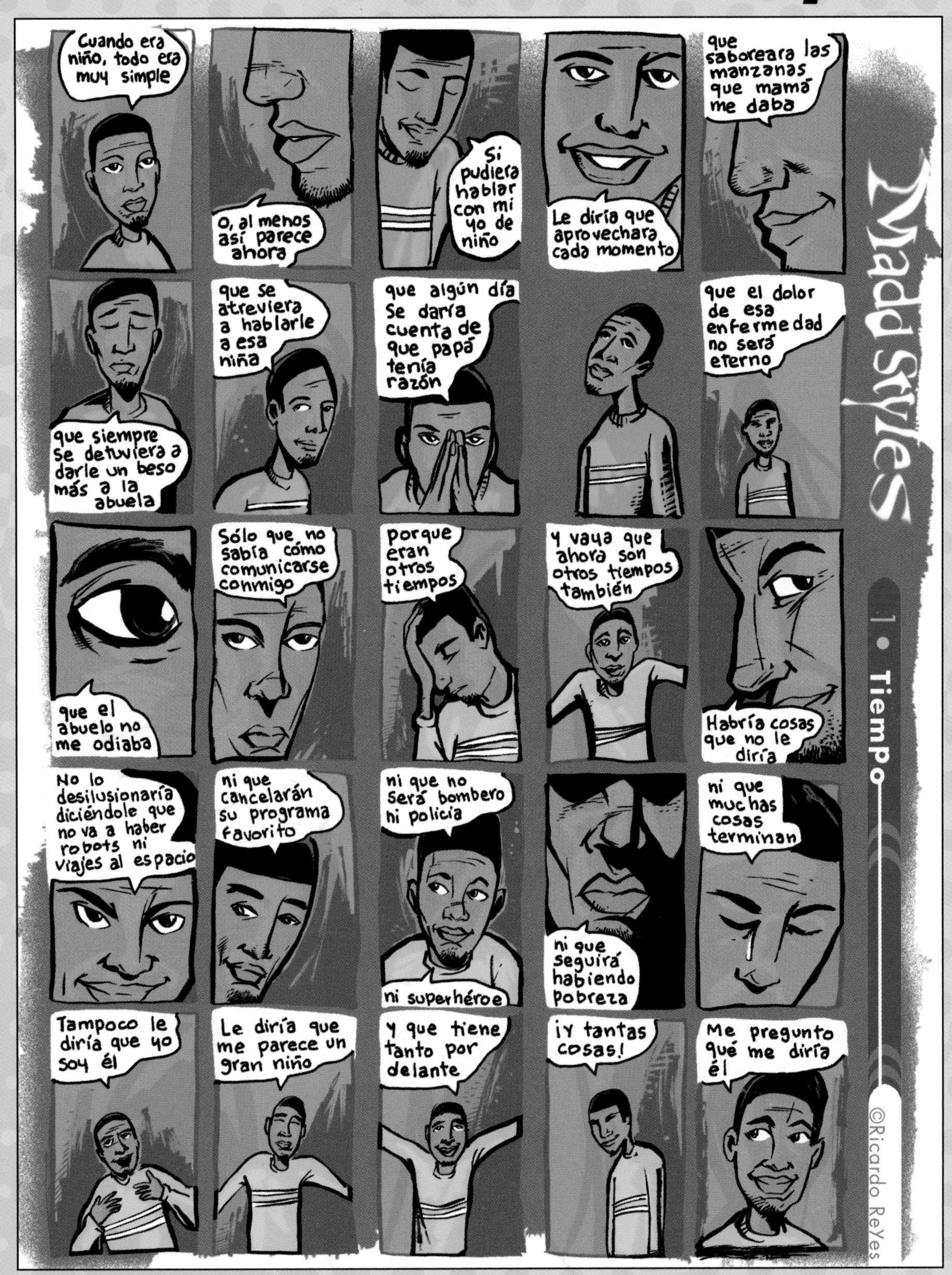

Describe tu personalidad

¿Cómo eres? ¿Te ven los demás tal y como tú eres en realidad? ¿Qué te gusta y qué te molesta de ti mismo y de los demás? ¿Cómo es tu vida diaria? ¿Es compatible con tu personalidad? ¿Qué cambiarías? Escribe una composición describiéndote a ti mismo/a. Sigue el Plan de redacción.

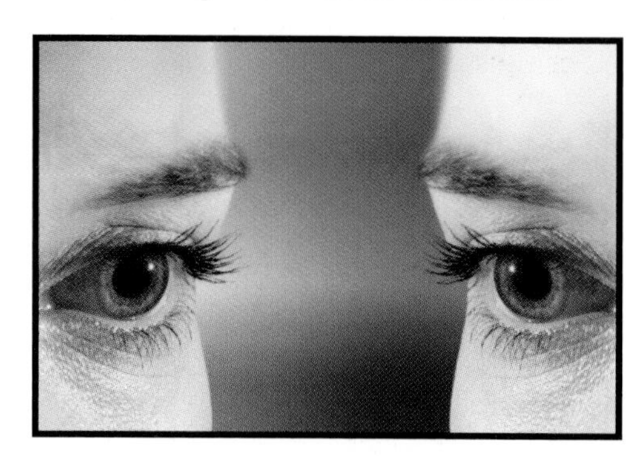

Plan de redacción

Escribe

1. **Presentación** Preséntate en el primer párrafo. Tienes que indicar tu nombre, tu lugar de origen, si estás soltero/a, comprometido/a (*engaged*), casado/a, si eres estudiante de tiempo completo o si también trabajas, etc.
2. **Tu personalidad** Piensa en tu personalidad. Incluye en tu descripción las cualidades que tienes que te gustan y las que no te gustan.
3. **Tu vida** Reflexiona sobre tu forma de ser. ¿Cambiarías algo? ¿Por qué?
4. **Concluye** Termina con un pequeño párrafo que resuma cómo eres.

Comprueba y lee

5. **Revisa** Lee tu descripción para mejorarla.
   - Evita las repeticiones.
   - Revisa los tiempos de los verbos y su concordancia con el sujeto.
   - Revisa la concordancia entre los sustantivos y los adjetivos.
6. **Lee** Lee tu descripción a tus compañeros de clase. Ellos tomarán notas y, cuando hayas terminado de leer, tienes que estar preparado/a para contestar sus preguntas.

¿Cuál es la personalidad ideal?

Al igual que pasa con la belleza, ¿existen unas normas o parámetros que determinan cuál es la personalidad ideal? ¿Quién establece esas normas? ¿La sociedad? ¿La cultura? ¿La tecnología? ¿Las multinacionales? ¿Los medios de comunicación? ¿La geografía? ¿El clima? Y una vez establecidas, ¿cambian con el transcurso de la historia? En fin, dejen a un lado los interrogantes y pónganse manos a la obra porque ahora los que deciden son ¡ustedes!

biología o la sociedad?

1. La clase se divide en grupos pequeños. Cada grupo tiene que preparar dos listas: una con las diez cualidades que, según ustedes, forman la personalidad ideal en un hombre, y otra con las diez cualidades que forman la personalidad ideal en una mujer.

2. Después tienen que contestar las preguntas. Razonen sus respuestas. En el caso de que no todos los miembros del grupo estén de acuerdo, pueden mencionar que dentro del grupo hay distintas opiniones y explicar cuáles son.
   - ¿Tienen las dos listas las mismas cualidades para los hombres y las mujeres?
   - ¿Creen que la sociedad espera que los hombres y las mujeres tengan las mismas cualidades?
   - ¿Creen que esta situación va a cambiar en el futuro?

3. Los diferentes grupos presentan sus ideas a la clase, mientras todos toman nota.

4. Cuando todos los grupos terminen sus presentaciones, toda la clase debe participar haciendo preguntas y/o defendiendo sus opiniones.

LECCIÓN 3

Prohibido pensar

La cultura de masas llega a nuestras vidas a través de la prensa escrita, del cine, de la radio, de la televisión y de Internet. Estos medios nos divierten, nos informan y nos forman, a la vez que nos transmiten sus valores. Esto les concede un enorme poder: ¿lo usan adecuadamente?

¿Somos independientes?

¿Quién elige nuestros iconos?

¿Qué somos: telespectadores o consumidores potenciales?

60

68

87

Preparación

Vocabulario del corto

el cásting *audition*
la cola de conejo *rabbit's foot*
ensayar *to rehearse*
el/la facha *fascist*
tratar a (alguien) *to treat (someone)*

Vocabulario útil

animar *to encourage*
aspirante a *aspiring to*
el atasco *traffic jam*
avergonzado/a *ashamed; embarrassed*
avergonzarse *to be ashamed*
de camino a *on the way to*
desilusionado/a *disappointed*
el embotellamiento *traffic jam*
fiarse de (alguien) *to trust (someone)*
fortuito/a *fortuitous*
la gorra *cap*
incómodo/a *uncomfortable; awkward*
rechazar *to reject*
surgir *arise*

EXPRESIONES

A por todas. *Knock'em dead.*
Dar calabazas (a un pretendiente). *To reject (a suitor).*
Decir algo de carrerilla. *To reel off spoken lines.*
En el fondo. *Deep down.*
Estar coladito/a por (alguien). *To have a crush on (someone).*
Menudas vueltas da el destino. *Funny how life goes round.*
Tener para rato. *To be stuck.*

1 **Vocabulario** Completa este diálogo con palabras y expresiones del vocabulario. Haz los cambios que creas convenientes.

PILI ¡Uy, qué (1) __________! Aquí tenemos para (2) __________.
CATI Tranquila, vamos con tiempo.
PILI Sí, pero me pone nerviosa el tráfico. Oye, ¿sabes que Juan está (3) __________ por ti? Dale una oportunidad, mujer.
CATI Lo que le voy a dar son (4) __________.
PILI ¿Por qué lo (5) __________ tan mal?
CATI No es mi príncipe azul, así es que no lo quiero (6) __________.
PILI No lo (7) __________ tan rápidamente. Lo que pasa es que (8) __________ es un romántico.
CATI Creo que voy a tener que (9) __________ alguna excusa lógica para que no se sienta (10) __________. Así se dará cuenta de que yo no quiero ser su novia.
PILI Pobre chico, le vas a romper el corazón. Estoy muy (11) __________. Estaba convencida de que tú también estabas coladita por él, pero no querías admitirlo.
CATI Pili, siento desilusionarte, pero el amor no es un juego, es algo muy serio.

2 **¡Taxi! ¿Está libre?** En parejas, escriban un diálogo entre un(a) taxista y un(a) pasajero/a. Intenten que sea lo más original posible. Después, ensáyenlo y represéntelo delante de la clase.

3 **Comunicación** En parejas, contesten las preguntas.

1. ¿Les gusta hablar con desconocidos/as?
2. ¿Se fían de las personas que no conocen?
3. ¿Creen en el amor a primera vista?
4. ¿Se han enamorado alguna vez de un(a) desconocido/a? ¿Qué pasó?
5. ¿Creen que todo pasa por alguna razón o creen que los sucesos de la vida son totalmente arbitrarios?
6. ¿Se contradicen a veces sus acciones con sus pensamientos? ¿En qué circunstancias?
7. ¿Cuándo suele usarse la expresión "nada que perder"?
8. ¿Tienen algún amuleto de la buena suerte? ¿Cuál es? ¿Les funciona?

4 **Un encuentro fortuito** En parejas, cuéntense alguna experiencia que tuvieron cuando iban de camino a algún sitio y se cruzaron con un(a) desconocido/a. Incluyan la siguiente información. Después, compartan sus historias con la clase.

- Adónde iban
- Cómo llegaron allí
- A quién encontraron
- Qué pasó por el camino
- Cómo les afectó el encuentro
- Si volvieron a ver a esa persona

5 **Anticipar** En parejas, observen los fotogramas e imaginen qué va a ocurrir en el cortometraje. Consideren los interrogantes, el vocabulario y el título del cortometraje para hacer sus previsiones.

1. ¿Quién es la pasajera del coche?
2. ¿Por qué va sentada detrás y no delante?
3. ¿Qué relación hay entre ella y el conductor?
4. ¿Dónde van cuando es de día? ¿De qué hablan?
5. ¿Dónde van cuando es de noche? ¿De qué hablan?
6. ¿Por qué se titula *Nada que perder?*

FICHA **Personajes** Nina, Pedro (taxista) **Duración** 20 minutos **País** España

ESCENAS

Taxista ¡Ah! ¿Eres actriz?
Nina Bueno, sí, no sé. La verdad es que nunca se me había ocurrido, pero el otro día alguien que controla esto me dijo que yo daría muy bien en cámara y... no sé, pues me he lanzado, y ahora no hay quien me baje del burro[1].

Taxista Oye, pues por mí, si quieres ensayar en alto, ¡no te cortes![2] A mí me encanta el cine. Así te vas soltando un poco[3] antes de llegar. Tú imagínate que soy el director que te hace la prueba. Además, aquí tenemos para rato.

Nina Bueno, ¿te sitúo? ¡Vale! Estamos al final de la Guerra Civil Española. Yo soy la hija de un intelectual republicano que ha sido capturado por los nacionales. Y en esta escena yo voy a pedirle ayuda a un joven militar fascista para que le perdonen la vida a mi padre.

(Van ensayando una escena.)
Taxista Por si no te has enterado[4], esto es una guerra, y en una guerra todo es lícito.
Nina ¿Como en el amor?
Taxista No hay tiempo para hablar de amor.

Muchos cástings y kilómetros después...
Nina ¿Tú qué miras tanto?
Taxista No, no, no... No puedes decirme eso tan fríamente, tan imperturbable. Si en el fondo, en el fondo, sigues enamorada de mí.

(El taxista la invita a Lisboa.)
Taxista Si no te gusta Lisboa, vamos a otro sitio. Donde tú quieras, yo te llevo. ¿No hay ningún sitio en especial al que siempre has querido ir?
Nina Los sitios especiales no están hechos para mí.

[1] *I'm hooked!* [2] *Go ahead!* [3] *That way you'll loosen up.* [4] *In case you're not aware*

Nota CULTURAL

La Guerra Civil Española (1936-1939) se inició con la sublevación de un sector del ejército, que terminó dividido en dos bandos: republicanos y nacionales. Los republicanos eran liberales de distintas ideologías fieles a la II República y opuestos al fascismo. Los nacionales seguían al General Francisco Franco, militar de ideología fascista que, tras ganar la guerra, instauró una dictadura en España que duró hasta su muerte en 1975. Muchos intelectuales opuestos al franquismo tuvieron que exiliarse; muchos otros fueron fusilados.

EN PANTALLA

Completar Completa las oraciones con la palabra adecuada.

1. Nina se sube a un ____.
2. Nina es una aspirante a ____.
3. El taxi está parado en un ____.
4. El taxista se pone una ____.
5. Al taxista le fascina ____.

a. gorra
b. Lisboa
c. atasco
d. actriz
e. taxi
f. de camino

Análisis 

1 **Comprensión** Contesta las preguntas.

1. ¿Adónde va Nina?
2. ¿Qué trabajos ha hecho ya Nina como actriz?
3. ¿Cree Nina que le van a dar el papel en la película? ¿Por qué?
4. ¿Qué tipo de personajes son los que más le gustan a ella?
5. ¿Qué hacen Nina y el taxista de camino al *cásting*?
6. ¿Qué papel interpreta Nina? ¿Qué papel interpreta el taxista?
7. ¿Qué le da el taxista a Nina para que tenga buena suerte?
8. ¿Qué le propone el taxista a Nina la segunda vez que se encuentran?
9. ¿Cómo reacciona ella?
10. ¿En qué ciudad ocurre la historia de este cortometraje?

2 **Deducción** En parejas, miren la foto y digan qué importancia tiene este instante en el desarrollo de la historia. ¿Qué creen que sucede entre los dos protagonistas? ¿Qué está pensando Nina? ¿Qué dice su mirada? Expliquen qué detalles y ejemplos del corto apoyan sus opiniones.

3 **Imperturbable** Vuelvan a ver el principio del corto y en parejas intenten analizar el significado del comentario de Nina cuando dice: "¿Tú crees que alguien en la vida real dice 'imperturbable'? Vamos, yo no lo he dicho nunca." ¿Qué nos revela esta queja de su vida? ¿Y de sus conocimientos y experiencias con el séptimo arte?

4 **¿Decisión o indecisión?** Terminado el viaje, Nina y el taxista se despiden, pero ¿de verdad quieren despedirse? En parejas, escriban un posible diálogo entre ellos si se hubiera dado uno de los siguientes casos.

- El taxista le hubiera dicho al nuevo cliente que no estaba libre.
- Nina se hubiera olvidado el teléfono celular en el taxi.

5 **¿Realidad o ficción?** En el corto, el taxista dice dos veces: "No hay tiempo para hablar de amor ahora." En parejas, sitúen los dos contextos en los que se dice esta frase. Después, discutan cómo se relaciona la historia de Nina y Pedro con la historia de los personajes que interpretan.

6 **Cómo eran y cómo son** Hagan la siguiente actividad en grupos de tres.

A Primero, completen la tabla incluyendo la siguiente información.

- ¿Cómo eran los protagonistas de esta historia cuando se encontraron por primera vez y cómo son cuando el destino los vuelve a unir?
- ¿Cuáles eran sus ilusiones y sueños? ¿Cómo han cambiado?
- ¿Cuál era y cuál es su actitud ante la vida?

Cómo eran	Cómo son

B Con toda la clase, imaginen las vidas de los protagonistas y digan por qué creen que Nina rechazó la proposición del taxista al final. ¿Qué hubieran hecho ustedes en su lugar? ¿Por qué?

7 **Nada que perder** *Nada que perder* es el título que eligió Rafa Russo para este cortometraje. En grupos pequeños, contesten las preguntas sobre el título y, después, compartan sus opiniones.

- ¿Cuál es el significado del título en relación con el argumento y el desenlace (*ending*) de la historia?
- ¿Por qué creen que el director eligió este título?
- ¿Qué ganan y/o qué pierden los protagonistas de esta historia?

8 **Otra oportunidad** En grupos pequeños, compartan cuáles fueron sus reacciones al final del corto. ¿Cómo se sintieron? ¿Les sorprendió el final o se imaginaron que terminaría así? Después, vuelvan a escribir el final haciendo los cambios que crean necesarios para dar otra oportunidad a los protagonistas y puedan subirse al tren que dejaron escapar la otra vez. Compartan sus finales con la clase.

9 **Situaciones** En parejas, elijan una de las situaciones e improvisen un diálogo. Utilicen al menos seis palabras o expresiones de la lista. Cuando estén listos, represéntenlo delante de la clase.

PALABRAS

a por todas	***cásting***	**ensayar**
aspirante a	**cola de conejo**	**fiarse de**
atasco	**dar calabazas**	**incómodo/a**
avergonzado/a	**de camino a**	**tener para rato**
avergonzarse	**en el fondo**	**tratar**

rechazar

A

Uno/a de ustedes va a un *cásting* en autobús. Hay mucho tráfico y decides ensayar la escena. A tu lado hay un(a) chico/a muy simpático/a y empiezan a hablar.

B

Un(a) chico/a del que/de la que estuviste muy enamorado/a te dio calabazas en el pasado y, ahora, después de varios años, te dice que quiere casarse contigo.

Las preposiciones

Recuerda

En español, si las preposiciones van seguidas de un verbo, éste siempre es un infinitivo.

*La muchacha duda por un momento **entre quedarse** con el taxista o ir a la cita. Finalmente, sale del taxi **sin pagar**.*

AYUDA

Las preposiciones más usadas del español son:

a *to; at*
con *with*
de *of; from*
desde *from*
durante *during*
en *in; on*
entre *between*
hacia *toward*
hasta *until*
para *for; in order to*
por *for*
según *according to*
sin *without*
sobre *on, over*
tras *after*

Verbos seguidos por preposición

Algunos de los verbos que van seguidos por preposición son:

- Seguidos por **a [+infinitivo]**

acostumbrarse a *to become accustomed to*
aprender a *to learn to*
atreverse a *to dare to*
ayudar a *to help*
comenzar a *to begin*
decidirse a *to decide to*
invitar a *to invite*
ir a *to go to*
negarse a *to refuse to*

- Seguidos por **de [+infinitivo]**

acabar de *to have just*
acordarse de *to remember*
alegrarse de *to be glad*
arrepentirse de *to regret*
cansarse de *to get tired of*
dejar de *to stop, to fail to*
encargarse de *to take charge of*
olvidarse de *to forget*
tratar de *to try to*

darse cuenta de

- Seguidos por **en [+infinitivo]**

consistir en *to consist of*
insistir en *to insist on/upon*
pensar en *to think about/of*
quedar en *to agree on*

*Ellos se habían conocido un año antes. Cuando la ve, él **se alegra de** verla y **no se cansa de** mirarla. Pero ella no **se atreve a** hablar con él. El taxista, preocupado por la muchacha, **comienza a** hablar de lo bonita que es la ciudad de Lisboa y la invita a ir con él. Ella **se niega a** aceptar la invitación. Él **trata de** convencerla, pero ella no quiere cambiar de planes.*

Por y para

El uso de las preposiciones es similar en inglés y en español, salvo en algunas ocasiones, como *por* y *para*.

- Usos de **por**

Se usa **por** para indicar:

- **Movimiento**
  *El taxi va **por** Madrid.*
- **Duración de una acción**
  *Están en el taxi **por** una hora.*
- **Causa o razón de una acción**
  *Él estudiaba portugués **por** ella.*
- **Medios por los que se realiza algo**
  *Habla **por** teléfono.*
- **Intercambio o sustitución**
  *Ella paga **por** el viaje en taxi.*
- **Unidad de medida**
  *El carro va a setenta millas **por** hora.*
- **El agente en la voz pasiva**
  *La escena es ensayada **por** los dos.*

- Usos de **para**

Se usa **para** para indicar:

- **Destino**
  *Toma el taxi **para** ir a la prueba de cásting.*
- **El destinatario**
  *La cola de conejo es **para** ella.*
- **La opinión sobre algo, en contraste con la opinión de los otros**
  ***Para** él, ella tiene que poner más emoción en el papel.*
- **Para quién o para qué empresa se trabaja**
  *Pedro trabaja **para** una empresa de taxis.*
- **Meta** — finalidad
  *Ensaya **para** hacer el papel.*
- **Uso + sustantivo**
  *Se pone los lentes **para** la prueba.*
- **Fecha específica en el futuro**
  *Nina tiene una prueba **para** el viernes.*

AYUDA

- Expresiones con **para**

no estar para bromas *to be in no mood for jokes*
no ser para tanto *not to be so important*
para colmo *to top it all off*
para que sepas *just so you know*
para siempre *forever*

- Expresiones con **por**

por casualidad *by chance/accident*
por fin *finally*
por lo general *in general*
por lo menos *at least*
por lo tanto *therefore*
por lo visto *apparently*
por otro lado/otra parte *on the other hand*
por primera vez *for the first time*
por si acaso *just in case*
por supuesto *of course*

Práctica

1 **Ah, el amor** En parejas, completen la carta con las preposiciones **a, de, en, para** y **por**. Después, imaginen qué ocurrió entre Carlos y Mariana, y escriban la respuesta de Carlos, usando las preposiciones que han estudiado.

Querido Carlos:

Pienso mucho ___1___ ti últimamente. Iba ___2___ llamarte ___3___ teléfono ___4___ contarte algo, pero prefiero hacerlo ___5___ carta. Me caso con Enrique ___6___ el verano. ___7___ mí, él es muy importante en mi vida y, sin embargo, el otro día vi ___8___ casualidad el reloj que me regalaste y me acordé ___9___ lo bien que lo pasamos tú y yo juntos. ___10___ eso te escribo, ___11___ que sepas que siempre estarás en mi corazón, pero no debemos hablarnos nunca más, ___12___ Enrique y ___13___ nosotros. Debemos aprender ___14___ vivir separados.

Alégrate ___15___ mi felicidad y trata ___16___ ser feliz tú también.

Mariana

2 **Definiciones** En parejas, jueguen a las definiciones. Se turnan para elegir un objeto de la lista, dar su definición y explicar para qué se usa. Deben usar **por** y **para**.

PALABRAS

cámara de fotos	puerta
cuchillo	semáforo
lentes de sol	teléfono celular
llaves	televisión

Preparación

Vocabulario de la lectura

alcanzar *to achieve*
el alivio *relief*
cimentar *to establish*
la consagración *professional recognition*
el desinterés *lack of interest*
estrenar *to premiere*
el fracaso *failure*
improvisar *to improvise*
el internado *boarding school*
interpretar *to interpret (a role)*
mascullar *to mumble*
el rechazo *rejection*
el reparto *cast*
rodar *to shoot (a film)*
vago/a *lazy*

Vocabulario útil

el estreno *premiere*
el/la famoso/a *famous person*
el premio *award*

1 **Laberinto** En parejas, busquen la salida del laberinto y túrnense para hacer oraciones con las palabras que encuentren por el camino.

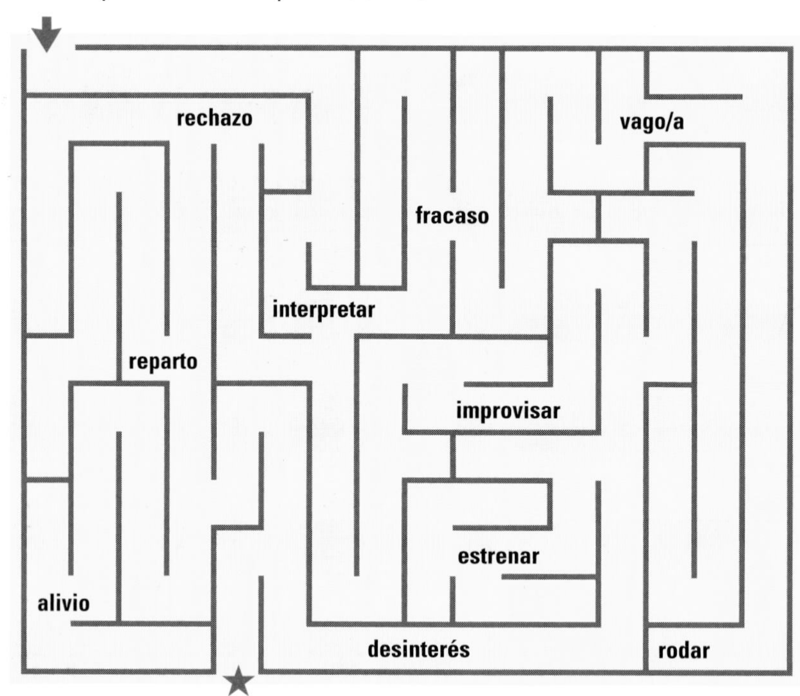

2 **Famosos de cine** En parejas, háganse las siguientes preguntas.

1. ¿Te gustaría ser un actor o una actriz famoso/a? Hagan una lista con las cosas positivas y negativas de serlo.
2. ¿Quién es tu actor o actriz favorito/a? ¿Por qué?
3. ¿Conocen películas, directores o actores hispanos? ¿Cuáles? ¿Les gustan?

BENICIO DEL TORO:

"Soy un vago, pero asumo bien mis fracasos y rechazos"

No sólo es un rasgo de sus personajes. En la vida real, Benicio del Toro no habla. Masculla. Verbaliza con pereza y nunca retoma° las frases que interrumpe, lo que consigue volver la comunicación a la vez difícil e intrigante. El actor que ha hecho de lo ininteligible un arte estrena *La presa*, un *thriller* militar donde interpreta a un soldado loco y comparte reparto con Tommy Lee Jones. "No me gusta trabajar. Es realmente duro. Cuando te dan un papel tienes que hacerlo de verdad, y yo soy un vago. A veces he sentido alivio por no haber conseguido algunos trabajos. Quizá por eso lleve bien mi carrera de actor: porque sé asumir° los fracasos y los rechazos."

takes up again

to accept

No hay que fiarse de las apariencias. En la profesión, Benicio del Toro tiene fama de perfeccionista. Inunda a sus directores de sugerencias, corre riesgos con sus personajes y hace lo posible por encontrarles sustancia. "Su mayor cualidad es su instinto, pero ese instinto se basa en mucha reflexión y una gran dedicación", comenta William Friedkin, que le ha dirigido en *La presa*, donde el actor es un asesino profesional del ejército que pierde la cabeza y empieza a degollar cazadores° en los bosques de Oregón.

to slit hunters' throats

Benicio del Toro empieza a tener una seria cantidad de canas° que esconde bajo una gorra de béisbol. Se le ha comparado

gray hairs

con Marlon Brando y Brad Pitt, en versión latina. "¿Me consideran *sexy*? Pues bueno. No cambia nada en mi vida. Me parece *cool* pero no me importa mucho", comenta con desinterés.

"Pocos actores alcanzan un momento en su carrera en el que pueden controlar su destino profesional. Todo depende de tanta gente —los estudios, los productores, los directores, los responsables de *cásting*— que tomas lo que te dan. La cosa latina, lo de tener la piel oscura, hace que Hollywood me perciba de cierta forma. Si no estás dispuesto a aceptar que es parte de tu trabajo puedes sentirte muy frustrado. En este sistema siempre hay alguien más importante que tú y no siempre se pueden distinguir los buenos de los malos. (...) Admiro a los que han podido sobrevivir en esta industria tan frágil", ha dicho Del Toro a *Los Angeles Times*.

El actor tiene 36 años y nació en Santurce, Puerto Rico. Dos hechos marcaron su infancia. Su madre murió cuando él tenía nueve años y su padre le envió a un internado en Pensilvania cuando cumplió 13. Del Toro no sabía muy bien lo que quería ser de mayor. Le gustaba pintar pero se matriculó en Empresariales en la Universidad de California, en San Diego. Le duró poco. En contra de la voluntad de su padre, se mudó a Nueva York y empezó a estudiar teatro en la escuela *Circle in the Square* y, luego, con una beca, en el conservatorio de Stella Adler. Empezó de extra en videos de Madonna y en un episodio de *Corrupción en Miami*. En 1989, pensó que le había llegado su gran momento cuando le contrataron para hacer de malo en una película de James Bond.

"El Oscar me ha abierto nuevas puertas. Tengo más oportunidades. No soy Jack Nicholson, pero parece que mi nombre ayuda en las películas."

Fue la primera de las falsas oportunidades que marcarían su carrera. *Licencia para matar*, en la que moría despedazado en una trituradora°, resultó ser un fracaso en taquilla. "Cuando hice el James Bond pensé que ya trabajaría regularmente, pero no fue así y el panorama se fue oscureciendo°." Le siguieron una ristra° de papeles secundarios, hasta que en 1995 interpretó a Fred Fenster en *Sospechosos habituales* y empezó a mascullar profesionalmente. "Cuando leí el guión", comentó Del Toro a *The Washington Post*, "la única razón de ser de mi personaje era morir. No decía nada. Tampoco hacía nada que influyera en la historia. Así que pensé: no puedo hacer nada con esto. Y Bryan Singer [el director] y Chris McQuarrie [el guionista] me dejaron improvisar."

cut into pieces in a crusher

getting dark

string

Poco después interpretó al compañero de cuarto de Jean-Michel Basquiat en la película sobre el pintor neoyorquino que realizó Julian Schnabel y a un gánster original en *El funeral*, de Abel Ferrara.

Y llegó *Miedo y asco en Las Vegas*°, la arriesgada° adaptación cinematográfica de Terry Gilliam de la mítica novela de Hunter Thompson sobre las aventuras deliciosamente narcóticas del autor y del abogado Gonzo (Del Toro). El actor engordó 20 kilos (le costó tanto adelgazar que luego rechazó el papel de Diego Rivera en *Frida* para evitar pasar otra vez por el mismo calvario°) y su interpretación fue tan convincente que casi le costó la carrera. Muchos en Hollywood pensaron que se había vuelto tan desquiciado° como su personaje. "La gente no quería contratarme porque pensaba que había ganado peso o que tenía un problema con las drogas o el alcohol."

Fear and Loathing Las Vega

risky

torture

crazy

Estuvo casi dos años sin trabajar. Hasta que por fin le llegó la consagración y el Oscar al mejor actor secundario por su papel de policía mexicano en *Traffic*, película que también cimentó la carrera de su director, Steven Soderbergh.

"El Oscar me ha abierto nuevas puertas. Tengo más oportunidades. No soy Jack Nicholson, pero parece que mi nombre ayuda en las películas." En 2003, Benicio del Toro terminó de rodar en Nuevo México *21 grams*, película dirigida por Alejandro González Iñárritu *(Amores perros)*, con Sean Penn y Naomi Watts. "Me gusta hacer una película al año, es un privilegio, así puedo dedicarme a hacer otras muchas cosas. Pero me falta tiempo." Palabra de vago. ■

Análisis

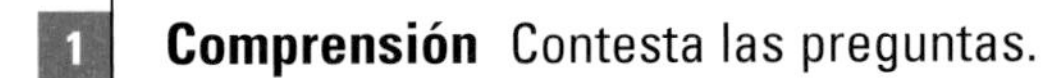

Comprensión Contesta las preguntas.

1. ¿Por qué la conversación con Benicio del Toro es difícil e intrigante?
2. ¿En qué ocasiones el actor ha sentido alivio?
3. ¿De qué tiene fama el actor?
4. ¿Con qué actores se le ha comparado?
5. ¿Dónde nació Benicio del Toro?
6. ¿Qué hizo en contra del deseo de su padre?
7. ¿Con qué película ganó el Oscar?
8. ¿Por qué le gusta hacer una película por año?

2 Interpretar Trabajen en parejas para contestar las preguntas.

1. ¿Han visto alguna de las películas que se mencionan en el artículo? ¿Les gustó? ¿Por qué?
2. Escriban una descripción de Benicio del Toro. ¿Cómo es? ¿Les cae bien? ¿Creen que es buen actor?
3. ¿Por qué el actor dice que tuvo muchas falsas oportunidades?
4. ¿Por qué no querían contratarlo después de su actuación en *Miedo y asco en Las Vegas?*
5. ¿Qué quiere decir el actor cuando afirma lo siguiente: "parece que mi nombre ayuda en las películas"?

3 Entrevista En parejas, uno/a de ustedes es un actor o una actriz famoso/a y el/la otro/a es un(a) periodista. Escriban una entrevista y, cuando la hayan terminado, represéntenla delante de la clase.

4 Película En parejas, elijan una película que los/las dos conozcan y cambien algo de su argumento. Usen como referencia las siguientes sugerencias. Después, compártanla con la clase, que tiene que adivinar cuál es.

- añadir un personaje nuevo
- cambiar el final
- cambiar la personalidad de los personajes
- cambiar el escenario
- cambiar el tiempo histórico de la historia

5 Fama En parejas, miren la ilustración e inventen una historia inspirándose en ella. Después, compartan su historia con la clase.

6 **Un guión** En grupos pequeños, imaginen que son guionistas de Hollywood y que tienen que proponer una breve historia para un guión. No olviden incluir el título de la película y los actores que querrían utilizar.

7 **¿Qué es el cine?** En grupos pequeños, hablen del cine. Den su opinión sobre las siguientes afirmaciones y después compartan sus conclusiones con la clase.

"Algún día el cine americano triunfará y entonces América dominará el mundo." *Sinclair Lewis*

"Tengo diez mandamientos (*commandments*). Los primeros nueve dicen: ¡No debes aburrir!..." *Billy Wilder*

"La única forma de tener éxito es que la gente te odie. Así te recordarán." *Joseph von Sternberg*

"El mejor cine político es no hacer cine." *Marco Ferreri*

"El cine nunca es arte. Es un trabajo de artesanía, de primer orden a veces, de segundo o tercero lo más." *Luchino Visconti*

8 **Situaciones** En parejas, elijan una de las situaciones e improvisen un diálogo. Utilicen al menos seis palabras de la lista. Cuando estén listos, represéntenlo delante de la clase.

PALABRAS

alcanzar	estreno	rechazo
alivio	fracaso	reparto
consagración	improvisar	rodar
desinterés	interpretar	vago/a

A

El/La director(a) de una película y el actor o actriz principal se llevan muy mal. El/La director(a) habla con él/ella para convencerlo/a de que cambie de comportamiento.

B

Un(a) extra quiere conocer personalmente al/a la protagonista de la película e inventa un plan loco. Al final, consigue hablar con la estrella.

Preparación 

Sobre la autora

Cristina López Schlichting es periodista de prensa, radio y televisión. Nació en Madrid en 1965. Se licenció en Ciencias de la Información en la UCM y empezó su carrera en el periodismo escrito trabajando para el *ABC* y *El Mundo*. Luego pasó a la radio y desde enero de 2002 presenta el popular y polémico programa "La tarde con Cristina" en la cadena COPE. Durante tres horas diarias de lunes a viernes opina sobre temas de actualidad.

Vocabulario de la lectura

acortar *to cut short*
afrontar *to face*
aislado/a *isolated*
carecer *to lack*
desterrar *to exile*
dispararse *to skyrocket*
el disparate *nonsense*
evitar *to avoid*
impedir *to impede, to hinder*
llamativo/a *catchy, striking*
la preocupación *concern, worry*
el/la telespectador(a) *TV viewer*
las tonterías *idiocies*

Vocabulario útil

atrofiar *to atrophy, to degrade*
distraer *to distract; to entertain*
el/la extremista *extremist*
indefenso/a *defenseless*
polémico/a *controversial*
la prensa amarillista *sensationalist press*
sedentario/a *sedentary*
el/la teleadicto/a *couch potato*

1  

Completar Completa las afirmaciones con la mejor opción.

1. La prensa ______ se dedica básicamente a provocar emociones y generar estados de ánimo a la vez que finge informar.
   a. amarillista b. llamativa c. indefensa
2. Se considera ______ a las personas que dependen de la televisión.
   a. subjetivas b. teleadictas c. tonterías
3. Hay quienes piensan que consumir ideas prefabricadas ______ la capacidad de pensar.
   a. entretiene b. afronta c. atrofia
4. Es posible que hoy día muchas ______ sean confundidas con noticias.
   a. preocupaciones b. tonterías c. telespectadoras

2 **Información: Hechos y opinión** En parejas, háganse las preguntas y razonen sus respuestas.

1. ¿Qué medios prefieres: los escritos, los hablados o los visuales?
2. ¿En qué medios, canales, emisoras y/o periodistas confías cuando quieres estar bien informado? ¿Qué te motiva a confiar en ellos?
3. A la hora de aprender sobre una realidad que desconoces, ¿qué te interesan más, los hechos o las opiniones?
4. ¿En qué medida piensas que es positivo conocer las opiniones de personas con cuya ideología se discrepa? Y viceversa, ¿en qué medida crees que es negativo depender de las opiniones de personas cuya ideología se comparte?
5. Según tu opinión, ¿cuál dirías que es la mejor fórmula para tener una visión equilibrada de lo que pasa en el mundo?
6. ¿La televisión aísla a las personas o las acerca? ¿En qué sentido las aísla? ¿Cómo y a través de qué programas las acerca?

Pocholo

es VIRTUAL

Hace tiempo que vengo observando con preocupación que la gente se cree° la tele. Que cree que lo estrambótico°, arbitrario, excepcional y llamativo, que son norma en la televisión, constituyen la realidad. Las audiencias se disparan cuando aparecen la mujer barbuda° o el perro de tres cabezas. El fenómeno no es nuevo. Siempre han existido las coplas[1] de ciego, los cómicos de la legua[2] y los circos ambulantes° que hacían posible lo imposible y por unas horas llenaban la vida de exageración, de disparate. La diferencia es que antaño° a nadie se le ocurría ordenar su vida cotidiana según esos parámetros. La gente se educaba en familias estables, bajo tradiciones seculares y con certezas sólidas. A nadie se le ocurría° romper su matrimonio a la vista de una cara o unas piernas bonitas, abandonar a sus hijos para ver mundo o mentir o darse a la maledicencia° para hacerse rico y famoso. [...] En la medida, sin embargo, en que hemos pasado de ser un pueblo con tradiciones, relaciones y habilidades heredadas a ser una masa de telespectadores aislados entre sí, nos hemos hecho vulnerables. Hemos sustituido el paseo, la partida° con los amigos o los juegos en familia por las películas y magazines favoritos. Está demostrado que hasta carecemos de tiempo para el afecto conyugal° por culpa de° nuestra entrega° a la caja mágica. Ella acorta las horas de sueño, impide las conversaciones, dificulta la lectura y hasta sustituye la misa dominical°. El hombre y la mujer actuales están solos. Ante las dificultades no acuden° al amigo, al sacerdote, a sus padres, sino que siguen directamente el ejemplo catódico°. Los pocholos, los cotos, las maricielos[3] se han convertido en los arquetipos. Los que cocinamos los medios sabemos que estos personajes son monstruos atípicos, creados para divertir a las masas, pero los telespectadores creen en ellos cada vez más. [...] La gente se casa, se junta, se divorcia y se desjunta° a velocidad de vértigo dejando hijos e hijas por el camino, heridas abiertas para siempre. Y en general se piensa que hacerse rico y/o famoso es realmente el objetivo de la vida. El resultado es una infelicidad cada vez más extendida porque los problemas reales, en lugar de afrontarse, se evitan. Porque la enfermedad, la duda, la pena, que forman parte inevitable e importante de la existencia se censuran y destierran. Conviene recordar° que la tele no es real. Que se inventa diariamente para entretener. Que la vida se desarrolla fuera de su estrecho armazón° y que los mecanismos que regulan el ritmo apasionante° de la existencia nada tienen que ver con las tonterías catódicas. ■

Cristina López Schlichting, "Pocholo es virtual", *La Razón, 9 de enero de 2004*

believes in · *bizarre* · *bearded lady* · *traveling* · *days gone by* · *It didn't occur to anyone* · *give in to gossip* · *game (of cards, chess, dominoes, etc.)* · *marital affection/ because of* · *surrender* · *Sunday Mass* · *turn to* · *cathodic* · *separate* · *We must remember* · *shell* · *enthralling pace*

[1]**coplas de ciego** *Canciones que cantaban los ciegos en las plazas de los pueblos y en las ferias, y la gente las aprendía de memoria. Hoy en día, aún es posible encontrar personas que recuerdan esas canciones, algunas de las cuales se han convertido en poesías. En aquella época los ciegos siempre iban acompañados de un lazarillo* (guide for a blind person). [2]**cómicos de la legua** *Eran cómicos a quienes las autoridades les tenían prohibido actuar en los pueblos y ciudades, y debían mantener una distancia de una legua (3.42 millas).* [3]**los pocholos, los cotos, las maricielos** *Pocholo, Coto y Maricielo son personajes populares en los programas de chismes en la televisión española.*

Análisis

1 **Comprensión** Contesta las preguntas.

1. ¿Qué le preocupa a la autora?
2. Según ella, ¿cuándo se disparan las audiencias?
3. ¿Por qué opina que la gente antaño se divertía con la televisión pero no se la creía?
4. ¿Qué problemas asocia con "nuestra entrega a la caja mágica"?
5. ¿Por qué dice que las personas que se creen la realidad virtual son infelices?
6. ¿Qué les recomienda la autora a sus lectores?

2 **Ampliación** En grupos de tres, contesten las preguntas de manera convincente.

1. ¿Les gusta el estilo personal de la autora? ¿Y su enfoque (*approach*)?
2. ¿Qué opinan de sus argumentos? ¿Con cuáles están de acuerdo? ¿Con cuáles no?
3. ¿Es posible que personas que viven de los medios de comunicación a la vez los critiquen?
4. ¿Es frecuente que los que "cocinan" los medios recurran al (*turn to*) alarmismo para subir los índices de audiencia?
5. Comenten el impacto que tienen estas palabras y expresiones en el texto: exiliar, entrega, a velocidad de vértigo, familias estables, vulnerables, por culpa de, heridas abiertas para siempre, Conviene recordar que.
6. ¿Es el alarmismo una estrategia válida para subir los índices de audiencia?

3 **Las distracciones** En español, el verbo **distraer** significa to *distract* y también to *entertain*. Jueguen con esta dualidad semántica y escriban una lista de programas televisivos de mayor actualidad puramente diseñados para "distraer" a las masas. Consideren los de la lista y añadan otros. ¿En qué sentido distrae cada uno al público?

- noticias
- concursos
- comedias *(sitcoms)*
- deportes
- telenovelas
- programas de telerrealidad
- programas dedicados a la vida de los ricos y famosos

4 **En general** En grupos de cuatro, contesten las preguntas con respuestas detalladas.

1. ¿Creen que los programas de la actividad 3 atrofian la capacidad de pensar de los telespectadores?
2. ¿Conocen algún canal y/o emisora que ofrezca programas alternativos a la programación habitual? ¿Conocen algún canal y/o emisora que controle o manipule la opinión pública?
3. ¿Qué tipo de programas televisivos les interesan? ¿Se consideran telespectadores pasivos o activos?
4. ¿Ha cambiado el papel (*role*) de la televisión a lo largo de la historia? ¿Cómo?
5. ¿Está la televisión envejeciendo o se está reinventando continuamente?
6. Sócrates dijo que "La vida que no es examinada críticamente no merece la pena ser vivida". ¿A qué creen que hacía referencia? ¿Están de acuerdo?

5 **¡Atención! ¡Intervención!** Trabajen en grupos de cuatro. Uno/a de ustedes hace el papel de teleadicto/a empedernido/a (*devout*). Los otros tres hacen el papel de amigos que lo confrontan para que admita que tiene un problema grave y busque ayuda. Improvisen una escena cómico–dramática.

6 **El poder de la información** En grupos pequeños, comenten las ventajas (*advantages*) y desventajas que tiene la transmisión en vivo por televisión de acontecimientos con fuertes connotaciones emocionales. Después, compartan sus opiniones con la clase.

Por televisión	Ventajas	Desventajas
Catástrofes naturales		
Crisis humanitarias		
Guerras		
Juicios		

7 **La información es poder** En grupos pequeños, comenten estas afirmaciones. ¿Son ciertas? Después, compartan sus opiniones con el resto de la clase.

Los medios de comunicación manipulan la opinión pública.

La avalancha de información que transmiten los medios de comunicación deteriora el razonamiento individual.

El cine sólo influye en la moda.

La televisión perjudica gravemente la salud.

8 **Situaciones** En parejas, elijan una de las situaciones e improvisen un diálogo basado en ella. Usen al menos seis palabras de la lista. Cuando estén listos, represéntenlo delante de la clase.

PALABRAS

aislado/a	**evitar**	**llamativo/a**
atrofiar	**impedir**	**polémico/a**
distraer	**indefenso/a**	**sedentario/a**

A

Uno/a de ustedes expone las ventajas de leer el libro antes de mirar la versión cinematográfica. Su compañero/a expone las ventajas de ver primero la película.

B

Un(a) teleadicto/a y un(a) ermitaño/a (*hermit*) coinciden en un ascensor y quedan atrapados/as durante una hora. Para matar el tiempo, deciden conocerse mejor.

Preparación

Sobre la autora

Elena Poniatowska, nacida en 1932, es una de las escritoras mexicanas más reconocidas. Esta periodista y narradora ha colaborado con infinidad de periódicos y es fundadora del diario mexicano *La Jornada*. Escritora versátil, se siente cómoda cambiando de género, y ha escrito novelas, crónicas, poemas y cuentos. Algunas de sus obras más famosas son: *Lilus Kikus* (1954), *La noche de Tlatelolco* (1971) y *Tinísima* (1992).

Vocabulario de la lectura

alterarse *to get upset*
anonadado/a *overwhelmed*
el arrebato *fit*
bostezar *to yawn*
la butaca *seat*
clavar *to drive something into something*
el/la comediante *comedian*
la chispa *flicker*
defraudado/a *disappointed*
desaprovechar *to waste*
desengañado/a *disillusioned*
el desenlace *ending*
engañoso/a *deceiving*
estelar *star*
la estrella *star*
el galán *hero*
hogareño/a *domestic*
ignorar *to be unaware*
malvado/a *evil*
novelero/a *fickle*
la pantalla *screen*
el/la principiante *beginner*
la puñalada *stab*
el rollo *roll*
la sala *movie theater*
la sesión (cinematográfica) *performance*
tomarse la molestia *to bother*
trastornado/a *disturbed; deranged*

Vocabulario útil

acosador(a) *stalker*
acosar *to stalk*
el/la fan *fan*
obsesionado/a *obsessed*

1 **Vocabulario** Marca la palabra que no corresponde al grupo.

1. bostezar:
   a. sueño b. cansancio c. estrella
2. cine:
   a. sesión b. prensa c. butaca
3. galán:
   a. actor b. estrella c. desenlace
4. malvado:
   a. rechazo b. egoísta c. malo
5. arrebato:
   a. pasión b. furia c. comediante
6. desengañado:
   a. triste b. hogareño c. desilusionado

2 **Contestar** En parejas, háganse las preguntas y luego compartan sus respuestas con la clase.

1. ¿Quién es tu personaje famoso favorito? ¿Por qué?
2. ¿Te has encontrado alguna vez con alguien famoso? ¿Qué hiciste entonces o qué harías si lo vieras?

CINE PRADO

Señorita:

A partir de hoy, usted debe borrar mi nombre de la lista de sus admiradores. Tal vez debiera ocultarle° esta deserción. Pero callándome, iría en contra de una integridad personal que jamás ha eludido los compromisos° de la verdad. Al apartarme° de usted, sigo un profundo viraje° de mi espíritu, que se resuelve en el propósito final de no volver a contarme entre los espectadores de una película suya.

conceal from you/ commitments — isolating myself — turn

Esta tarde, más bien esta noche, me destruyó usted. Ignoro si le importa saberlo, pero soy un hombre hecho pedazos°. ¿Se da usted cuenta? Soy un hombre que depende de una sombra engañosa, un hombre que persiguió su imagen en la pantalla de todos los cines de estreno y de barrio, un crítico enamorado que justificó sus peores actuaciones morales y que ahora jura separarse para siempre de usted, aunque el simple anuncio de *Fruto prohibido* haga vacilar° su decisión...

smashed to pieces — sway

Sentado en una cómoda butaca, fui uno de tantos. Un ser perdido en la anónima oscuridad, que de pronto se sintió atrapado en una tristeza individual, amarga y sin salida. Entonces fui realmente yo, el solitario que sufre y que le escribe. Porque ninguna mano fraternal se ha extendido para estrechar la mía. Mientras usted destrozaba° tranquilamente mi corazón en la pantalla, todos se sentían inflamados y felices. Hasta hubo un canalla° que rió descaradamente°, mientras yo la veía desfallecer° en brazos de ese galán abominable que la llevó a usted al último extremo de la degradación humana... Y un hombre que pierde de golpe° todos sus ideales, ¿no le cuenta para nada, señorita?

were breaking — rotten (person) — shamelessly — swoon — suddenly

Hágame usted el favor de ser un poco más responsable de sus actos, y antes de firmar un contrato o de aceptar un compañero estelar, piense que un hombre como yo puede contarse entre el público futuro y recibir un golpe mortal°. No hablo movido por los celos, pero, créame usted: en esta película: *Esclavas del deseo* fue besada, acariciada y agredida° con exceso. No sé si mi memoria exagera, pero en la escena del cabaret no tenía usted por qué entreabrir los labios, desatar° sus cabellos sobre los hombros y tolerar los procaces ademanes y los contoneos° de aquel marinero que sale bostezando, después de sumergirla en el lecho° revuelto y abandonarla como una embarcación que hace agua...° Yo sé que los actores pierden en cierto modo su libre albedrío° y que se hallan a merced de los caprichos° de un autor masoquista; sé también que están obligados a seguir punto por punto todas las deficiencias y las falacias del texto que deben interpretar. Pero... permítame usted, a todo el mundo le queda, en el peor de los casos, un mínimo de iniciativa, una brizna° de libertad, que usted no pudo o no quiso aprovechar.

mortal wound — attacked, assaulted — to let loose — indecent gestures and swaggering — bed — a ship that sinks — free will — find themselves at the mercy of the whims — strand

Si se tomara la molestia, usted podría contestarme que desde su primera película aparecieron algunos de los rasgos de conducta que ahora le reprocho°, y es cierto; es todavía más cierto que yo no tengo derecho ni disculpa para sentirme defraudado porque la acepté entonces a usted tal como es. Perdón, tal como creí que era. Como todos los desengañados, yo maldigo el día en que uní mi vida a su destino cinematográfico... ¡Y conste que la acepté toda opaca° y principiante, cuando nadie la conocía y le dieron aquel papelito de trotacalles con las medias chuecas y los tacones carcomidos°, papel que ninguna mujer decente habría sido capaz de aceptar!... Y sin embargo, yo la perdoné y en aquella sala indiferente y negra de mugre° saludé la aparición de una estrella. Yo fui su descubridor, el único que supo asomarse a su alma, pese a su bolsa arruinada y a sus vueltas de carnero°. Por lo que más quiera, perdóneme este brusco arrebato...

reproach, blame — opaque, dull — bum with crooked pantyhose and worn heels — filth — jerky ram-like movements

Se le cayó la máscara, señorita. Me he dado cuenta de la vileza° de su engaño. Usted no es la criatura de delicias, la paloma frágil y tierna° a la que yo estaba acostumbrado, la golondrina de otoñales revuelos°, el rostro perdido entre gorgueras de encaje° que yo soñé, sino una mala mujer hecha y derecha, novelera en el peor sentido de la palabra. De ahora en adelante, muy estimada señorita, usted irá por su camino y yo por el mío...

vileness
tender
swallow flying in the autumn
lace ruffs

Siga usted trotando por las calles, que yo ya me caí como una rata en la alcantarilla°. Y conste que lo de "señorita" se lo digo solamente para guardar las apariencias. Tómelo usted, si quiere, como una desesperada ironía.

sewer

Porque yo la he visto dar y dejarse dar besos en muchas películas. Pero antes, usted no alojaba° a su dichoso compañero en el espíritu. Besaba usted sencillamente como todas las buenas actrices: como se besa apasionadamente a un muñeco de cartón. Porque, sépalo usted de una vez por todas, la única sensualidad que vale la pena es la que se nos da envuelta en alma, porque el alma envuelve entonces nuestro cuerpo, como la piel de la uva que comprime la pulpa°... Antes, sus escenas de amor no me alteraban, porque siempre había en usted un rasgo de dignidad profanada°, porque yo percibía siempre un íntimo rechazo, una falla° en el último momento, que rescataba° mi angustia y que me hacía feliz. Pero en *La rabia en el cuerpo* y con los ojos húmedos de amor, usted volvió hacia mí un rostro verdadero, ése que no quiero ver nunca más. Dígalo de una vez, usted está realmente enamorada de ese malvado, de ese comediante de quinta fila°, ¿no es cierto? Por lo menos todas las palabras, todas las promesas que le hizo, eran auténticas, y cada uno de sus ademanes y de sus gestos estaban respaldados por la decisión de su espíritu. ¿Por qué me ha engañado usted como engañan todas las mujeres, a base de máscaras sucesivas y distintas? ¿Por qué no me mostró de una vez el rostro desatado° que ahora me atormenta?

were not at home with
compresses the pulp
profaned
flaw
rescued
B-movie
wild

Mi drama es casi metafísico y no le encuentro posible desenlace. Estoy solo en mi angustia... Bueno, debo confesar que mi esposa todo lo comprende y que a veces comparte mi consternación. Estábamos recién casados cuando fuimos a ver inocentemente su primera película, ¿se acuerda usted? Aquella del buzo° atlético y estúpido que se fue al fondo del mar por culpa suya, con todo y escafandra°... Yo salí del cine completamente trastornado, y habría sido una vana pretensión el ocultárselo a mi mujer. Ella, por lo demás, estuvo completamente de mi parte; y hubo de confesar que sus *deshabillés*° son realmente espléndidos. No tuvo inconveniente en acompañarme al cine otras seis veces,

diver
diving suit
négligée

creyendo de buena fe que la rutina iba a romper el encanto°. Pero las cosas fueron empeorando a medida que se estrenaban sus películas. Nuestro presupuesto hogareño tuvo que sufrir importantes modificaciones, a fin de permitirnos frecuentar las pantallas unas tres veces por semana. Está por demás decir que después de cada sesión cinematográfica nos pasábamos el resto de la noche discutiendo... Al fin y al cabo, usted no era más que una sombra indefensa, una silueta de dos dimensiones, sujeta a las deficiencias de la luz. Y mi mujer aceptó buenamente tener como rival a un fantasma cuyas apariciones podían controlarse a voluntad°. Pero no desaprovechaba la oportunidad de reírse a costa de usted y de mí. Recuerdo su regocijo° aquella noche fatal en que, debido a un desajuste° fotoeléctrico, usted habló durante diez minutos con una voz inhumana, de robot casi, que iba del falsete al bajo profundo... A propósito de su voz, sepa usted que me puse a estudiar el francés porque no podía conformarme con° el resumen de los títulos en español, aberrantes y desabridos°. Aprendí a descifrar el sonido melodioso de su voz, pero no pude evitar la comprensión de ciertas palabras atroces, que puestas en sus labios o aplicadas a usted me resultaron intolerables. Deploré aquellos tiempos en que llegaban a mí atenuadas por pudibundas traducciones°; ahora, las recibo como bofetadas°.

enchantment · *at will* · *rejoicing* · *imbalance* · *I couldn't be satisfied with* · *tasteless, dull* · *diminished by prim translations* · *slaps in the face*

Lo más grave de todo es que mi mujer me está dando inquietantes muestras de mal humor. Las alusiones a usted, y a su conducta en la pantalla, son cada vez más frecuentes y feroces. Últimamente ha concentrado sus ataques en la ropa interior y dice que estoy hablándole en balde° a una mujer sin fondo. Y hablando sinceramente, aquí entre nosotros, ¿a qué sale toda esa profusión de infames transparencias de tenebroso acetato°, ese derroche° de íntimas prendas negras? Si yo lo único que quiero hallar en usted es esa chispita° triste y amarga que hay en sus ojos... Pero volvamos a mi mujer.

in vain · *gloomy acetate/waste* · *little sparkle*

Hace mohínes° y la imita. Me arremeda° también. Repite burlona° algunas de mis quejas más lastimeras: "Los besos que me duelen en *Qué me duras*, me están ardiendo como quemaduras"... Desechando° toda ocasión de afrontar el problema desde un ángulo puramente sentimental, echa mano de argumentos absurdos pero contundentes°. Alega, nada menos, que usted es irreal y que ella es una mujer concreta. Y a fuerza de demostrármelo está acabando con todas mis ilusiones... No sé qué es lo que va a suceder si resulta cierto lo que aquí se rumorea, eso de que va usted a venir a filmar una película. ¡Por amor de Dios, quédese en su patria, señorita!

faces/mimics · *mockingly* · *Rejecting* · *convincing*

Sí, no quiero volver a verla, aunque cada vez que la música cede poco a poco y los hechos se van borrando en la pantalla, yo soy un hombre anonadado. Me refiero a esas tres letras crueles que ponen fin a la modesta felicidad de mis noches de amor, a dos pesos la luneta°. Quisiera quedarme a vivir con usted en la película, pero siempre salgo remolcado° del cine por mi mujer, que tiene la mala costumbre de ponerse de pie al primer síntoma de que el último rollo se está acabando... Señorita, la dejo. No le pido siquiera un autógrafo, porque si llegara a mandármelo yo sería tal vez capaz de olvidar su traición imperdonable. Reciba esta carta como el homenaje final de un espíritu arruinado y perdóneme por haberla incluido entre mis sueños. Sí, he soñado con usted más de una noche, y nada tengo que envidiar a esos galanes de ocasión que cobran un sueldo por estrecharla en sus brazos, y que la seducen con palabras prestadas. Créame sinceramente su servidor.

orchestra seats · *towed*

P. D. Se me olvidó decirle que le escribo desde la cárcel. Esta carta no habría llegado nunca a sus manos si yo no tuviera el temor de que le dieran noticias erróneas acerca de mí. Porque los periódicos están abusando aquí de este suceso ridículo: "Ayer por la noche, un desconocido, tal vez loco, tal vez borracho, fue corriendo hasta la pantalla del cine Prado y clavó un cuchillo en el pecho de Françoise Arnoul[1]...". Ya sé que es imposible, señorita, pero yo daría lo que no tengo con tal de que usted conservara en su pecho, para siempre, el recuerdo de esa certera° puñalada. ■

well-aimed

[1] **Françoise Arnoul** (1931–): Actriz francesa considerada una *sex symbol* de los años cincuenta. Trabajó como actriz hasta los años noventa y apareció en más de dos docenas de películas.

Análisis 

1 **Comprensión** Contesta las preguntas.

1. ¿Quién escribe la carta?
2. ¿A quién va dirigida la carta?
3. ¿Qué nueva película va a estrenar la actriz?
4. Según el admirador, ¿en qué tiene que pensar la actriz antes de firmar un contrato?
5. ¿Qué ocurrió en la película *La rabia en el cuerpo* que enojó al admirador?
6. ¿Qué relación tenía el admirador con la que ahora es su esposa, cuando fueron a ver la primera película de la actriz?
7. ¿Cómo reaccionó la esposa al principio?
8. ¿Cuántas veces iban al cine por semana?
9. ¿Cómo muestra la esposa su mal humor con la actriz?
10. ¿Dónde se encuentra el admirador cuando escribe la carta?

2 **Analizar** En parejas, contesten las preguntas.

1. Busquen en la carta afirmaciones en las que el personaje se confunde y le habla a la actriz como si fuera novia suya.
2. ¿Por qué creen que su mujer ha cambiado de actitud?
3. ¿Qué enoja al admirador?
4. ¿Por qué está en la cárcel el admirador?
5. ¿Por qué se despide pidiendo que no se olvide de "la certera puñalada"?

3 **La respuesta** Imaginen que la actriz contesta la carta de su admirador. En parejas, escriban una respuesta breve y, cuando hayan terminado, léanla al resto de la clase. Usen las preposiciones **por** y **para**.

4 **Detective** Al final del cuento, hay un fragmento de la noticia publicada en los periódicos. En parejas, inventen el interrogatorio (*interrogation*) entre el detective y el detenido. No olviden incluir los datos que el detective necesita conocer.

Nombre
Fecha de nacimiento
Estado civil
¿Qué pasó?
¿Por qué?
¿A qué hora?
¿Estaba solo o acompañado?
etc.

5 **Encuentro** En parejas, imaginen que la actriz y el admirador se encuentran casualmente. Preparen el diálogo que se da entre ellos. Tengan en cuenta los puntos indicados.

- el lugar y la hora del encuentro
- la personalidad de los dos personajes
- los problemas matrimoniales del admirador

6 **Fama** En parejas, completen el cuestionario. Tomen nota de las respuestas de su compañero/a y luego compártanlas con la clase.

1. **¿Cómo crees que conseguirías ser famoso/a?**
2. **¿Qué cualidades tuyas te podrían llevar a la fama?**
3. **¿Crees que te gustaría ser famoso/a?**
4. **¿Qué famoso/a sería tu modelo?**
5. **¿Crees que tu vida sentimental sería mejor o peor?**
6. **¿Qué crees que te gustaría más de ser famoso/a?**
7. **¿Qué crees que te disgustaría de ser famoso/a?**

7 **Situaciones** En parejas, elijan una de las situaciones y escriban un diálogo basado en ella. Usen al menos seis palabras de la lista. Cuando lo terminen, represéntenlo delante de la clase.

PALABRAS

alterarse	desengañado/a	malvado/a
anonadado/a	desenlace	novelero/a
bostezar	engañoso/a	pantalla
defraudado/a	estrella	tomarse la molestia
desaprovechar	hogareño/a	trastornado/a

A
Un(a) admirador(a) y un(a) famoso/a que no quiere ser reconocido/a se quedan atrapados/as en un elevador.

B
Dos personajes de una telenovela están muy enamorados en la vida real, pero su amor es secreto. Él/Ella quiere dejar la relación y el/la otro/a intenta impedirlo.

Preparación

Sobre el autor

Antonio Fraguas de Pablo, "Forges", nació en Madrid, España, en 1942. Este autodefinido "mal estudiante" publicó su primer dibujo a los veintidós años. En 1973 decidió dedicarse exclusivamente al humor gráfico y en 1979 recibió el Premio a la Libertad de Expresión de la Unión de Periodistas. Entre los varios libros que ha publicado destacan *Los Forrenta años*, historia en viñetas de la dictadura de Franco (1976), *La Constitución*, cómics de la Constitución española de 1978 y los de recopilación *Forges nº 1, 2, 3, 4* y *5*. Es uno de los fundadores de *El Mundo*, diario que abandonó en 1995. Actualmente publica una viñeta diaria en el periódico *El País*.

Vocabulario útil

la apatía *apathy, listlessness*
el/la guardia urbano *city police*
el humor gráfico *graphic humor (comics)*
el/la humorista *humorist, cartoonist*
la inercia *inertia*
la ironía *irony*
el letargo *lethargy*
el/la librepensador(a) *freethinker*
la multa *fine*
la pasividad *passiveness*
la pereza *laziness*
perezoso/a *lazy*
preocupante *worrying, alarming*
la sátira *satire*
la señal *sign*

1 **Voces únicas** Contesten las preguntas en grupos de tres.

1. ¿Creen que los medios de comunicación de la sociedad actual propician (*favor*) el pensamiento homogéneo de las masas?
2. ¿Cómo se enfrentan ustedes al mundo que les ha tocado vivir? ¿Con humor? ¿Con indiferencia? ¿Con cinismo? ¿Con pasividad? ¿Con resignación?
3. ¿Tienen la sensación de que el sentido común se desprecia cada vez más?
4. ¿Qué escritor(a), humorista, cómico/a, intelectual, filósofo/a, etc., expresa mejor su propia forma de pensar? ¿Aprecian su trabajo? ¿Creen que es necesario? ¿Por qué?

Análisis

1 **Interpretar** En grupos de tres, observen atentamente las dos viñetas de Forges y lean la introducción que las acompaña. Después, analicen e interpreten su contenido.

1. ¿Qué pone en evidencia el autor?
2. ¿De qué alerta al lector?
3. ¿Cómo transmite su mensaje?
4. ¿Quiénes son los personajes? ¿Cómo son?

2 **En palabras de Forges** Lean estas citas del propio Forges. En grupos de cuatro analicen su significado y digan si están o no de acuerdo con cada una de ellas.

A. "Mientras haya un ser humano que lea, el imperio no podrá ser legal, (...) porque la lectura es la vacuna de las neuronas contra la estupidez."

B. "El humor es la síntesis intelectual del ser humano."

La lectura, la inteligencia y el pensamiento libre son un peligro del que la sociedad debe protegerse.

What do we have here...

on

Escribe una crítica de cine

Ahora tienes la oportunidad de escribir tu propia crítica de cine.

Plan de redacción

Planea

1. **Elige la película** Selecciona una película que hayas visto últimamente que te haya gustado mucho o que no te haya gustado nada.
2. **Toma nota de los datos** Los datos importantes son la fecha de su estreno, el nombre del director o directora, y el nombre de los actores principales con los papeles que interpretan.

Escribe

3. **Introducción** Escribe una breve introducción con todos los datos, pues tienes que presentar la película. También debes explicar por qué fuiste a verla y si pensabas que te iba a gustar o no.
4. **Crítica** Aquí escribes tu opinión. ¿Qué piensas de la película y por qué? ¿Qué es lo que está bien y qué es lo que está mal?
5. **Conclusión** Tienes que resumir brevemente tu opinión. También debes decir por qué vale la pena ver la película o por qué no hay que verla.

Comprueba y lee

6. **Revisa** Lee tu crítica para mejorarla.
   - Comprueba el uso correcto de las preposiciones.
   - Asegúrate de que usas **ser** y **estar** adecuadamente.
   - Evita las repeticiones.
7. **Lee** Lee tu crítica a tus compañeros de clase. Ellos tomarán notas y, cuando hayas terminado de leer, tienes que estar preparado/a para contestar sus preguntas.

La telebasura a debate 

"Basura" en español significa *trash.* El término "telebasura" hace referencia a los programas de televisión que utilizan el sensacionalismo y el escándalo para subir sus niveles de audiencia.

1. La clase se divide en grupos pequeños. Cada grupo tiene que preparar una lista de cinco programas de televisión que consideran telebasura y cinco que consideran que son de buena calidad, y anotar brevemente por qué.
2. Después tienen que contestar las preguntas. En el caso de que no todos los miembros del grupo estén de acuerdo, pueden mencionar que dentro del grupo hay distintas opiniones y explicar cuáles son.
   - ¿Qué lista tiene los programas con más audiencia? ¿Cuál creen que es la razón?
   - Según su opinión, ¿qué lista tiene los programas más divertidos?
   - ¿Qué opinan de los programas de telebasura? ¿Los quitarían de la programación? ¿Por qué?
   - ¿Quiénes son, según ustedes, los responsables de la programación: los telespectadores o los altos ejecutivos de las cadenas de televisión?
3. Los diferentes grupos presentan sus ideas a la clase, mientras todos toman nota.
4. Cuando todos los grupos terminen sus presentaciones, toda la clase debe participar haciendo preguntas y/o defendiendo sus opiniones.

LECCIÓN 4

PODER, QUIERO MÁS PODER

Todos cumplimos, unos más, otros menos, con nuestras responsabilidades: trabajamos, intentamos cubrir nuestras necesidades y las de nuestros seres queridos y pagamos los impuestos. Pero nuestras obligaciones no terminan ahí. También elegimos a los representantes políticos encargados de proteger nuestros intereses y de mejorar nuestra sociedad.

¿Qué más podemos hacer?

¿Qué opinión tienes de la política? ¿Y de los políticos?

¿Quién tiene más poder: las multinacionales o los gobiernos?

90

102

115

Preparación

Vocabulario del corto

acusado/a *accused*
la declaración *statement*
el delito *crime*
derogar (una ley) *to abolish (a law)*
el/la desaparecido/a *missing person*
el duelo *duel*
el enfrentamiento *confrontation*
la herencia *inheritance*
la impunidad *impunity*
el/la juez(a) *judge*
juzgado/a *tried (legally)*
llevar a cabo *to carry out*
merecer(se) *to deserve*
la nuca *nape*
otorgar *to grant*
el rencor *resentment*
requisar *to confiscate*

Vocabulario útil

la azotea *flat roof*
batirse en duelo *to fight a duel*
el castigo *punishment*
el/la culpable *guilty one*
disparar *to shoot*
exiliado/a *exiled, in exile*
el exilio *exile*
impune *unpunished*
interrumpir *to stop*
el juzgado *courthouse*
presenciar *to witness*
la rabia *anger; rage*
retar a duelo *to challenge to a duel*
la venganza *revenge*
vengar *to avenge*
vengarse *to take revenge*

EXPRESIONES

Duelo a muerte. *Duel to the death.*
Estar terminantemente prohibido. *To be strictly forbidden.*
Estoy en mi derecho. *I am entitled to it.*

1 **Vocabulario** Completa el crucigrama.

Horizontales

3. Ver un suceso en persona
4. Falta de castigo por un crimen cometido
6. Odio que se siente hacia una persona
9. Alguien a quien se le atribuye un crimen
10. Parte superior de un edificio sobre la que se puede caminar

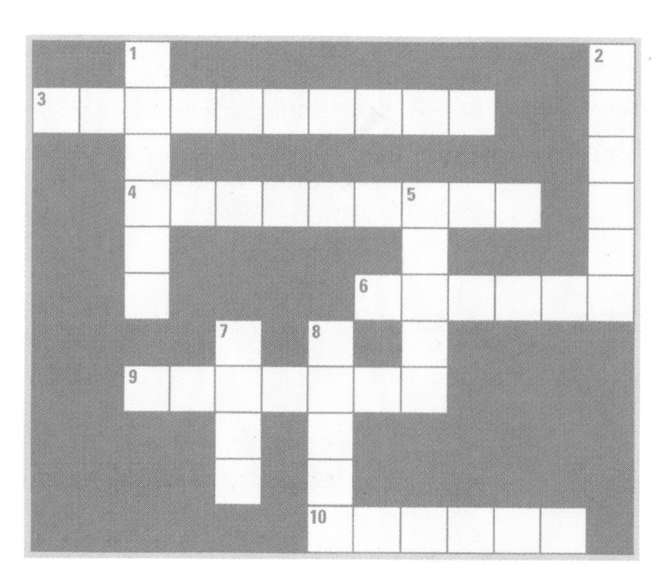

Verticales

1. Acción en contra de la ley
2. Responder a una agresión con otra agresión
5. Lucha entre dos personas
7. Parte posterior del cuello
8. Lo que se siente por una acción cruel o injusta

2 **Práctica** En parejas, inventen una pequeña historia que incluya las palabras del crucigrama. Después, léansela a la clase.

3 **La ley es la ley** En grupos de tres, contesten las preguntas. Después, compartan sus respuestas con la clase.

1. ¿Vivimos en un mundo justo?
2. ¿Qué ley, o leyes, derogarían?
3. ¿Qué ley, o leyes, aprobarían (*pass*)?
4. ¿Es la justicia una utopía?

4 **Ojo x Ojo** En grupos de tres, contesten las preguntas.

1. ¿Han sido alguna vez víctimas de una injusticia o conocen a alguien que lo haya sido? ¿Qué hizo la ley? ¿Intentaron luchar?
2. Si la ley no les hiciera justicia, ¿estarían dispuestos/as (*willing*) a tomarse la justicia por su mano?
3. ¿Estarían dispuestos/as a dar su vida por hacer justicia?
4. ¿Es la venganza justa, satisfactoria, necesaria?

5 **Citas** En grupos pequeños, lean las citas y digan si están de acuerdo. Razonen sus respuestas. Después, intercambien sus opiniones, conclusiones y/o dudas con la clase.

"Yo no hablo de venganzas ni perdones, el olvido es la única venganza y el único perdón." Jorge Luis Borges

"La venganza no soluciona nada. La gente debe sacar el odio, y la mejor forma es a través del amor." Laura Esquivel

"Permitir una injusticia significa abrir el camino a todas las que siguen." Willy Brandt

"Donde hay poca justicia es grave tener razón." Francisco de Quevedo

6 **Anticipar** En parejas, observen el fotograma e imaginen lo que va a ocurrir en el cortometraje. Consideren los interrogantes y las palabras del vocabulario.

- ¿Quiénes son las personas que se están batiendo en duelo?
- ¿Cuál de las dos lo propuso?
- ¿Cuál es la razón del duelo?
- ¿Morirá uno de ellos? ¿O morirán los dos?
- ¿En qué lugar y en qué época tiene lugar el duelo?

CUANDO EL ODIO ES MÁS FUERTE QUE EL AMOR

- Ariel al mejor Cortometraje de Ficción, Academia Mexicana de Ciencias y Artes
- Mejor Cortometraje de Ficción, Festival Internacional de Cine de Valdivia, Chile
- Premio al Mejor Corto, Muestra del II Concurso de Cortometrajes Versión Española/SGAE, Madrid, España

El ojo en la nuca

Una producción de CENTRO DE CAPACITACIÓN CINEMATOGRÁFICA
Guión y Dirección RODRIGO PLÁ Productores asociados DIARIO LA REPÚBLICA/ESTUDIOS CHURUBUSCO-AZTECA, CONACULTA
Productores ÁNGELES CASTRO/HUGO RODRÍGUEZ Fotografía SERGUEI SALDÍVAR TANAKA
Edición MIGUEL LAVANDEIRA Música LEONARDO HEIBLUM/JACOBO LIEBERMAN Sonido MARIO MARTÍNEZ/ROGELIO VILLANUEVA/DAVID BAKSHT
Dirección de Arte MIGUEL ÁNGEL ÁLVAREZ

Actores GAEL GARCÍA BERNAL/EVANGELINA SOSA/DANIEL HENDLER/WALTER REYNO/ELENA ZUASSTI
Ficción / 35 mm / Color / Dolby Digital / 2000

FICHA **Personajes** Pablo, Laura, Diego, General Díaz, jueza **Duración** 26 minutos **País** México-Uruguay

ESCENAS

Laura Los desaparecidos están muertos, no vuelven...
Pablo (*detrás de la puerta*) Ya bonita, por favor, esto es algo que tengo que hacer. Ándale[1], ábreme... Déjame que te dé un beso...
Laura Si te vas ya no regreses...

Diego Ésta no es la manera, primo. ¿A qué vas? Tenés[2] que darte cuenta de que esto tampoco es justicia... ¡por más bronca[3] que tengas! (*Pablo sale del carro; Diego le sigue.*) ¡Pará, Pablo! Yo también quería mucho a tu viejo[4].

Jueza ¿Se da cuenta? En plena democracia dos hombres haciéndose justicia por su propia mano, es una locura.
Pablo Tiene que dejarme acabar el duelo, estoy en mi derecho.
Jueza La ley de duelo existe, sí, pero es anacrónica.

Conductora de TV Nos encontramos frente al Ministerio de Defensa Nacional aguardando las declaraciones del General Díaz, quien fuera señalado como uno de los responsables de delitos y abusos cometidos durante el gobierno de facto[5].

Reportera General Díaz, ¿qué va a pasar a partir del duelo? ¿Cree que habrá nuevos actos de violencia?
General Díaz No hay que seguir viviendo con un ojo en la nuca, hay que mirar hacia delante y olvidar rencores.

Pablo ¿A qué viniste?
Laura Tu padre ya está muerto, Pablo, tienes que dejarlo ir. Ni siquiera estás seguro de que fue Díaz.
Pablo ¡Cállate! De esto tú nunca entendiste nada.

[1] *Come on* [2] *Equivalente de la segunda persona del singular del verbo "tener". Se utiliza en lugar de "tienes".*
[3] *anger* [4] *father* [5] *the ruling antidemocratic government at that time*

Nota CULTURAL

En 1985, tras doce años de gobiernos dictatoriales, Julio María Sanguinetti se convirtió en el nuevo presidente democrático de Uruguay. En 1986, Sanguinetti concedió amnistía a los militares involucrados (*involved*) en las violaciones de los derechos humanos y en 1989 esa amnistía, conocida como Ley de Caducidad, fue ratificada en un referéndum. Esta ley obliga al estado a buscar la verdad de los hechos, pero prohíbe castigar a los culpables.

EN PANTALLA

Ordenar Mientras ves el corto, ordena los personajes según van hablando (sin incluir la escena inicial del flashback).

_____ a. Diego
_____ b. director de duelo
_____ c. General Díaz
_____ d. jueza
_____ e. Laura
_____ f. Pablo
_____ g. policías
_____ h. reportera
_____ i. dueño de almacén

Análisis

1 **Comprensión** Contesta las preguntas.

1. ¿Qué ocurre en la primera escena del cortometraje?
2. ¿En qué país y durante qué período pasaron los hechos que se ven en esa escena?
3. ¿Dónde vive exiliado Pablo?
4. ¿Cuándo decide regresar a Uruguay? ¿Con qué intención?
5. ¿Qué pasa durante el duelo?
6. ¿Adónde llevan los policías a Pablo?
7. Según Pablo, ¿cuál es su herencia?
8. ¿Qué prohíbe terminantemente la jueza?
9. ¿Qué ley fue derogada en Uruguay en 1991?
10. ¿Cómo sabe Pablo que fue el General Díaz quien mató a su padre?

2 **Puntos de vista** En parejas, digan qué opinan estos personajes de lo que quiere hacer Pablo. Después, digan con cuál o cuáles de ellos están de acuerdo y por qué. ¿Cuál de ellos parece cambiar de opinión? ¿Por qué?

Diego

jueza

Laura

General Díaz

3 **Interpretaciones** En parejas, contesten las preguntas.

1. ¿Por qué interrumpe el duelo la policía?
2. ¿Por qué regresa Pablo a la casa donde vivía cuando era niño?
3. ¿Cuándo le pide Pablo a Diego que le consiga un arma? ¿Por qué?
4. ¿Por qué tira Pablo los lentes de su padre al mar?
5. Pablo decide regresar a México y olvidar. ¿Por qué cambia de opinión?
6. Al final, ¿por qué creen que Pablo mata al General Díaz?
7. ¿Por qué se llama este cortometraje *El ojo en la nuca*?

4 **Cara a cara** Imaginen que Pablo regresa del exilio con la única intención de hablar con el asesino de su padre. En parejas, escriban un diálogo entre ambos. Después, represéntenlo delante de la clase.

5 **Pasado y presente** En grupos pequeños, comenten la importancia que tiene este momento en el desenlace del corto. Después, relacionen la imagen con la afirmación de Pablo.

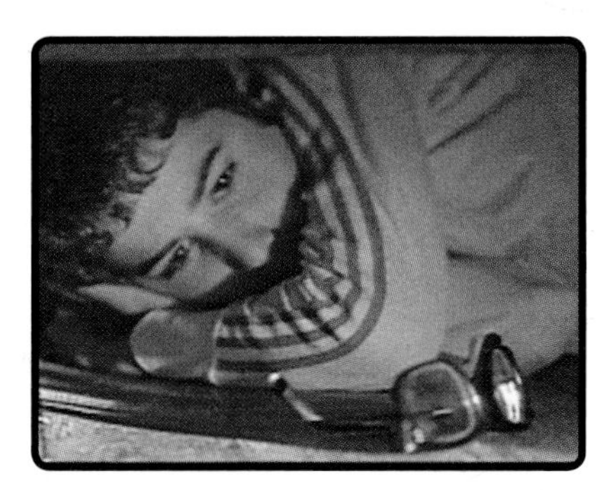

"Sólo sé que odio, que tengo que odiar, ésa es mi ... herencia."

6 **¿Qué opinan?** En grupos pequeños, contesten las preguntas. Después, compartan sus respuestas con la clase.

1. ¿Creen que el desenlace de este corto habría sido el mismo si Pablo no hubiera presenciado cómo los militares torturaban y se llevaban a su padre?
2. ¿Creen que Pablo tenía derecho a continuar el duelo? ¿Por qué?
3. ¿Qué tipo de hombre creen que era el General Díaz?
4. ¿Por qué creen que los militares culpables de violar los derechos humanos durante las dictaduras gozan de amnistía? ¿Es justo que la ley los perdone? Propongan soluciones alternativas.

7 **La noticia** En grupos pequeños, imaginen que son periodistas y han presenciado lo ocurrido en el juzgado. Escriban la noticia. Después, una persona de cada grupo la comparte con la clase como si estuviera delante de las cámaras. No olviden que la noticia debe ser breve y clara, y que debe contestar las preguntas: ¿Qué?, ¿Quién?, ¿Cuándo?, ¿Dónde?, ¿Cómo? y ¿Por qué?

8 **Situaciones** En parejas, elijan una de las situaciones e improvisen un diálogo. Utilicen al menos seis palabras o expresiones de la lista. Cuando estén listos, represéntenlo delante de la clase.

PALABRAS

castigo	enfrentamiento	juzgado/a
derogar	Estoy en mi derecho.	merecer(se)
desaparecido/a	herencia	rabia
disparar	impunidad	rencor

A

Los/Las dos son la misma persona. Estás consumido/a por el odio y sólo piensas en vengarte del asesino que mató a tu padre. Uno/a de ustedes piensa con la cabeza; el/la otro/a con el corazón. Discuten.

B

Uno/a de ustedes es Pablo, quien quiere vengar la muerte de su padre retando a duelo al culpable. El/La juez(a) se lo prohíbe. Intercambian sus diferentes puntos de vista.

El subjuntivo I

Recuerda

El uso del modo indicativo implica que, según el punto de vista del hablante, la acción pertenece a la realidad. El uso del modo subjuntivo indica que la acción pertenece a lo irreal o subjetivo.

El subjuntivo en oraciones subordinadas sustantivas

- Cuando el verbo de la oración principal expresa emoción, duda, negación o influencia sobre el sujeto de la oración subordinada, el verbo de ésta va en subjuntivo. En las oraciones subordinadas el subjuntivo siempre va precedido de **que**. Este **que** separa la oración principal de la subordinada.

Laura quería	***que*** *Pablo se olvidara del pasado.*
principal	subordinada

La jueza temía	***que*** *ellos no respetaran su decisión.*
principal	subordinada

DUDA/NEGACIÓN
dudar *to doubt*
negar *to deny*
no creer *not to believe*
no ser verdad *not to be true*
no estar seguro *not to be sure*
no parecer *not to seem*
no estar claro *not to be clear*
no ser evidente *not to be evident*

EMOCIÓN
alegrarse (de) *to be happy (about)*
esperar *to hope, to wish*
gustar *to like*
tener miedo (de) *to be afraid (of)*
molestar *to bother*
sentir *to be sorry; to regret*
sorprender *to surprise*
temer *to fear*

Su novia ***esperaba*** *que él* ***cambiara*** *de idea.*
Ella ***tenía miedo de*** *que le* ***hicieran*** *daño.*

- Cuando los verbos **creer** y **pensar** están acompañados de una negación (**no creer, no pensar**), el verbo de la oración subordinada va en subjuntivo. Si están acompañados de una afirmación, se utiliza el indicativo.

INDICATIVO	SUBJUNTIVO
Creo *que* ***vendrá.***	***No creo*** *que* ***venga.***
Creía *que* ***vendría.***	***No creía*** *que* ***viniera.***

- También se usa el subjuntivo con verbos de influencia, para hacer recomendaciones, dar órdenes y dar consejos.

INFLUENCIA
aconsejar *to advise*
exigir *to demand*
ordenar *to order, to command*
pedir *to ask, to request*
permitir *to permit*
prohibir *to prohibit, to forbid*
recomendar *to recommend*
rogar *to beg*
sugerir *to suggest*

Su novia le ***pidió*** *que no* ***fuera*** *al duelo.*
La jueza les ***prohibió*** *que* ***se enfrentaran.***

Atención

Conjugación del subjuntivo

- Verbos regulares (yo)

Presente	Imperfecto
hable	**hablara**
coma	**comiera**
escriba	**escribiera**

- Verbos irregulares en presente

dar: *dé, des, dé, demos, deis, den*
estar: *esté, estés, esté, estemos, estéis, estén*
haber: *haya, hayas, haya, hayamos, hayáis, hayan*
ir: *vaya, vayas, vaya, vayamos, vayáis, vayan*
saber: *sepa, sepas, sepa, sepamos, sepáis, sepan*
ser: *sea, seas, sea, seamos, seáis, sean*

- Cuando la oración principal y la oración subordinada tienen el mismo sujeto, el verbo de la oración subordinada va en infinitivo.

*Pablo **desea vengarse.***
*La jueza **desea anular** la ley de duelo.*

El subjuntivo en oraciones impersonales

- Muchas oraciones impersonales requieren el subjuntivo en la oración subordinada, pues transmiten una emoción, una duda, una recomendación o una negación. Ésta es una lista de las más frecuentes.

Es bueno *It's good*
Es importante *It's important*
Es imposible *It's impossible*
Es interesante *It's interesting*
Es justo *It's fitting*
Es una lástima *It's a shame*
Es malo *It's bad*
Es mejor *It's better*
Es natural *It's natural*
Es necesario *It's necessary*
Es posible *It's possible*
Es urgente *It's urgent*

***Es importante** que todos **respetemos** las leyes.*
***Es posible** que el gobierno **encuentre** una solución.*

- Cuando las oraciones impersonales muestran certeza, se usa el indicativo, no el subjuntivo.

CERTEZA	DUDA/NEGACIÓN
Es cierto *It's true*	**No es cierto** *It's not true*
Es evidente *It's evident*	**No es evidente** *It's not evident*
Es seguro *It's certain*	**No es seguro** *It's not certain*
Es verdad *It's true*	**No es verdad** *It's not true*
Está claro *It's clear*	**No está claro** *It's not clear*

INDICATIVO	SUBJUNTIVO
***Es evidente** que no **puede** perdonar a los culpables.*	***No está claro** que la justicia **sea** igual para todos.*

AYUDA

Hay dos casos en los que el subjuntivo aparece en oraciones principales. Los dos expresan deseo.

- Ojalá + subjuntivo

  *Ojalá **hagan** justicia.*

- Que + presente de subjuntivo

  *Que te **vaya** bien.*

Práctica

1 **La justicia** En parejas, imaginen que uno/a de ustedes está acusado/a de un crimen y el/la otro/a es su abogado/a. Preparen un diálogo utilizando los elementos de la lista.

1. Dudar que
2. Ser evidente que
3. Pedir que
4. Recomendar que
5. Sentir que
6. Creer que
7. Ser imposible que
8. Ser urgente que

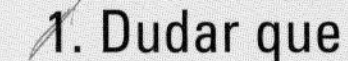

2 **Yo estoy...** En parejas, imaginen que son dos amigos/as. Uno/a de ustedes dice que tiene un problema. El/La otro/a le da dos o tres consejos para que mejore su situación. Túrnense para inventarse un problema y dar consejos.

Preparación

Sobre el autor

Manuel Vicent es un escritor español nacido en 1936, el mismo año en que comenzó la Guerra Civil Española. Sus obras, mezcla de literatura y periodismo, están escritas con un tono realista. Su novela *Pascua y naranjas* recibió el Premio Alfaguara de Novela en 1966 y *Balada de Caín* consiguió el Premio Nadal en 1986. Vicent ha desarrollado su labor periodística en las revistas *Triunfo* y *Hermano Lobo*. En la actualidad, colabora en el diario nacional *El País*.

Vocabulario de la lectura

batir *to beat*
destrozar *to ruin*
duro/a *harsh*
forzar *to force*
el juicio *trial*
obligar *to oblige, to force*
el telediario *television news*
la tortilla *omelet*
tragarse *to swallow*

Vocabulario útil

la campaña *campaign*
el/la candidato/a *candidate*
el discurso *speech*
informarse *to get informed*
gobernar *to govern*
la guerra *war*

1 

Busca palabras En parejas, busquen en el cuadro seis palabras del vocabulario que han aprendido. Después, inventen un diálogo con esas palabras y represéntenlo delante de la clase.

O	T	A	D	I	D	N	A	C
M	F	S	M	J	I	S	L	A
D	I	S	C	U	R	S	O	M
Z	W	Q	T	A	Y	U	B	P
I	S	H	Z	S	T	N	L	A
D	U	R	O	K	F	J	I	Ñ
Z	O	P	F	V	C	B	G	A
F	W	U	B	T	X	E	A	R
Q	J	Ñ	S	I	A	H	R	L

2 **Asuntos serios** En parejas, háganse las siguientes preguntas.

1. ¿Te interesa la política? ¿Por qué? ¿Qué cambiarías si tuvieras la oportunidad?
2. ¿Te da miedo la idea de que haya una III Guerra Mundial? ¿Confías en los políticos para evitar o controlar ese tipo de crisis? Razona tu respuesta.
3. ¿Aceptarías alguna responsabilidad política? Por ejemplo, ser alcalde de tu ciudad o presidente de tu país. ¿Por qué?

La tortilla

Un ama de casa está batiendo una tortilla de dos huevos en el plato frente al televisor y a su lado el marido, un español medio°, lee un periódico deportivo. Es la hora del telediario. Las noticias más terribles constituyen un paisaje sonoro en el fondo° del salón. En la pantalla se suceden° cadáveres, escándalos, declaraciones detonantes° de algún político y otras calamidades. Hasta ese momento ninguna noticia ha sido lo suficientemente dura como para que el ama de casa haya dejado de batir los huevos cinco segundos. Ninguna tragedia planetaria ha forzado al marido a apartar° la vista del periódico. Esta pareja de españoles ya está desactivada. De madrugada oye por la radio a un *killer* informativo formular juicios sumarísimos[1] que destrozan la fama de cualquier ciudadano decente sin que pase nada. Esta pareja de españoles sabe que hoy las sentencias inapelables° se producen antes de que se inicien los procesos. Basta que un juez te llame a declarar obligándote a pasar por un túnel de cámaras y micrófonos en las escaleras de la Audiencia°. Ya estás condenado. La dosis de basura informativa que de forma pasiva este par de seres inocentes se traga diariamente le ha inmunizado para cualquier reacción, entre otras cosas porque se da cuenta de que esos periodistas que se comportan como ángeles vengadores confunden su gastritis con los males de la patria y después de ponerte el corazón en la garganta se van a un buen restaurante y se zampan un codillo° a tu salud. Por eso en este momento en el telediario acaban de dar la gran noticia y esta pareja no se ha conmovido. "¿Has oído esto, Pepe? Están diciendo que ha comenzado la III Guerra Mundial", exclama la mujer sin dejar de batir los huevos. El marido tampoco levanta la vista del periódico deportivo. ¿Qué deberá producirse en el mundo para que esa ama de casa deje de batir los huevos cinco segundos? Sin duda, algo que sea más importante que una tortilla. Pero, en medio de este desmadre° informativo, ¿qué es más importante que una tortilla de dos huevos? Ésa es la pregunta. ■

average
back
there's a series of (…) that follow each other/
explosive
to avert
not open to appeal
Supreme Court
dig into their dinner
chaos

[1] **juicios sumarísimos** Los juicios que se tramitan (*are carried out*) en un tiempo más breve por su urgencia, por la sencillez del caso o por la importancia del suceso.

Análisis

1 **Comprensión** Contesta las preguntas.

1. ¿Qué está haciendo el ama de casa?
2. ¿Qué está apareciendo en la pantalla del televisor?
3. ¿Por qué la mujer no ha dejado de batir los huevos?
4. Según el autor, ¿qué hacen los periodistas?
5. ¿Cuál es la gran noticia?
6. ¿Qué hace el marido después de oír la noticia?

2 **Interpretar** Trabajen en parejas para contestar las preguntas.

1. ¿Qué quiere decir "esta pareja de españoles ya está desactivada"?
2. ¿Qué concepto tiene el autor de la Justicia? Pongan ejemplos del texto.
3. ¿Qué opinión tiene el autor de los periodistas?
4. ¿Por qué no reacciona la pareja?
5. Según el autor, ¿quiénes son los responsables de esta situación?
6. Expliquen lo que quiere decir el autor cuando escribe lo siguiente: "¿qué es más importante que una tortilla de dos huevos? Ésa es la pregunta." Razonen su respuesta.

3 **Noticias** En parejas, preparen un breve noticiero de televisión con noticias inventadas por ustedes. Cubran las secciones indicadas.

- economía
- política
- noticias internacionales
- cultura y espectáculos
- deportes
- salud

4 **Programa político** En grupos pequeños, imaginen que son asesores (*advisors*) del presidente del gobierno. ¿Qué cambios sugieren en los siguientes apartados (*sections*)? Utilicen el subjuntivo.

Sanidad	*Educación*
Servicios sociales	*Economía*
Transporte	*Relaciones internacionales*
Seguridad	*Trabajo*

5 **Escándalos** En parejas, comenten los titulares. ¿A qué problemas hacen referencia? ¿Tienen solución esos problemas? Después, compartan sus opiniones con la clase.

Un 65% de la población no confía en los políticos.

Desacuerdo internacional para eliminar las armas nucleares.

La protesta contra la globalización acabó de forma violenta.

6 **Candidato** En grupos pequeños, tienen que formar el retrato (*portrait*) del/de la candidato/a ideal para ser presidente del país. Presenten luego su candidato/a a la clase y expliquen por qué creen que es el/la mejor posible.

Candidato/a ideal	
personalidad	
experiencia	
estudios	
imagen	
proyectos	
¿?	

7 **Situaciones** En parejas, elijan una de las situaciones e improvisen un diálogo. Utilicen al menos seis palabras de la lista. Cuando lo terminen, represéntenlo delante de la clase.

PALABRAS

campaña	gobernar	presenciar
delito	guerra	rabia
destrozar	informarse	telediario
duro/a	juzgado	tortilla
forzar	obligar	tragarse

A

Un(a) juez(a) y un(a) abogado/a están discutiendo sobre su próximo juicio. El/La juez(a) quiere que se transmita por televisión y el/la abogado/a se opone. Los/Las dos exponen sus puntos de vista.

B

Dos amigos/as están viendo la televisión. De repente anuncian que la III Guerra Mundial ha empezado. Uno/a quiere ayudar y presentarse como voluntario/a para el ejército. El/La otro/a quiere ir a un sitio seguro hasta que pase la crisis.

Preparación

Sobre el autor

Juan Gelman, nacido en Buenos Aires, Argentina, en 1930, es uno de los más importantes poetas contemporáneos. Su obra fue rápidamente acogida (*received*) por la crítica. Algunos de sus poemarios son: *Cólera buey* (1965), *Los poemas de Sidney West* (1969), *Hechos y relaciones* (1980), *La junta luz* (1985), *Anunciaciones* (1987) y *Salarios del impío* (1993). Ha colaborado en la revista literaria *Crisis* y en los periódicos *La Opinión* y *Página 12*.

Sobre la carta

En 1976, durante la dictadura militar argentina, la policía política fue a la casa del escritor para detenerlo. Al no encontrarlo, secuestraron a su hijo de 20 años y a su nuera también de 20 años, que estaba embarazada. El cuerpo de su hijo fue hallado años más tarde y su nuera sigue en paradero (*whereabouts*) desconocido. Desde ese día fatal, Juan Gelman inició la búsqueda de su nieto o nieta. En el año 2000, localizó a su nieta. Su madre había sido asesinada y la niña había sido secuestrada y posteriormente adoptada por una familia adepta a (*follower of*) la dictadura.

Vocabulario de la lectura

el agujero *hole*
apartar *to pull someone away*
apartarse *to stray*
apoderarse *to take possession*
arrojar *to throw*
asesinar *to murder*
el brillo *sparkle*
el/la cómplice *accomplice*
dar a luz *to give birth*
la falla *flaw*
pícaro/a *cunning*
los restos *remains*
secuestrar *to kidnap*
trasladar *to move*
el varón *man*

Vocabulario útil

el abuso de poder *abuse of power*
ataúd *coffin*
el/la cautivo/a *captive*
conjeturar *to conjecture*
la dictadura *dictatorship*
(in)justo/a *(un)fair*
la lucha *struggle*
la manifestación *demonstration*
preguntarse *to wonder*
la queja *complaint*
el régimen *form of government*
el tribunal *court*

1 **Vocabulario** Conecta la definición con la palabra correspondiente. Después, en parejas, inventen un diálogo usando al menos cuatro palabras de la lista.

1. _____ apoderarse
2. _____ asesinar
3. _____ injusto/a
4. _____ pícaro/a
5. _____ varón

a. Quitar la vida.
b. Alguien con astucia (*shrewdness*).
c. Sinónimo de hombre.
d. No hace justicia.
e. Tomar algo a la fuerza.

2 **Opiniones** En parejas, contesten las siguientes preguntas.

1. ¿Han ido alguna vez a una manifestación? ¿Les gustaría ir a una? ¿Por qué?
2. Hagan una lista de causas por las que lucharían.

Carta abierta a mi nieto

Dentro de seis meses cumplirás 19 años. Habrás nacido algún día de octubre de 1976 en un campo de concentración. Poco antes o poco después de tu nacimiento, el mismo mes y año, asesinaron a tu padre de un tiro en la nuca disparado a menos de medio metro de distancia. Él estaba inerme° y lo asesinó un comando militar, tal vez el mismo que lo secuestró con tu madre el 24 de agosto en Buenos Aires y los llevó al campo de concentración *Automotores Orletti* que funcionaba en pleno Floresta[1] y los militares habían bautizado "el Jardín". Tu padre se llamaba Marcelo. Tu madre, Claudia. Los dos tenían 20 años y vos[2], siete meses en el vientre materno° cuando eso ocurrió. A ella la trasladaron —y a vos con ella— cuando estuvo a punto de parir°. Debe haber dado a luz solita, bajo la mirada de algún médico cómplice de la dictadura militar. Te sacaron entonces de su lado y fuiste a parar° —así era casi siempre— a manos de una pareja estéril de marido militar o policía, o juez, o periodista amigo de policía o militar. Había entonces una lista de espera siniestra para cada campo de concentración: Los anotados esperaban quedarse con el hijo robado a las prisioneras que parían y, con alguna excepción, eran asesinadas inmediatamente después. Han pasado 12 años desde que los militares dejaron el gobierno y nada se sabe de tu madre. En cambio, en un tambor de grasa° de 200 litros que los militares rellenaron° con cemento y arena y arrojaron al Río San Fernando, se encontraron los restos de tu padre 13 años después. Está enterrado en La Tablada. Al menos hay con él esa certeza.

Me resulta muy extraño hablarte de mis hijos como tus padres que no fueron.

unarmed · *womb* · *to give birth* · *ended up* · *grease drum* · *filled*

[1]**Floresta** Un barrio de Buenos Aires donde se encontraba el campo de concentración instalado en la fábrica Automotores Orletti.
[2]**vos** Se usa en lugar del pronombre "tú". Su uso se llama *voseo* y se da en la zona del Río de la Plata y partes de América Central.

No sé si sos[3] varón o mujer. Sé que naciste. Me lo aseguró el padre Fiorello Cavalli, de la Secretaría de Estado del Vaticano, en febrero de 1978. Desde entonces me pregunto cuál ha sido tu destino. Me asaltan ideas contrarias. Por un lado, siempre me repugna la posibilidad de que llamaras "papá" a un militar o policía ladrón de vos, o a un amigo de los asesinos de tus padres. Por otro lado, siempre quise que, cualquiera que hubiese sido el hogar al que fuiste a parar, te criaran y educaran bien y te quisieran mucho. Sin embargo, nunca dejé de pensar que, aún así, algún agujero o falla tenía que haber en el amor que te tuvieran, no tanto porque tus padres de hoy no son los biológicos —como se dice—, sino por el hecho de que alguna conciencia tendrán ellos de tu historia y de cómo se apoderaron de° tu historia y la falsificaron. Imagino que te han mentido mucho.

took

También pensé todos estos años en qué hacer si te encontraba: si arrancarte° del hogar que tenías o hablar con tus padres adoptivos para establecer un acuerdo que me permitiera verte y acompañarte, siempre sobre la base de que supieras vos quién eras y de dónde venías. El dilema se reiteraba cada vez —y fueron varias— que asomaba la posibilidad de que las Abuelas de Plaza de Mayo[4] te hubieran encontrado. Se reiteraba de manera diferente, según tu edad en cada momento. Me preocupaba que fueras demasiado chico o chica —por ser suficientemente chico o chica— para entender lo que había pasado. Para entender por qué no eran tus padres los que creías tus padres y a lo mejor querías como a padres. Me preocupaba que padecieras° así una doble herida, una suerte de hachazo° en el tejido de tu subjetividad en formación. Pero ahora sos grande. Podés[5] enterarte de quién sos y decidir después qué hacer con lo que fuiste. Ahí están las Abuelas y su banco de datos sanguíneos que permiten determinar con precisión científica el origen de hijos de desaparecidos. Tu origen.

snatch you

might suffer

blow of an ax

Ahora tenés[6] casi la edad de tus padres cuando los mataron y pronto serás mayor que ellos. Ellos se quedaron en los 20 años para siempre. Soñaban mucho con vos y con un mundo más habitable para vos. Me gustaría hablarte de ellos y que me hables de vos. Para reconocer en vos a mi hijo y para que reconozcas en mí lo que de tu padre tengo: los dos somos huérfanos° de él. Para reparar de algún modo ese corte brutal o silencio que en la carne de la familia perpetró la dictadura militar. Para darte tu historia, no para apartarte de lo que no te quieras apartar. Ya sos grande, dije.

orphans

Los sueños de Marcelo y Claudia no se han cumplido todavía. Menos vos, que naciste y estás quién sabe dónde ni con quién. Tal vez tengas los ojos verdegrises° de mi hijo o los ojos color castaño de su mujer, que poseían un brillo especial y tierno y pícaro. Quién sabe cómo serás si sos varón. Quién sabe cómo serás si sos mujer. A lo mejor podés salir de ese misterio para entrar en otro: el del encuentro con un abuelo que te espera.

gray-green

12 de abril de 1995

P.D. Automotores Orletti, como es notorio ya, fue centro de la Operación Cóndor[7] en la Argentina. Allí hubo tráfico de embarazadas y de niños secuestrados entre las fuerzas de seguridad de las dictaduras militares del cono sur. Allí operaron represores uruguayos. Mi nieta o nieto, ¿nació en algún centro clandestino de detención del Uruguay?

5 de diciembre de 1998 ■

[3]**sos** Del voseo. Equivalente de la segunda persona del singular del verbo "ser". Se utiliza en lugar de "eres".
[4]**Abuelas de Plaza de Mayo** Organización cuyo objetivo es localizar a todos los niños hijos de desaparecidos secuestrados por la represión política y devolverlos a sus familias legítimas.
[5]**Podés** Equivalente de la segunda persona del singular del verbo "poder". En el voseo, se usa en lugar de "puedes".
[6]**tenés** Equivalente de la segunda persona del singular del verbo "tener". Se utiliza en lugar de "tienes".
[7]**Operación Cóndor** Cuestionada su existencia por algunos, se dice que era una operación dirigida por las dictaduras militares destinada al exterminio de la oposición.

Análisis

1 **Comprensión** Contesta las preguntas.

1. ¿A quién le escribe el autor?
2. ¿Cuántos años va a cumplir el/la nieto/a?
3. ¿Qué le ocurrió al hijo de Juan Gelman?
4. ¿Adónde se llevaron al/a la nieto/a?
5. ¿Cuándo y dónde encontraron el cadáver de su hijo?
6. ¿Qué régimen político había entonces en Argentina?
7. ¿Qué idea le repugna al autor?
8. A pesar de todo, ¿qué quiso siempre para su nieto/a?
9. ¿Para qué quiere Juan Gelman hablar con su nieto/a?

2 **Ampliar** En parejas, contesten las preguntas.

1. ¿Qué creen que le preocupa más a Juan Gelman a la hora de conocer a su nieto/a?
2. ¿Por qué creen que era tan importante para el autor encontrar a su nieto/a? ¿Sería importante para ustedes? ¿Por qué?
3. Expliquen a qué se refiere el autor cuando escribe lo siguiente: "Para darte tu historia, no para apartarte de lo que no te quieras apartar".
4. ¿Conocían la historia de los desaparecidos? ¿Qué piensan sobre los hechos?
5. Cuenten alguna historia similar que conozcan, ya sea de la vida real o de la ficción. ¿Qué ocurrió y dónde?

3 **El abuelo** Como saben, el abuelo encontró a su nieta en el año 2000. La nieta, después de conocer a su abuelo, declaró que quería mucho a su familia adoptiva y que deseaba seguir viviendo en el anonimato. Teniendo en cuenta esta información, contesten estas preguntas en parejas.

1. ¿Cómo creen que reaccionó Juan Gelman ante estas declaraciones? Expliquen su respuesta.
2. ¿Cómo creen que habrían reaccionado ustedes en el lugar del poeta? ¿Por qué?
3. ¿Qué creen que habrían hecho ustedes en el lugar de la nieta? Razonen su respuesta.

4 **Mentiras** Juan Gelman se imagina que le han mentido mucho a su nieta. En parejas, van a contestar estas preguntas sobre la mentira.

1. ¿Creen que a veces es necesario mentir? ¿Por qué?
2. Comenten una historia en la que les hayan mentido o en la que ustedes lo hayan hecho. ¿Perdonaron la mentira? ¿Les perdonaron a ustedes?
3. ¿Conocen a alguien que mienta mucho? ¿Por qué creen que lo hace?

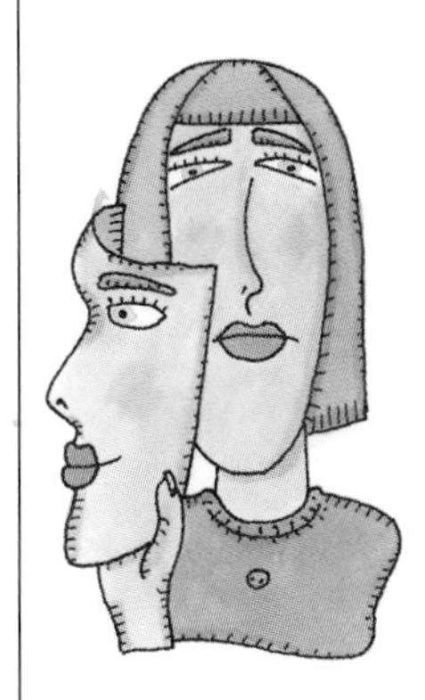

5 **El poder** En grupos pequeños, contesten las preguntas.

1. ¿Qué es, según ustedes, el abuso de poder?
2. ¿Conocen algún caso de abuso de poder? Den ejemplos.
3. ¿Creen que los ciudadanos tenemos los medios necesarios para luchar contra el abuso de poder?
4. ¿Cómo creen que reaccionarían si sufrieran este tipo de abuso?

6 **Luchadores** En parejas, elijan una historia que conozcan de alguna persona que haya luchado contra una injusticia del sistema en la vida real o en la ficción. Escriban la historia, usando el subjuntivo, y compártanla con la clase cuando la hayan terminado.

7 **Mini-juicios** En grupos de tres, elijan uno de los siguientes casos y preparen un pequeño juicio. Un(a) compañero/a será el/la juez(a) y los otros representarán las posturas opuestas en cada tema. El/La juez(a) hará algunas preguntas y al final dará su veredicto.

- Quemar la bandera. ¿Libertad de expresión?
- Uniforme en la escuela. Códigos para el vestir. ¿Son necesarios?
- Ley de prohibición del tabaco. ¿Intromisión (*Interference*) en los derechos individuales?

8 **Situaciones** En parejas, elijan una de las situaciones e improvisen un diálogo. Utilicen al menos seis palabras de la lista. Cuando estén listos, represéntenlo delante de la clase.

PALABRAS

cómplice	forzar	queja
dar a luz	injusto/a	secuestrar
destrozar	lucha	trasladar
dictadura	obligar	tribunal

A

Uno/a de ustedes acaba de descubrir que la que creía que era su familia biológica no lo es. Habla con un miembro de la familia adoptiva para preguntarle lo que pasó.

B

Dos amigos/as están hablando de la guerra. Uno/a defiende el servicio militar obligatorio (*draft*) en casos de guerra. El/La otro/a piensa que sólo deben ir los militares profesionales.

Preparación

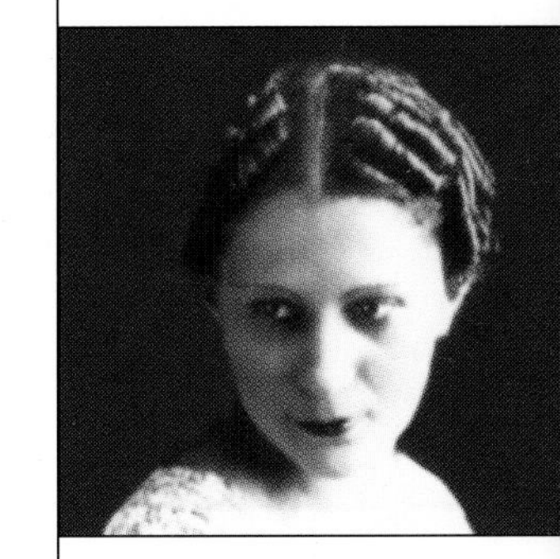

Sobre la autora

Julia de Burgos nació en Puerto Rico en 1914 y falleció en Nueva York en 1953. Aunque una buena parte de su vida estuvo marcada por la pobreza y la desesperación, consiguió el reconocimiento literario a los pocos años de comenzar su carrera como escritora. En 1938 publicó "Poema en veinte surcos" y en 1939 "Canción de la verdad sencilla", poemario premiado por el Instituto de Literatura Puertorriqueña. Su influencia en el ambiente literario de Puerto Rico se basa en su ideología nacionalista y su condición de pionera del feminismo y de la liberación de la mujer. En el marco de la poesía estadounidense –Julia de Burgos pasó los últimos años de su vida en Nueva York y escribió varios libros en inglés– sus poemas son vistos por la crítica moderna como influencia de otras grandes poetas, como Sylvia Plath y Adrienne Rich, por su lirismo, contenido sensual y las conexiones que establece entre la historia, la política, el amor y el feminismo. A pesar de su corta vida, está considerada una de las grandes poetisas de Latinoamérica.

Vocabulario de la lectura		Vocabulario útil
asomar *to reveal*	**el porvenir** *future*	**(in)conformista** *(non)conformist*
el brote *bud; shoot*	**la rama** *branch*	**cambiar de opinión** *to change one's mind*
burlar *to get around, to evade*	**rasgar** *to tear*	**decidido/a** *determined*
el sendero *path*	**resistir** *to stand*	**la esencia** *essence*
el deseo *wish, desire*	**el rumbo** *direction*	**la existencia** *existence*
el desfile *parade*	**el sentimiento** *feeling*	**el lema** *motto*
desprendido/a *detached*	**el ser** *being*	**liberarse (de)** *to free oneself (from)*
el equilibrio *balance*	**torcer** *to twist*	**poderoso/a** *powerful*
el paso *step*	**el tronco** *trunk*	**la rebeldía** *rebelliousness*

1 **Ciertamente falso** Cada una de las afirmaciones contiene información incorrecta. Identifícala y corrígela para que todas las afirmaciones sean ciertas.

1. Dice el dicho que una persona ha perdido el norte cuando viaja sin tronco.
2. Cuando un dolor es insoportable decimos que no hay quien lo tuerza.
3. Un brote es una frase que expresa un pensamiento o una filosofía que le sirve de guía de conducta a alguien.
4. Una persona decidida es cobarde y siempre evita nadar contra corriente.

2 **Libertad vs. Poder** En parejas, contesten las preguntas y razonen sus respuestas.

1. ¿Consideras que tener poder es una bendición o una maldición?
2. ¿Te da miedo la idea de ser poderoso/a o todo lo contrario?
3. ¿Sientes que eres libre o te sientes atado/a? ¿A qué o a quién?
4. ¿Es el poder cosa de hombres o es un instinto humano?
5. ¿La libertad da poder? ¿El poder da libertad?
6. ¿Te hace sentir superior o inferior el simple hecho de ser hombre o mujer?

Yo misma fui mi ruta

Yo quise ser como los hombres quisieron
que yo fuese:
un intento de vida;
un juego al escondite° con mi ser.
Pero yo estaba hecha de presentes,
y mis pies planos° sobre la tierra promisora°
no resistían caminar hacia atrás,
y seguían adelante, adelante,
burlando las cenizas° para alcanzar el beso
de los senderos nuevos.

A cada paso adelantado en mi ruta hacia el frente
rasgaba mis espaldas el aleteo° desesperado
de los troncos viejos.

Pero la rama estaba desprendida para siempre,
y a cada nuevo azote° la mirada° mía
se separaba más y más y más de los lejanos
horizontes aprendidos:° y mi rostro iba tomando
la expresión que le venía de adentro,
la expresión definida que asomaba un sentimiento
de liberación íntima;
un sentimiento que surgía°
del equilibrio sostenido° entre mi vida
y la verdad del beso de los senderos nuevos.

Ya definido mi rumbo en el presente,
me sentí brote de todos los suelos° de la tierra,
de los suelos sin historia,
de los suelos sin porvenir,
del suelo siempre suelo sin orillas°
de todos los hombres y de todas las épocas.

Y fui toda en mí como fue en mí la vida...

Yo quise ser como los hombres quisieron
que yo fuese:
un intento de vida;
un juego al escondite con mi ser.
Pero yo estaba hecha de presentes;
cuando ya los heraldos[1] me anunciaban°
en el regio° desfile de los troncos viejos,
se me torció° el deseo de seguir a los hombres,
y el homenaje° se quedó° esperándome. ■

game of hide-and-seek
flat/full of promise
ashes
flapping, beating
lash/look
familiar
arose
balance kept
lands
limits, borders
announced me
regal, royal
I gave up
homage, tribute/ remained; was left

[1]**heraldo** *persona que va al frente de un grupo de distinguidas personalidades anunciándolo a su paso entre el público*

Análisis 

1 Comprensión Contesta las preguntas.

1. ¿Es la poeta conformista o individualista?
2. Según ella, ¿cómo querían los hombres que ella fuera?
3. ¿Por qué decidió no seguir la ruta trazada (*layed out*) por los hombres?
4. ¿Es fácil su marcha hacia adelante? ¿Cómo lo sabes?
5. ¿Cómo le afecta ser su propia ruta?
6. ¿Cuáles son algunas palabras y frases que utiliza para representar aquello de lo que quiere escapar del pasado? ¿Cuáles utiliza para representar la ruta individual que quiere tomar en el presente?

2 Interpretación En parejas, analicen e interpreten los versos en el contexto del poema y expliquen qué quería resaltar (*highlight*) la poeta con las palabras marcadas en rojo.

1. "mis pies planos sobre la tierra promisora"
2. "yo estaba hecha de presentes"
3. "un intento de vida; un juego al escondite con mi ser"
4. "burlando las cenizas para alcanzar el beso de los senderos nuevos"
5. "el aleteo desesperado de los troncos viejos"
6. "y mi rostro iba tomando la expresión que le venía de adentro"
7. "un sentimiento de liberación íntima"
8. "me sentí brote de todos los suelos de la tierra"
9. "se me torció el deseo de seguir a los hombres"
10. "el homenaje se quedó esperándome"

3 Ampliación Contesten las preguntas en grupos de tres. Razonen sus respuestas e ilústrenlas con ejemplos del poema cuando sea necesario.

1. ¿Cómo informa el título del contenido del poema?
2. ¿Qué recursos utiliza la poeta para transmitir su mensaje? ¿Son eficaces?
3. Escriban una lista de los términos relacionados con el mundo natural. ¿Cómo los utiliza y qué importancia tienen en el contenido del poema?
4. ¿Encuentran alguna conexión entre estos términos y el lugar de origen de la poeta?
5. ¿Es la "liberación íntima" a la que se refiere la poeta la panacea de su felicidad?
6. ¿Es la nacionalidad de la poeta relevante en este poema? ¿Y su condición de mujer? ¿Cómo?

4 La liberación de la mujer En grupos de cuatro, contesten las preguntas y amplíen sus respuestas con sus conocimientos y/o dudas sobre el movimiento feminista.

1. ¿Respeta nuestra sociedad la personalidad femenina?
2. ¿Consideran que en otros países se respeta a las mujeres más, o menos, que en el suyo?
3. ¿Ha progresado el papel (*role*) de la mujer en la sociedad gracias al movimiento feminista? ¿Cómo?
4. ¿Ha perjudicado (*hurt*) el movimiento feminista de alguna manera a las mujeres?
5. ¿Cuál es el próximo paso (*step*) que deben tomar las mujeres en la sociedad actual?
6. ¿Admiran a alguna líder feminista de su país o de otro?

5 **El poder supremo** En grupos de cuatro, decidan qué tipo de poder es el más valorado (*coveted*) en la sociedad actual y luego razonen su elección. Consideren estas posibilidades y añadan otras. Después, discutan entre todos sobre las semejanzas y diferencias que encuentran entre el "poder" del que nos habla Julia de Burgos en su poema y el poder que ustedes han elegido por mayoría como "supremo". ¿Es el poder entendido como supremo, el poder verdadero?

- Cargo político
- Prestigio social
- Dinero
- Popularidad
- Fama
- Fe

6 **Citas** Comenten las citas en grupos de cuatro. ¿Comparten su mensaje?

"El poder es como un explosivo, si no se maneja con cuidado, estalla." *Enrique Tierno Galván*

"Casi todos podemos soportar la adversidad, pero si queréis probar el carácter de un hombre, dadle poder." *Abraham Lincoln*

"La pasión de dominar es la más terrible de todas las enfermedades del ser humano." *Voltaire*

"Todo poder humano se forma de paciencia y tiempo." *Ralph Waldo Emerson*

"El hombre más poderoso es el que es dueño de sí mismo." *Séneca*

7 **Situaciones** En parejas, elijan una situación e improvisen un diálogo basado en ella. Usen al menos seis palabras de la lista. Cuando estén listos, represéntenlo delante de la clase.

PALABRAS

cambiar de opinión	**existencia**	**porvenir**
conformista	**lema**	**resistir**
decidido/a	**liberarse de**	**sentimiento**
deseo	**poderoso/a**	**ser**

A

Dos amigos/as muy diferentes se psicoanalizan mutuamente. Uno/a nunca tiene dudas sobre nada y habla como si lo supiera todo; el/la otro/a nunca está seguro/a de nada y no habla por no equivocarse y no herir los sentimientos de los demás. Intentan descubrir el origen de la confianza y la inseguridad.

B

Estás a punto de casarte con un hombre/mujer muy poderoso/a. Tu mejor amigo/a intenta convencerte de que no lo hagas porque teme que pierdas tu identidad, tu personalidad y no desarrolles tu propio potencial como persona. Cada uno expone sus razones para hacerlo y no hacerlo.

Preparación

Sobre el autor

Ricardo Peláez nació en la Ciudad de México el 28 de septiembre de 1968. Como historietista (*comic writer*), ha ganado varios reconocimientos entre los que destacan una mención honorífica en el Tercer Encuentro Iberoamericano de Historietas en La Habana, Cuba, con la historia *Madre Santa* y el primer lugar en el concurso de la Semana Negra de Gijón, España, con la historieta *El Antojo*. En 1998 publicó *Fuego Lento*, una selección de sus mejores trabajos, la mayoría publicados en la revista *El Gallito Cómics*.

Vocabulario de la tira cómica

el altavoz *loudspeaker*
echar de menos *to miss*
inédito/a *unprecedented*
fulminante *sudden and devastating*
justo *just*
el radiolocalizador *beeper*
soleado/a *sunny*
tibio/a *lukewarm*
trinar *to sing (as a bird)*

Vocabulario útil

el aislamiento *isolation*
alienado/a *alienated*
el robot *robot*

1 **¿Te gusta la tecnología?** Contesta las preguntas y, si respondes afirmativamente a las cuatro, te puedes considerar un(a) fan de la tecnología.

1. ¿Tienes en casa muchos aparatos tecnológicos? ¿Son necesarios?
2. ¿Estás siempre informado/a de los últimos avances tecnológicos?
3. Si te dieran a escoger entre comprar un producto en una tienda o en Internet, ¿escogerías hacer la compra en línea? ¿Por qué?
4. ¿Te gustaría tener un robot? ¿Qué te gustaría que hiciera?

Análisis

1 **Concepto** En parejas, contesten las preguntas.

1. ¿Qué es, según ustedes, lo que el autor quiere comunicarnos en esta tira cómica?
2. ¿Creen que el autor está dándonos una visión muy pesimista o muy realista del futuro del mundo? ¿Por qué?
3. ¿De qué manera creen que se puede minimizar el impacto negativo que la tecnología pudiese ocasionar en nuestra vida diaria?

2 **¿Nos ayudan?** En parejas, hagan una lista de las ventajas y desventajas de cada uno de los medios tecnológicos que se mencionan en la tira cómica: Internet, el teléfono celular, el video-teléfono, el organizador personal y el radiolocalizador. Después, compartan sus listas y coméntenlas con la clase.

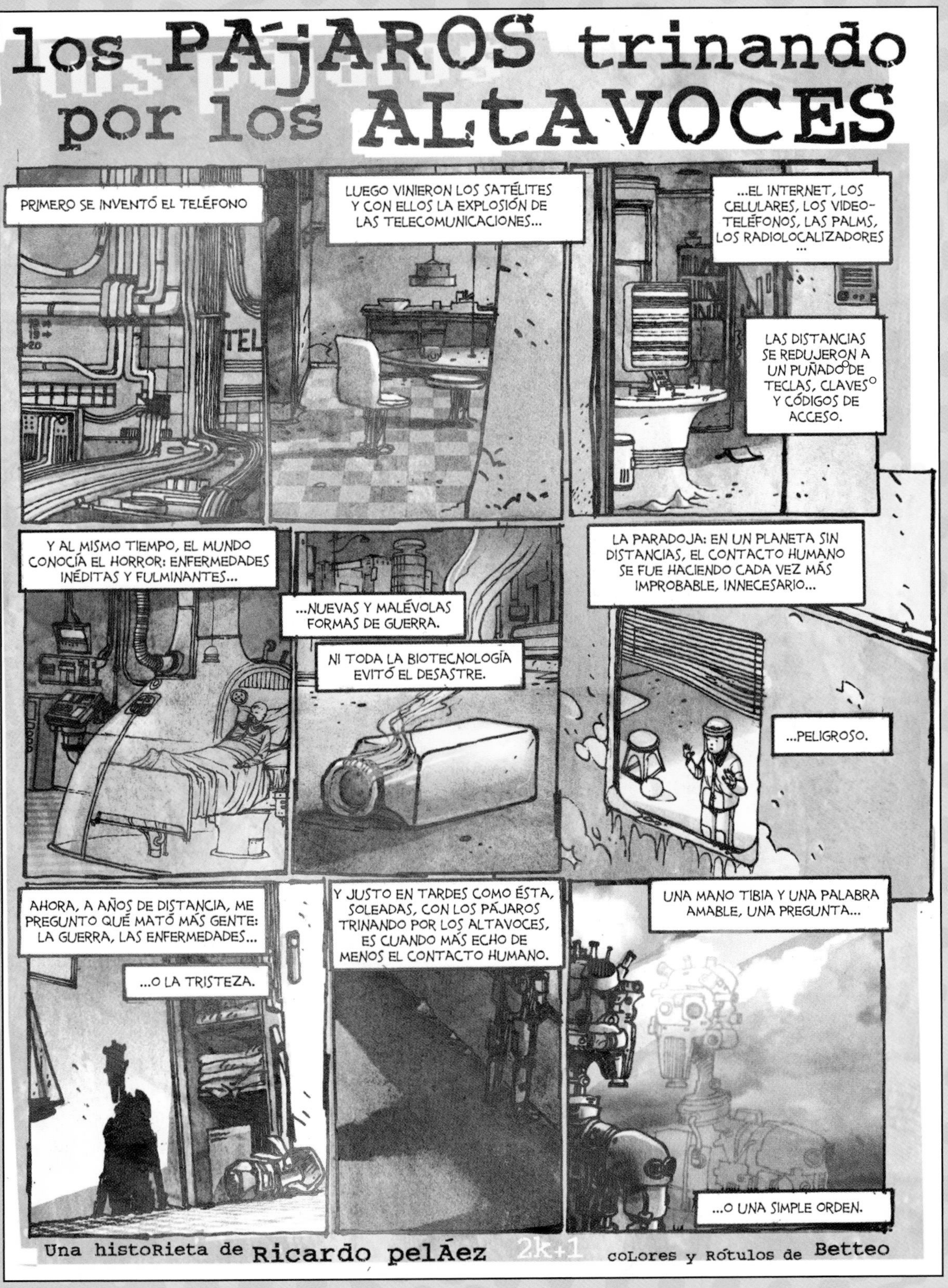

reducir

handful
keys

Escribe una carta al Presidente

Ahora tienes que escribirle una carta al Presidente del país. En ella debes mencionar con qué estás de acuerdo o en desacuerdo y por qué, darle las gracias por su trabajo, pedirle una reforma o darle tu opinión sobre un tema de tu interés. Vas a necesitar el subjuntivo.

Plan de redacción

Planea

1 **Elige el tema** Selecciona un tema que te interese: social, económico, educativo, etc. ¿Crees que se necesita un cambio en esa área? ¿Te gustan las últimas leyes que se han aprobado?

2 **Haz un esquema** Prepara cinco opiniones o sugerencias sobre ese tema.

Escribe

3 **Encabezado** Inicia la carta con el lugar y la fecha desde donde escribes. También debes dirigirte al Presidente con formalidad. Aquí tienes algunos ejemplos.

- Su Excelencia Presidente (escribe el nombre del presidente)
- Presidente de (escribe el nombre del país)

4 **Contenido** Aquí escribes tus opiniones o recomendaciones.

5 **Despedida** Incluye una frase de despedida. Puedes elegir una de las siguientes.

- Saludándole atentamente,
  (escribe tu nombre y tus datos)
- En espera de su oportuna respuesta, me despido de usted atentamente,
  (escribe tu nombre y tus datos)

Comprueba y lee

6 **Revisa** Lee tu carta para mejorarla.

- Elimina las redundancias.
- Comprueba el uso correcto de los tiempos verbales.
- Asegúrate de que usas el subjuntivo adecuadamente.

7 **Lee** Lee la carta a tus compañeros de clase. Ellos tomarán notas y, cuando hayas terminado de leer, tienes que estar preparado/a para contestar sus preguntas.

La globalización: ¿a favor o en contra?

Hoy en día es casi imposible leer el periódico sin encontrar una noticia sobre la globalización. Y ustedes, ¿qué piensan de este fenómeno? ¿Están a favor o en contra?

1. La clase se divide en grupos pequeños. Cada grupo tiene que escribir una definición de lo que es la globalización. Después, contesten las preguntas.
   - ¿Qué aspectos positivos tiene?
   - ¿Qué aspectos negativos tiene?

   Cuando hayan acabado, decidan si están a favor o en contra y por qué.
2. Luego, los grupos leen sus respuestas y sus conclusiones mientras la clase toma nota. En el caso de que no todos los miembros del grupo estén de acuerdo, digan que dentro del grupo hay distintas opiniones y expliquen cuáles son.
3. Cuando todos los grupos terminen sus presentaciones, toda la clase debe participar haciendo preguntas y/o defendiendo sus opiniones.

LECCIÓN 5

El laboratorio de la literatura

Los sentimientos son emociones que experimentamos hacia lo vivido o imaginado. Alegría, miedo, tristeza, amor y esperanza son algunos de ellos. Los compartimos con los amigos, con la familia, con la pareja e incluso con los desconocidos y, por supuesto, leemos sobre ellos en la literatura. ¿Has pensado alguna vez sobre qué escribiría un escritor si la tristeza y el amor no existieran?

¿Cuál es el último libro que has leído? ¿Te gustó?

¿Te gusta mostrar tus sentimientos?

¿Te enamoras fácilmente?

118

126

143

Preparación

Vocabulario del corto

el/la albañil *mason*
el caos *chaos*
cobrar *to charge; to collect money owed*
concentrarse *to concentrate*
desesperante *exasperating*
desperdiciar *to waste*
el/la (empleado/a) doméstico/a *maid*
eficaz *efficient*
esconder *to hide*
insoportable *unbearable*
la lágrima *tear*
el llanto *crying*
la misa *mass*
la pelea *argument*
pelear *to argue*
provisorio/a *temporary*
el puñetazo *punch*
el renglón *line*

Vocabulario útil

alcohólico/a *alcoholic*
el armario *closet*
el bloqueo mental *mental block*
la creencia *belief*
el/la creyente *believer*
el chisme *piece of gossip*
desordenado/a *untidy, messy*
el/la difunto/a *deceased*
fisgonear *to nose around*
la inspiración *inspiration*
inspirado/a *inspired*
inspirar *to inspire*
inspirarse *to be inspired*
quejarse *to complain*

EXPRESIONES

A mí me da pena. *I feel sorry.*
¡Me da ánimo! *It gives me spirit!*
No puedo andar eligiendo. *I can't be choosy.*
¡Qué mujer repelente! *What a revolting woman!*
¡Se pone de pesada! *She is so annoying!*
¡Siempre encima mío! *Always breathing down my neck!*

1 **Vocabulario** Completa las oraciones con la opción correcta.

1. He venido a __________ lo que me debes.
   a. desperdiciar b. cobrar c. pelear
2. __________ en casas ajenas (*other people's*) es de mala educación.
   a. Quejarse b. Inspirarse c. Fisgonear
3. Dice que el olor de las flores no sólo la relaja, sino que la __________.
   a. desperdicia b. inspira c. pelea
4. Te mereces un __________ por el mal rato que me hiciste pasar.
   a. puñetazo b. albañil c. armario
5. Con tanto ruido aún no he escrito ni un __________.
   a. difunto b. eficaz c. renglón

2 **Sinónimos y antónimos** Relaciona cada palabra con dos sinónimos y dos antónimos.

1. caos
2. desperdiciar
3. pelea
4. provisorio

confusión	acuerdo
desorden	ahorrar
discusión	comprensión
lucha	economizar
malgastar	eterno
provisional	orden
temporal	organización
tirar	permanente

3 **La inspiración** Trabajen en grupos de tres para contestar las preguntas. Después, analicen las citas y compartan sus respuestas y opiniones con la clase.

1. ¿Qué es la inspiración y cómo funciona? ¿Quién la busca y para qué?
2. ¿Qué significa para ustedes estar inspirado/a? ¿Qué les inspira?

a. "La inspiración existe, pero tiene que encontrarte trabajando." Pablo Picasso
b. "Nada es más nocivo (*harmful*) para la creatividad que el furor (*enthusiasm*) de la inspiración." Umberto Eco
c. "Inspiración y genio son casi la misma cosa." Victor-Marie Hugo

4 **La literatura** En parejas, háganse las preguntas y compartan sus respuestas con la clase. Después, todos juntos, hagan una lista con algunos de los temas que creen que han inspirado a los escritores a lo largo de la historia.

1. ¿Cuál es la función de la literatura? ¿Y la del escritor?
2. ¿Creen que el escritor nace o se hace?
3. ¿Qué características creen que son indispensables para ser un buen escritor?
4. ¿Sería posible la literatura si el ser humano no tuviera sentimientos? ¿Por qué?

5 **El trabajo** En grupos de tres, hagan dos listas. Una con los trabajos y/o profesiones que consideran interesantes y otra con los que consideran poco interesantes. Después, contesten las preguntas y compartan sus respuestas con la clase.

1. ¿Qué tienen en común las profesiones de cada lista?
2. ¿En qué tipo de trabajos y/o profesiones no les gustaría participar? ¿Por qué?
3. ¿Qué harían si tuvieran que trabajar para o con una persona que no les cayera bien (*with whom you didn't get along*)?

6 **¿Somos lo que leemos?** En parejas, jueguen al "Dime qué lees y te diré quién eres". Háganse las preguntas y, después, intenten adivinar la personalidad de su compañero/a a partir de sus gustos y hábitos literarios. ¿Adivinaron?

1. ¿Lees? ¿Por qué y con qué frecuencia?
2. ¿Qué tipo de libros te gusta leer y qué temas te interesan más?
3. ¿Qué buscas en un libro?
4. ¿Escribes? ¿Por qué? Si no escribes, ¿te gustaría hacerlo? ¿Por qué?

7 **Anticipar** En parejas, miren el fotograma e imaginen lo que va a ocurrir en el cortometraje.

- ¿Qué relación hay entre estos personajes?
- ¿Cuál es su profesión?
- ¿Qué han hecho antes de este momento y qué van a hacer cuando terminen de almorzar?

UN DÍA CON ÁNGELA

Un día inolvidable.

"Selección de la crítica" Festival de Cine de San Sebastián, 1995
"Premio FIPRESCI" Festival de Cine de Mannheim-Heildelberg, 1994
"Premio al mejor cortometraje de ficción" Revista de cine *Sin Cortes, 1993*

Una producción del **INSTITUTO NACIONAL DE CINEMATOGRAFÍA, ARGENTINA**
Dirección **JULIA SOLOMONOFF** Guión **MARCELO BIRMAJER/JULIA SOLOMONOFF**
Productores **JUAN BUCICH/FABIANA CASTAÑO** Fotografía **DANIEL SOTELO**
Edición **PABLO MARI** Sonido **DAVID MANTECÓN** Dirección de Arte **MARCELA BAZZANO**
Actores **LIDIA CATALANO/DARÍO TANGELSON**

Ficción / 16 mm / Color / Sonido óptico / 2000

FICHA **Personajes** Ángela, Escritor **Duración** 29 minutos **País** Argentina

ESCENAS 

Ángela No, a mí no me gustaría vivir acá[1]. ¡Mucho ruido! Una cosa desesperante. ...Me vine sola, a los diecisiete. Después conocí a Pedro, que era albañil. Tuvimos tres criaturas[2]. Los domingos hacíamos[3] la casa todos juntos... ¡Qué peleas!

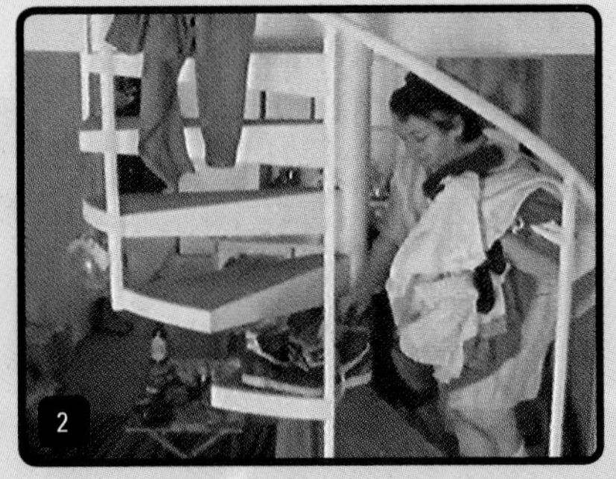

Ángela El señor Moncalvo no está nunca. Hace un año que trabajo para él, pero lo vi dos veces. Antes él estaba casado, pero ella lo dejó, porque él tomaba. Le debe plata a medio mundo. Antes lo llamaban todo el tiempo, siempre alguno que quería cobrar.

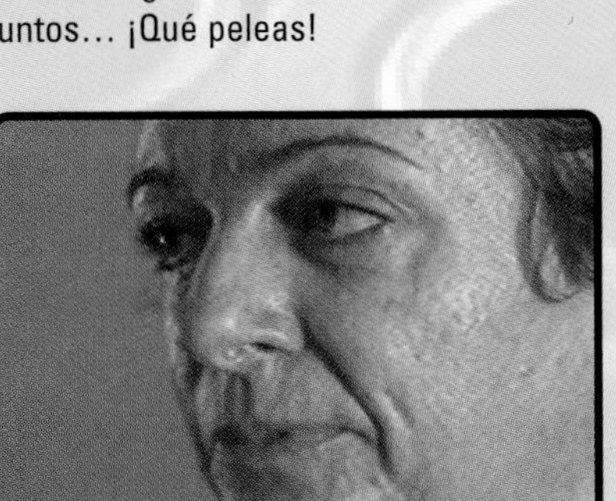

Ángela ...Yo no me acuerdo de lo malo. Me acuerdo de los momentos de felicidad... Antes que empezara a tomar, antes que pasara lo peor, mi Pedro era un hombre fuerte, sano... ¡Y cómo bailaba! En los bailes, las mujeres lo miraban, pero yo era la que lo abrazaba.

Ángela La señorita Lubman tendrá unos treinta años. Es una chica saludable, tiene amigos, pero no le duran mucho que digamos. Nos hicimos amigas. Un día yo llegué y estaba ella con los ojos llorosos. Y me decía: "quiero dormir, dormir y no despertarme..."

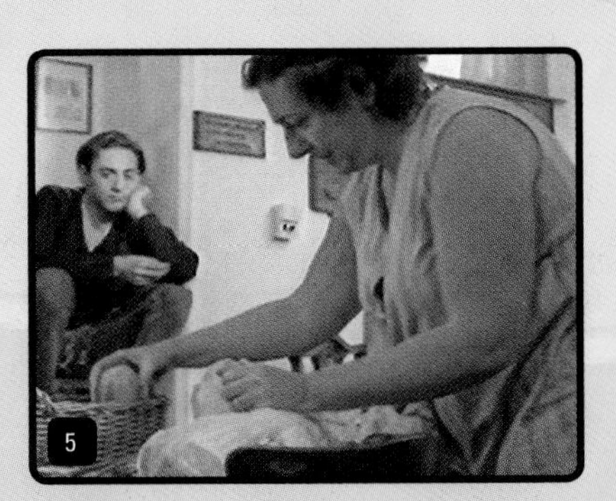

Escritor (*para sí mismo*) ¿Una computadora? Sí, podría escribir más... Y un sillón muy cómodo, ¿para leer? No, me quedaría dormido. ¿Y si me fuera al campo? No, tampoco. ¿Mudarme? Puede ser. Me gusta ver cómo limpia Ángela. Es eficaz, es simétrica...

Ángela Usted se parece a la Yoli, tan buenita cuando era chiquita. Una vez, a la Yoli la eligieron para hacer de dama antigua[5]. Estábamos orgullosos. ¡La Yoli parecía una reina! Todo estuvo bien hasta que trajeron las empanadas[6] con el vino. "¡No tomés[7] Pedro, justo hoy!

[1] *here* [2] *babies* [3] *built* [4] *money* [5] *to play a lady from olden times* [6] *pastries* [7] *Don't drink!*

Nota CULTURAL

Igual que en otros países de Latinoamérica, el servicio doméstico es en Argentina un sector laboral importante en el cual trabajan principalmente mujeres de bajos ingresos y pocas opciones laborales. Las funciones y categorías de estas empleadas domésticas varían. Algunas sólo trabajan por horas y son contratadas exclusivamente para limpiar. Otras, trabajan ocho horas y, además de limpiar, sus tareas incluyen cocinar, lavar y planchar la ropa, hacer la compra, llevar a los niños a la escuela. Y luego están las empleadas que viven en la casa donde trabajan, conocidas como *mucamas.*

EN PANTALLA

Emparejar Relaciona los personajes con sus profesiones.

1. Ángela
2. joven
3. Pedro
4. Sr. Moncalvo
5. Srta. Lubman
6. Sr. Cardoza
7. Sra. Doris

a. piloto
b. doméstica
c. doctor
d. *no se dice*
e. escritor
f. albañil
g. redactora
h. camarero
i. escritora

Análisis

1 **Comprensión** Contesta las preguntas.

1. ¿Quién es Ángela y a qué se dedica?
2. ¿Qué papel encarna (*embodies*) el personaje masculino?
3. ¿Qué relación une a los dos personajes?
4. ¿Por qué pasan un día juntos?
5. ¿Qué hace Ángela mientras limpia?
6. ¿Qué hace él mientras Ángela limpia?
7. ¿Cómo murió el esposo de Ángela? ¿Por qué?

2 **Interpretar** En parejas, contesten las preguntas.

1. ¿Le gusta a Ángela su trabajo?
2. ¿Está satisfecha con su vida?
3. ¿Cómo era su relación con su esposo?
4. ¿Por qué dice que le debe el llanto y un puñetazo?
5. ¿De dónde saca fuerzas Ángela?
6. ¿Qué descubre el escritor durante el día que pasa con Ángela?

3 **Profundizar** En grupos de tres, contesten las preguntas.

1. ¿Qué importancia tiene en esta historia la clase social y el trabajo de Ángela?
2. ¿Es importante la vida de Ángela para el escritor? ¿Por qué?

4 **Vidas privadas** En grupos pequeños, den vida a un personaje imaginario. Descríbanlo desde el punto de vista de una empleada doméstica que le limpia la casa dos veces por semana. Usen la información del diagrama que consideren necesaria y compartan después su personaje con la clase.

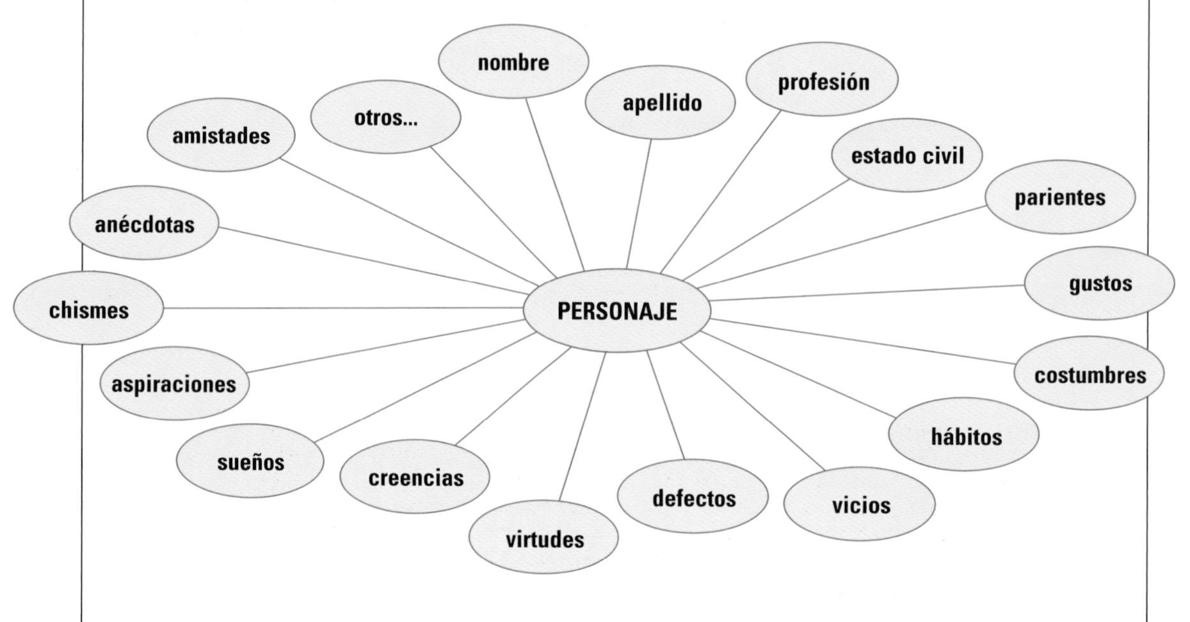

5 **Contextos** En grupos pequeños, digan quién dice cada cita, en qué momento y qué tipo de personas creen que son a partir de (*based on*) lo que dicen. Después, opinen sobre el significado de las afirmaciones y compartan sus opiniones con la clase. Vuelvan a ver el corto si es necesario.

1. "Una se siente muy sola en este trabajo."
2. "Hay que ser positivo. Le da un brillo a la vida."
3. "Las mujeres siempre parecemos más grandes que los hombres."
4. "Yo no dejo solo ni a un perro."
5. "Ángela saca fuerzas de su trabajo. Hace algo por los demás. Se siente útil."
6. "No rece por mí, mi alma ya se ha salvado. Rece por todas esas almas, perdidas en la ciudad."
7. "Ángela vuelve a casa. Todos vuelven a sus casas."

6 **El baile** En grupos pequeños, comenten qué ilustra este momento. ¿Cómo se llega a él? ¿Qué pasa mientras están bailando? ¿Cómo reaccionan ambos personajes después de ese incidente? ¿Por qué? Vuelvan a ver el corto si es necesario.

7 **Situaciones** En parejas, elijan una de las situaciones e improvisen un diálogo. Utilicen al menos seis palabras de la lista. Cuando estén listos, represéntenlo delante de la clase.

PALABRAS

alcohólico/a	**creencia**	**inspirar**
bloqueo mental	**desordenado/a**	**inspirarse**
caos	**desperdiciar**	**pelear**
cobrar	**fisgonear**	**provisorio/a**
concentrarse	**inspiración**	**quejarse**

A

Dos escritores/as principiantes están trabajando cada uno/a en su primera novela y comparten consejos. No se ponen de acuerdo en cuál es el ambiente ideal para escribir ni en cuál es el mejor tema para conseguir un superventas (*best-seller*).

B

Un día tú llegas a tu casa antes de lo habitual y te encuentras a un(a) vecino/a en tu habitación mirando y tocando todas tus cosas. Él/Ella dice que buscaba inspiración para su novela. Tú no te lo crees y discuten.

El subjuntivo II

SUPERSITE

Recuerda

Las oraciones subordinadas adjetivas cumplen la misma función que los adjetivos: acompañan y modifican un nombre. Las oraciones subordinadas adverbiales cumplen la misma función que los adverbios: modifican la oración principal y expresan circunstancias bajo las que tiene lugar la acción que indica el verbo principal.

El subjuntivo en oraciones subordinadas adjetivas

- Se usa el subjuntivo en las oraciones subordinadas que se refieren a una persona, lugar o cosa que no existe o que no se conoce su existencia. En el caso contrario, es decir, cuando la persona, lugar o cosa se conoce, es necesario el indicativo.

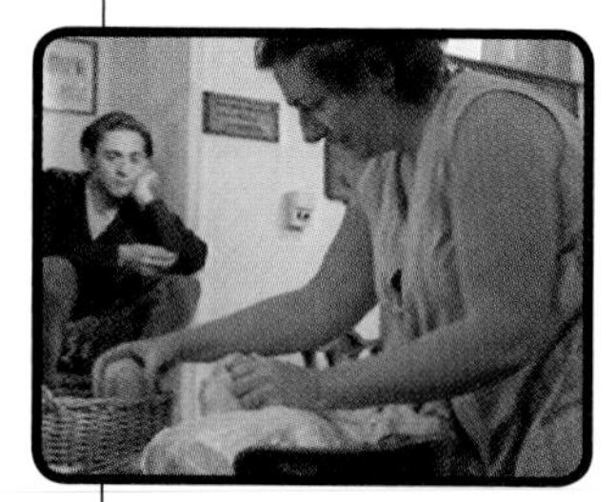

INDICATIVO

Ángela busca la nota ***que le dejó*** *al señor Moncalvo.*

SUBJUNTIVO

Él busca temas ***que le inspiren****.*

- Cuando una oración subordinada adjetiva modifica un antecedente negativo, el verbo de la oración subordinada tiene que estar en subjuntivo.

  Él no conoce a ***ningún*** *escritor que* ***viva*** *en su barrio.*

  El escritor no encuentra ***nada*** *que le* ***inspire****.*

- La **a** personal no se usa cuando el objeto directo es desconocido. Sin embargo, cuando el objeto directo es **nada, ninguno/a** o **alguien,** la **a** personal es necesaria.

  Necesitaba ***una persona*** *que le limpiara la casa.*

  El escritor no conocía ***a nadie*** *que fuera como ella.*

- El subjuntivo también se utiliza cuando alguien hace preguntas para obtener información sobre algo de lo que no está seguro. Si la persona que contesta conoce la respuesta, usará el indicativo.

—¿Conoces a alguien que ***sea*** *redactor?*

—Sí, la señorita Lubman ***es*** *redactora.*

El subjuntivo en oraciones subordinadas adverbiales

- Cuando las conjunciones temporales o las concesivas indican una acción futura, se utiliza el subjuntivo.

  *Ángela le dijo: "Come algo **cuando tengas** hambre."*

  *El escritor quería quedarse **hasta que** ella **terminara**.*

- Cuando estas conjunciones van seguidas de una acción que ya ha ocurrido o que ocurre habitualmente, se usa el indicativo.

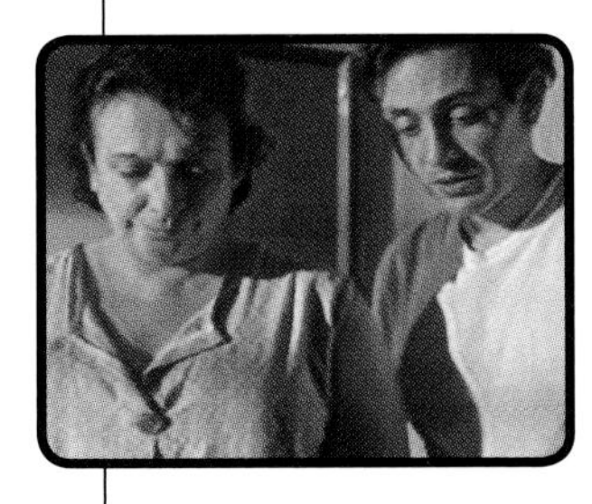

*Ángela se preocupó **cuando** él **rompió** el jarrón.*

*Ellos estuvieron juntos **hasta que** ella **terminó**.*

- Algunas conjunciones siempre requieren subjuntivo en la oración subordinada.

Conjunciones que siempre requieren subjuntivo	
a menos que *unless*	**en caso de que** *in case*
antes de que *before*	**para que** *so that*
con tal de que *provided that*	**sin que** *without, unless*

*Ángela lo dejó acompañarla **con tal de que** no **interrumpiera** su trabajo.*

*El escritor la sigue **sin que** ella lo **sepa**.*

AYUDA

- Conjunciones concesivas

a pesar de que *despite*
aunque *although; even if*

- Conjunciones temporales

cuando *when*
después (de) que *after*
en cuanto *as soon as*
hasta que *until*
luego que *as soon as*
mientras que *while*
tan pronto como *as soon as*

Práctica

1 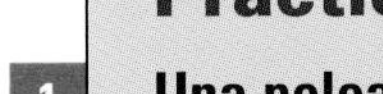

Una pelea Dos amigos/as tienen que ir a una fiesta pero, poco antes, empiezan a discutir. En parejas, completen las siguientes oraciones de una forma lógica. Después, tienen que preparar un diálogo usando al menos tres de las oraciones.

1. No iré contigo a menos que...
2. Tú me invitas para que...
3. Te vi cuando...
4. Te llamaré cuando...
5. Aquí estaremos hasta que...
6. Yo le dije que aunque...

2 **Terapia** En grupos de tres, elijan uno de los problemas para realizar una sesión de terapia. Uno/a de ustedes es el/la psicólogo/a y los/las otros/as dos son pacientes. Usen las conjunciones de la lista.

- Siempre se están peleando porque un miembro de la pareja es muy celoso/a.
- Siempre se lleva trabajo a casa y nunca hacen nada divertido.
- Son dos hermanos/as que se llevan muy mal porque son muy diferentes. Sus padres les han obligado a ir a terapia.

PALABRAS

aunque	**en cuanto**
cuando	**para que**
después (de) que	**sin que**

Preparación

Sobre el autor

El periodista y escritor **Juan José Millás** nació en Valencia, España, en 1946. El primer gran éxito lo consiguió con la novela *El desorden de tu nombre*, publicada en 1986. Cuatro años más tarde ganó el Premio Nadal con *La soledad era esto*. Con frecuencia, sus novelas y cuentos, muy bien recibidos por la crítica y por los lectores, se desarrollan en un mundo donde se alternan lo real y lo imaginario. El humor y la reflexión sobre la soledad, la muerte y el amor son una constante en su narrativa.

Vocabulario de la lectura

el colmillo *canine (tooth)*
dedicar *to dedicate*
la dedicatoria *dedication*
el/la encargado/a *supervisor*
gritar *to shout*
guiñar *to wink*
inquietante *disturbing*
llevar razón *to be right*

Vocabulario útil

insultar *to insult*
mimado/a *spoiled*
prevenir *to prevent*
sospechar *to suspect*

1 **Ensalada de palabras** En parejas, escriban seis oraciones lógicas combinando todas las palabras.

dedicar	accidente
guiñar	calle
insultar	colmillo
llevar razón	compañero de clase
prevenir	escándalo
sospechar	poema de amor

2 **Opiniones** En parejas, contesten las siguientes preguntas.

1. ¿Creen que los niños y niñas están expuestos a imágenes y contenidos violentos? ¿Cómo?
2. ¿Consideran que las imágenes y/o el contenido de las películas, libros y videojuegos son responsables de la conducta de los jóvenes?
3. ¿Qué opinan del contenido visual y de las letras (*lyrics*) de los videos musicales? ¿Son adecuados para su audiencia?

3 **En la tele** Trabajen en grupos pequeños e imaginen que son los productores de una cadena de televisión famosa por sus excelentes programas infantiles y juveniles. Planeen un programa piloto teniendo en cuenta, entre otros, los siguientes aspectos. Después, compartan sus "experimentos" con la clase y digan cuál creen que tendrá más éxito y por qué.

- la audiencia
- el contenido
- los personajes
- la competencia
- el horario
- el formato
- el mensaje
- el objetivo

Drácula y los niños

Estaba firmando ejemplares° de mi última novela en unos grandes almacenes, cuando llegó una señora con un niño en la mano derecha y mi libro en la izquierda. Me pidió que se lo dedicara mientras el niño lloraba a voz en grito.

copies

—¿Qué le pasa? —pregunté.

—Nada, que quería que le comprara un libro de Drácula y le he dicho que es pequeño para leer esas cosas.

El niño cesó de° llorar unos segundos para gritar al universo que no era pequeño y que le gustaba Drácula. Tendría 6 o 7 años, calculo yo, y al abrir la boca dejaba ver unos colmillos inquietantes, aunque todavía eran los de leche. Yo estaba un poco confuso. Pensé que a un niño que defendía su derecho a leer con tal ímpetu° no se le podía negar un libro, aunque fuera de Drácula. De modo que insinué tímidamente a la madre que se lo comprara.

stopped

energy

—Su hijo tiene una vocación lectora impresionante. Conviene cultivarla.

—Mi hijo lo que tiene es un ramalazo° psicópata que, como no se lo quitemos a tiempo, puede ser un desastre.

a fit

Me irritó que confundiera a Drácula con un psicópata y me dije que hasta ahí habíamos llegado.

—Pues si usted no le compra el libro de Drácula al niño, yo no le firmo mi novela —afirmé.

—¿Cómo que no me firma su novela? Ahora mismo voy a buscar al encargado.

Al poco volvió la señora con el encargado que me rogó que firmara el libro, pues para eso estaba allí, para firmar libros, dijo. El niño había dejado de llorar y nos miraba a su madre y a mí sin saber por quién tomar partido°. La gente, al oler la sangre, se había arremolinado° junto a la mesa. No quería escándalos, de modo que cogí la novela y puse: "A la idiota de Asunción (así se llamaba), con el afecto de Drácula". La mujer leyó la dedicatoria, arrancó la página, la tiró al suelo y se fue. Cuando salían, el pequeño volvió la cabeza y me guiñó un ojo de un modo extremadamente raro. Llevo varios días soñando con él. Quizá llevaba razón su madre. ■

to take sides

milled around

Análisis

SUPERSITE

1 **Comprensión** Contesta las preguntas.

1. ¿Qué hacía el autor en los grandes almacenes?
2. ¿Qué le pidió la señora al escritor?
3. ¿Por qué lloraba el niño?
4. ¿Qué vio el escritor cuando el niño abrió la boca?
5. ¿Por qué la madre se negó a comprarle el libro al niño?
6. ¿Por qué opinaba el autor que no se le podía negar un libro al niño?
7. ¿Qué le irritó al escritor y qué hizo?
8. ¿Qué le rogó el encargado que hiciera?
9. ¿Qué hizo la mujer después de leer la dedicatoria?

2 **Interpretar** En parejas, contesten las preguntas.

1. ¿Cuál es el tema principal de este artículo? Pongan ejemplos del texto.
2. El texto está escrito con mucho sentido del humor. ¿Cuáles son algunos ejemplos?
3. ¿Por qué le irrita al escritor que la madre no le quiera comprar el libro al niño?
4. ¿Están de acuerdo con el escritor o con la madre?
5. ¿Por qué creen que el autor afirma al final que quizás tenía razón la madre?

3 **Años después** En parejas, imaginen cómo va a ser la vida del niño en el futuro. Consideren los siguientes aspectos. Luego, compartan sus historias con la clase.

Casa	
Profesión	
Aficiones	
Vida sentimental	
Amigos	

4 **Recuerdos** En parejas, háganse las siguientes preguntas.

¿Cómo eras cuando eras niño/a?
¿Cómo era tu escuela?
¿Estás en contacto con alguno/a de los/las compañeros/as de tu clase?
¿Tuviste problemas con tus profesores?
¿Cuál era tu cuento infantil favorito?
¿Qué te gustaba hacer?
¿De qué tenías miedo?
¿Cuáles son los mejores recuerdos de tu infancia?

5 **¡Estos niños!** La madre del relato está muy preocupada por el comportamiento de su hijo. ¿Qué le aconsejan ustedes para que el niño crezca sano y sea un adulto responsable? En parejas, denle consejos a la madre para que eduque bien a su hijo. Usen el subjuntivo.

> **Modelo**
> - Evite hacer comentarios que parezcan críticas.
> - Estimule su imaginación para que se desarrolle su lado artístico.

6 **Drácula** En parejas, invéntense una breve conversación entre el conde Drácula y otro personaje de ficción conocido. Son amigos y hablan de sus vidas, de sus problemas y de sus ilusiones. Están un poco deprimidos y se dan consejos mutuamente. Usen el subjuntivo.

7 **Situaciones** En parejas, elijan una de las situaciones e improvisen un diálogo. Utilicen al menos seis palabras de la lista. Cuando estén listos, represéntenlo para la clase.

PALABRAS		
chisme	guiñar	llevar razón
dedicatoria	hasta que	mimado/a
desordenado/a	inquietante	prevenir
fisgonear	inspiración	quejarse
gritar	insultar	sospechar

A

Un(a) escritor(a) está firmando libros en un centro comercial. Un(a) admirador(a) un poco loco/a quiere que le firme un libro y, después, tomarse un café con él/ella para darle su opinión sobre su última novela. El/La autor(a) no quiere ir y discuten.

B

Un padre o una madre se pelea con su hijo/a adolescente porque no quiere que vea MTV, pues opina que los videos musicales son una mala influencia para él/ella.

Preparación

Vocabulario de la lectura

amor de pareja *romantic love*
a voluntad *at will*
el/la amado/a *sweetheart*
el desamor *lack of affection*
desconocer *not to know*
desdeñado/a *rejected*
el desengaño amoroso *heartbreak*
el enamoramiento *infatuation*
estimular *to stimulate*
las penas *woes*
recóndito/a *remote*
el resultado *result*
la sencillez *simplicity*
ser capaz de *to be able to*
suicidarse *to commit suicide*
superarse *to better oneself*
suprimir *suppress*
la voluntad *wish, will*

Vocabulario útil

el amor no correspondido *unrequited love*
anticuado/a *old-fashioned*
la cura *cure*
los efectos secundarios *side effects*
el remedio *remedy, cure*
sin pareja *single*
superar *to overcome, to get over*

1 **Vocabulario** Completa el anuncio con las palabras del vocabulario que has aprendido y haz los cambios que sean necesarios.

¡¡ATENCIÓN!!

Corazones rotos, solitarios y abandonados

¡No deshojen más margaritas (*pull the petals off any more daisies*)! Ya está aquí *Amoril*, el (1) ________ contra las (2) ____________ del amor.

¿ (3) ________ por amor? No sean (4) ________. Eso ya es HISTORIA. No desperdicien más su tiempo intentando (5) ________ ese (6) ________ amoroso que les consume, ese amor no (7) ____________ que les enloquece, ese (8) ________ que no les deja vivir. Da lo mismo si han sido (9) ________ por su pareja o si están sin (10) ________. *Amoril* (11) ________ el dolor y (12) ________ las ganas de vivir. Ámense a sí mismos y VIVAN. Es una simple cuestión de sentido común. Sigan con su vida y dejen que la MEDICINA se encargue de lo demás.

Se (13) ________ los efectos (14) ________. El (15) ________ es simplemente espectacular.

2 **Experiencias** En parejas, contesten las preguntas y expliquen sus experiencias.

1. ¿Han estado enamorados alguna vez? ¿Cómo sabían que era amor? ¿Cómo se sentían? ¿Qué cambios notaron en su comportamiento?
2. ¿Han tenido alguna vez un desengaño amoroso? ¿Qué emociones sintieron? ¿Cambió su forma de ser?
3. ¿Creen que estar enamorado/a es una enfermedad?
4. ¿Por qué nos enamoramos? ¿Es posible enamorarse con sólo proponérselo?
5. ¿Es posible suprimir a voluntad el enamoramiento?

Las penas del amor se curarán

El especialista asegura que en el plazo de° veinte o treinta años habrá fármacos° capaces de amortiguar° el dolor psíquico que produce un desengaño amoroso.

within

drugs/ to deaden

"A la vuelta de unos años, estaremos en condiciones de° controlar y suprimir a voluntad algunas de nuestras emociones, incluso las que parecen más recónditas. Llegará el día, no muy lejano, en que el joven enamorado desdeñado por su amada cortará radicalmente todo su dolor y su amargura con un comprimido° o con una inyección. Y eso se logrará con la misma facilidad con la que hoy se elimina la lactancia en una mujer fértil."

we will be able to

pill

Las predicciones pertenecen al neurocirujano José María Izquierdo Rojo, autor del ensayo *Neurobiología del amor.* El especialista del hospital cántabro° de Valdecilla explica la atracción amorosa como el resultado de una secreción de hormonas capaces no sólo de remover° los sentimientos, sino de condicionar también la voluntad de las personas. "Si no existiera el amor —argumenta— quizá la historia habría sido otra. Inglaterra seguiría siendo católica, Troya no habría sido asediada°..."

from the Spanish region of Cantabria

to stir up

besieged

—¿Diría que el amor es sólo cuestión de hormonas?

—Lo que yo creo es que al enamorarse se activan algunos procesos cerebrales y se segregan sustancias que hacen cambiar al individuo. De hecho, cuando uno se enamora cambia hasta su forma de ser.

—¿Es la "química" del amor?

—El amor es sólo química y electricidad. Las neuronas funcionan por descargas° eléctricas. Probablemente, cuando surge° el amor se desatan° corrientes eléctricas que van por circuitos que

discharges

wells up/ are triggered

aún no conocemos bien. Cuestión de impulsos.

—¿En qué se basa esa teoría?

—Las ideas incitan al organismo a producir ciertas secreciones. Ante la vergüenza, por ejemplo, el cuerpo produce unas sustancias que hacen que se te suban los colores°. Eso, que no es más que el resultado de la química y la electricidad, es el rubor facial°.

make you blush

blushing

—¿Por qué nos enamoramos?

—Eso yo no lo sé. Supongo que intervienen estímulos externos que llegan a través de la vista, el oído y el olfato. La retina es sólo una estación fotoeléctrica que traduce impulsos lumínicos° en impulsos eléctricos que van al cerebro. Allí, la electricidad se modifica y surge el enamoramiento.

light

—¿Es posible enamorarse con sólo proponérselo?

—No lo creo. Los impulsos han de tener unas determinadas° características de intensidad y voltaje que con sólo proponértelo no se logran.

certain

—Y, claro, todavía desconocemos cómo funcionan esos circuitos...

—Exacto. Si conociéramos bien los circuitos, el amperaje, el voltaje y la sustancia que se libera°, podríamos estimularnos de una manera determinada y, automáticamente, enamorarnos. Pero eso no es fácil. Lo que sí podremos conseguir es algo que, para mí, es mucho más interesante.

is released

Usted dirá...

—Podríamos suprimir a voluntad el enamoramiento.

—¿Es posible?

—No será difícil obtener sustancias que neutralicen a las que producen el amor.

—Lo pone usted muy fácil...

—El alcohol es una molécula muy sencilla. En realidad son sólo dos átomos de carbono, seis de hidrógeno y uno de oxígeno, adecuadamente combinados. Pese a° su sencillez, es capaz de producir optimismo, eliminar inhibiciones e infundir° valor en nuestro espíritu. Veamos, pues, qué sustancias químicas elementales° son capaces de producir efectos tan extraordinarios en nuestro sistema nervioso.

Despite

instill

basic

—¿Qué ventajas tendría el control médico del amor?

—Una muy clara es que suprimiría mucho dolor inútil. Piense en cuánta gente joven se ha suicidado por desamor, por la falta de correspondencia en ese amor de enamoramiento, que es como una corriente impetuosa. Todo eso se podría suprimir, aunque seguramente se perderá en romanticismo... Así es la medicina...

—También se perderá arte...

—Es posible. El amor de pareja proporciona una mayor sensibilidad artística, un deseo de trabajar, de superarse. Pero que se conozca cómo funciona no quiere decir que haya que quitarlo. Los antiguos adoraban el sol como a un dios, porque nacía y moría y volvía a nacer. Hoy sabemos por qué amanece°; y, con todo, el amanecer nos sigue pareciendo precioso°. Algún día conoceremos mejor el amor y lo dominaremos; y el que quiera seguir sintiendo esa 'aguda espina dorada'° que decía Machado, que lo haga.

the day dawns/ beautiful

sharp golden thorn

—¿Podrán controlarse del mismo modo otras emociones?

—La emoción artística ante la belleza, ¿para qué se va a controlar? El amor es distinto. Es probablemente el sentimiento que más dolor psíquico produce cuando no es correspondido.

—Así que uno podrá decir: "Oiga doctor, que no tengo pareja° y sufro mucho. Póngame una inyección".

I am single

—Exacto.

—¿También nos enamoraremos con una inyección?

—Eso lo veo poco probable.

—Y todo esto, ¿cuándo será?

—Depende de lo que se investigue, pero éste es un campo que despierta° cada vez más interés. Supongo que en 20 o 30 años. ■

sparks

Análisis 

1 Comprensión Contesta las preguntas.

1. ¿Quién es José María Izquierdo Rojo y dónde trabaja?
2. ¿Qué dice que va a pasar en treinta años?
3. ¿Cree que será fácil conseguirlo con esta medicina?
4. ¿Cómo explica la atracción amorosa?
5. ¿Qué es lo que aún no conocen bien los científicos?
6. ¿Cómo funciona el rubor facial?
7. ¿Cómo surge el enamoramiento?
8. ¿Cómo será posible suprimir a voluntad el enamoramiento?

2 Interpretar En parejas, contesten las preguntas.

1. ¿Qué entienden por "emoción recóndita"?
2. ¿Por qué cambia la forma de ser de una persona cuando está enamorada?
3. ¿Para qué menciona el doctor el rubor facial?
4. ¿A qué se refiere con "amor de enamoramiento"?
5. ¿Por qué pone como ejemplo el amanecer?
6. ¿Por qué dice que ve poco probable que nos enamoremos con una inyección?

3 Reaccionar En grupos pequeños, lean las siguientes citas del texto y analícenlas. ¿Están de acuerdo? Razonen sus respuestas y compártanlas con la clase.

"Si no existiera el amor, quizá la historia habría sido otra."

"No es posible enamorarse con sólo proponérselo."

"El amor es sólo química y electricidad."

"El amor es el sentimiento que más dolor psíquico produce cuando no es correspondido."

"Algún día conoceremos mejor el amor y lo dominaremos."

4 Opinar En grupos pequeños, digan qué ventajas y qué desventajas le ven ustedes al control médico del amor. Después, compartan sus opiniones con la clase.

5 Metáforas Para el doctor Izquierdo el amor es "sólo química y electricidad"; para el poeta Antonio Machado, es una "aguda espina dorada". En grupos pequeños, inventen metáforas para describir el amor. Después, compártanlas con la clase y escojan la(s) que más les guste(n), explicando su elección (*choice*).

6 **¿Vida sin dolor?** En grupos pequeños, cuéntense algún episodio de su vida en el que experimentaron algún tipo de dolor psíquico. Después, compartan sus historias con la clase. Consideren las siguientes cuestiones.

- ¿Cuál fue la causa del dolor?
- ¿Cuántos años tenían?
- ¿Cómo se sintieron?
- ¿Se lo contaron a alguien?
- ¿Cómo lo superaron?
- ¿Cuánto tiempo tardaron en superarlo?
- ¿Recibieron ayuda?
- ¿Qué efecto tuvo y/o tiene en su vida?

7 **Romeo y Julieta** Romeo y Julieta se suicidaron por amor. En grupos pequeños, imaginen otro final para su historia si ambos hubieran tenido acceso a la pastilla mencionada en el artículo. Compartan sus finales con los/las compañeros/as.

8 **Usted dirá** Toda la clase participa en esta actividad. Por turnos, dos de ustedes se sientan frente a la clase y hacen el papel de psicólogos de un programa de radio. Los demás, también por turnos, llaman al programa con sus problemas amorosos. Ustedes dos escuchan sus historias, las analizan, les hacen preguntas y, finalmente, les aconsejan. Improvisen preguntas y respuestas, pero no lloren. ¡Diviértanse!

9 **Abierto a interpretaciones** En grupos pequeños, miren la fotografía de la página 131 y digan si creen que está abierta a otras interpretaciones. ¿Comparten alguna de las siguientes? ¿Cuál o cuáles? ¿Están todos de acuerdo? Defiendan sus puntos de vista ante la clase e imaginen otras interpretaciones posibles.

1. Medicina para curar el desengaño amoroso.
2. Medicina para sentirse enamorado, o bajo la influencia del amor.
3. Las medicinas son buenas; no hay que tenerles miedo.
4. Las medicinas no son un dulce; hay que tomárselas en serio.
5. Las medicinas deben guardarse fuera del alcance de los niños.
6. La mejor medicina es el amor.

10 **Situaciones** En parejas, elijan una de las situaciones y escriban un diálogo. Utilicen al menos seis palabras de la lista. Cuando lo terminen, represéntenlo delante de la clase.

PALABRAS		
a voluntad	**desengaño amoroso**	**sin pareja**
cura	**efectos secundarios**	**superar**
desconocer	**remedio**	**superarse**
desdeñado/a	**ser capaz de**	**suprimir**

A

Un amor no correspondido es la causa de tu dolor. Un(a) amigo/a, que cree que el dolor psíquico es inútil, te aconseja que tomes una pastilla para que te olvides del amor. Tú no crees en las pastillas y opinas que sufrir es básico para el desarrollo personal. Discuten.

B

Unos recién casados están de viaje de luna de miel. Uno de ellos se toma por equivocación una pastilla para dejar de estar enamorado/a. El/La otro/a nota enseguida un cambio radical en el comportamiento de su pareja. Intentan solucionar el problema.

Preparación

Sobre el autor

Augusto Monterroso, uno de los escritores latinoamericanos más queridos, nació en Honduras en 1921. Escribió ensayos, cuentos y fábulas, siempre con un humor inteligente que se convirtió en su marca de estilo. Entre sus obras publicadas se encuentran *La oveja negra y demás fábulas* (1969), la novela *Lo demás es silencio* (1978) y la obra de textos misceláneos *La letra e* (1987). Recibió el Premio Príncipe de Asturias en 2000. Desde 1956 residió en México, país donde murió en 2003.

Sobre la fábula

"El mono que quiso ser escritor satírico" es una fábula, breve composición literaria cuyos personajes son animales. A través de la personalidad de estos seres se intenta dar una enseñanza. La inteligencia e ironía de Monterroso convierte sus fábulas en el mejor medio para presentar su visión de la naturaleza humana y de la vida contemporánea.

Vocabulario de la lectura

la abeja *bee*
adulatorio/a *flattering*
agasajar *to receive (a guest)*
aludir *to allude*
el cargo *position*
la cigarra *cicada*
comprensivo/a *understanding*
la debilidad *weakness*
distraído/a *absent-minded*
la gallina *hen*
el gallo *rooster*
inquieto/a *restless*
laborioso/a *hard-working*
mejorar *to improve*
el/la mono/a *monkey*
renunciar *to give up*
la selva *jungle*
la urraca *magpie*

Vocabulario útil

alocado/a *reckless*
arrogante *arrogant*
astuto/a *cunning*
hablador(a) *talkative*
moraleja *moral*
presumido/a *conceited*
ruidoso/a *noisy*
vanidoso/a *vain*

1 **Vocabulario** Escribe dos cualidades que atribuyas a estos animales. Después, comprueba si coinciden con las cualidades de los personajes de la fábula.

Animales		Cualidades	
gallina			
mono			
abeja			
serpiente			

2 **Adivina** En parejas, uno/a de ustedes piensa en una película donde los personajes principales sean animales. Se turnan para contar la historia y describir a uno de los personajes. El/La compañero/a tiene que adivinar de qué película se trata.

El mono que quiso ser escritor satírico

En la Selva vivía una vez un Mono que quiso ser escritor satírico. Estudió mucho, pero pronto se dio cuenta de que para ser escritor satírico le faltaba conocer a la gente y se aplicó a visitar a todos y a ir a los cócteles y a observarlos por el rabo del ojo° mientras estaban distraídos con la copa en la mano.

Como era de veras° gracioso y sus ágiles piruetas entretenían a los otros animales, en cualquier parte era bien recibido y él perfeccionó el arte de ser mejor recibido aún.

No había quien no se encantara° con su conversación y cuando llegaba era agasajado con júbilo tanto por las Monas como por los esposos de las Monas y por los demás habitantes de la Selva, ante los cuales, por contrarios que fueran a él en política internacional, nacional o doméstica, se mostraba invariablemente comprensivo; siempre, claro, con el ánimo de° investigar a fondo° la naturaleza humana y poder retratarla° en sus sátiras.

corner of the eye
really
be delighted by
with the intention of
in depth
to portray it

Así llegó el momento en que entre los animales era el más experto conocedor de la naturaleza humana, sin que se le escapara nada.

Entonces, un día dijo voy a escribir en contra de los ladrones, y se fijó en la Urraca, y principió° a hacerlo con entusiasmo y gozaba y se reía y se encaramaba° de placer a los árboles por las cosas que se le ocurrían acerca de la Urraca; pero de repente reflexionó que entre los animales de sociedad que lo agasajaban había muchas Urracas y especialmente una, y que se iban a ver retratadas en su sátira, por suave que la escribiera, y desistió° de hacerlo.

began
climbed
gave up

Después quiso escribir sobre los oportunistas, y puso el ojo en la Serpiente, quien por diferentes medios —auxiliares en realidad de su arte adulatorio— lograba siempre conservar, o sustituir, mejorándolos, sus cargos; pero varias Serpientes amigas suyas, y especialmente una, se sentirían aludidas, y desistió de hacerlo.

Después deseó satirizar a los laboriosos compulsivos° y se detuvo en la Abeja, que trabajaba estúpidamente sin saber para qué ni para quién; pero por miedo de que sus amigos de este género, y especialmente uno, se ofendieran, terminó comparándola favorablemente con la Cigarra, que egoísta no hacía más que cantar y cantar dándoselas de poeta, y desistió de hacerlo.

workaholics

Después se le ocurrió escribir contra la promiscuidad sexual y enfiló° su sátira contra las Gallinas adúlteras que andaban todo el día inquietas en busca de Gallitos; pero tantas de éstas lo habían recibido que temió lastimarlas, y desistió de hacerlo.

directed

Finalmente elaboró una lista completa de las debilidades y los defectos humanos y no encontró contra quién dirigir sus baterías, pues todos estaban en los amigos que compartían su mesa y en él mismo.

En ese momento renunció a ser escritor satírico y le empezó a dar por la Mística y el Amor y esas cosas; pero a raíz de° eso, ya se sabe cómo es la gente, todos dijeron que se había vuelto loco y ya no lo recibieron tan bien ni con tanto gusto. ■

as a result of

Análisis 

1 Comprensión Contesta las preguntas.

1. ¿Qué quería ser el Mono?
2. ¿Qué necesitaba hacer para ser escritor?
3. ¿Por qué era bien recibido en cualquier parte?
4. ¿Con qué intención se mostraba el Mono invariablemente comprensivo?
5. ¿Por qué decidió no escribir en contra de los ladrones?
6. ¿Qué lograba siempre la Serpiente?
7. ¿Por qué considera el Mono que la Abeja trabaja compulsivamente?
8. ¿Por qué renunció a ser escritor satírico?
9. ¿Qué ocurrió con su vida social una vez que decidió no ser escritor?

2 Ampliar En parejas, contesten las preguntas.

1. ¿Qué costumbres y actos quiere criticar el Mono escritor?
2. ¿Por qué el autor escribió los nombres de los animales con mayúsculas (*capital letters*)?
3. ¿Con qué grupos profesionales relacionan ustedes las costumbres que quiere criticar el escritor? ¿Por qué?
4. Si fueran escritores, ¿sobre qué temas escribirían y por qué?

3 Amigos Describe cuatro de las mejores cualidades de tu mejor amigo/a y cuatro de sus peores defectos. Después, contesta las preguntas y comparte tus respuestas con la clase.

Cualidades	
Positivas	**Negativas**

1. ¿Les dices a tus amigos abiertamente lo que piensas de ellos? ¿Por qué?
2. ¿Los felicitas por sus cualidades? ¿Por qué?
3. ¿Les mencionas sus defectos o lo que te molesta de ellos? ¿Por qué?
4. ¿Qué harías si fueras periodista y descubrieras que tu mejor amigo/a ha cometido un crimen? ¿Publicarías la historia? ¿Por qué? Y si fueras policía, ¿lo denunciarías?

4 **Fábulas** En parejas, escriban una fábula con tres de estos animales u otros. Recuerden que tiene que tener una moraleja. Usen el subjuntivo tres veces como mínimo. Cuando terminen, compartan su fábula con la clase.

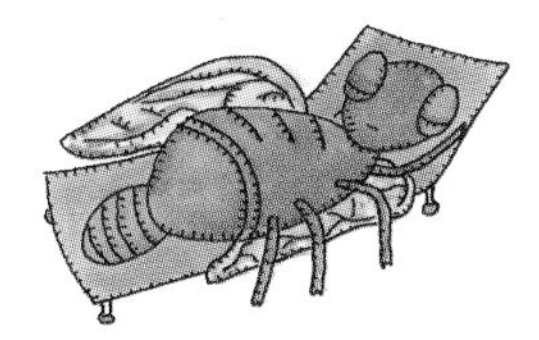

5 **Animales** Si fueran un animal, ¿qué animal serían? En parejas, escriban dos cualidades para cada animal de la lista, una positiva y otra negativa. Después, elijan el animal con el que más se identifican y expliquen por qué. Pueden escoger un animal que no esté en la lista. Compartan el resultado con la clase.

caballo	gato	pantera
canguro	león	perro
delfín	mono	serpiente
elefante	pájaro	tigre

6 **Situaciones** En parejas, elijan una de las situaciones y escriban un diálogo basado en ella. Usen al menos seis palabras de la lista. Cuando lo terminen, represéntenlo delante de la clase.

PALABRAS		
aludir	debilidad	presumido/a
arrogante	distraído/a	renunciar
astuto/a	inquieto/a	serpiente
cargo	mejorar	urraca
comprensivo/a	mono	vanidoso/a

A

Uno/a de ustedes es un(a) escritor(a) que tiene un(a) amigo/a famoso/a por sus crímenes, sus mentiras, por corrupción, etc. El/La escritor(a) ha publicado un artículo criticando a su amigo/a. Se pelean.

B

Dos animales de la selva se pelean porque los dos quieren ser el jefe de todos los animales. Ustedes eligen los animales que deseen. Cada uno/a tiene que dar razones para explicar por qué es el/la mejor líder.

Preparación

Sobre el autor

Carlos Loiseau, conocido como Caloi, nació en Salta, Argentina, en 1948. Su obra, premiada en multitud de ocasiones, ha aparecido en publicaciones tan reconocidas como *Atlántida, Cronopios, Tía Vicenta, Satiricón, Siete días* y *Clarín*. Clemente es su personaje de mayor proyección y desde 1973 aparece todos los días en la tira cómica del mismo nombre.

Vocabulario útil

la altura *height*
la autovía *highway*
besar *to kiss*
la carretera *road*
la escalera *stairway*
el/la guardia de seguridad *security guard*
la pareja *couple*
el rascacielos *skyscraper*
la salida de emergencia *emergency exit*

1 **La ciudad** En parejas, miren las primeras seis viñetas de la tira cómica y describan cómo es la ciudad que ven. ¿Qué ambiente quiere transmitir el autor?

2 **A todos los empleados:** En grupos pequeños, imaginen que son directores de una empresa y preparen una lista de normas de conducta para los empleados. Usen el subjuntivo. Compartan después sus listas con los demás grupos.

Análisis

1 **Narrar** En parejas, describan viñeta a viñeta lo que ocurre en la tira cómica.

2 **Imaginar** En parejas, contesten las preguntas. Sean imaginativos.

1. ¿Qué tipo de relación tiene la pareja? ¿Cuándo se conocieron?
2. ¿En qué tipo de empresa trabajan?
3. ¿Por qué se asustan todos cuando se dispara (*goes off*) la alarma?

3 **La vida en color** En grupos pequeños, analicen los colores que ilustran esta tira cómica y contesten las preguntas. Finalicen la actividad compartiendo sus observaciones y comentarios con la clase.

1. ¿Qué color predomina en esta tira cómica? ¿Tiene algún significado?
2. ¿Qué representan el color rojo y el amarillo?
3. ¿Por qué estos dos colores sólo aparecen al final?

4 **¿Qué hacemos?** En parejas, imaginen un diálogo entre los dos amantes. Ellos se quieren escapar y están planeando su futuro. Utilicen el subjuntivo.

Modelo

Juan: ...Yo también te quiero y lo digo para que todos lo oigan. Huyamos antes de que destruyan nuestro amor. Casémonos sin que nadie lo sepa.

Loli: ¡Sí! Y vivamos en un lugar que esté lejos de la civilización, un lugar que tenga lagos y palmeras y cocos y...

Juan: Donde tú quieras con tal de que estemos siempre juntos.

¡Alerta roja! de **Caloi**

Narra una experiencia personal

Todos, antes o después, vivimos situaciones que nos enseñan a ver la vida de forma diferente. Ahora tienes la oportunidad de narrar algo que haya cambiado tu vida o que te haya enseñado una lección valiosa.

Plan de redacción

Planea

1. **Elige el suceso** La historia puede ser humorística, dramática o romántica. Lo importante es que expliques lo que aprendiste de ella. Selecciona una historia que creas que puede enseñar algo a tus compañeros. Si no recuerdas ninguna en especial, invéntate una.

Escribe

2. **Introducción** Escribe una breve introducción explicando por qué es importante para ti esta historia.

3. **Experiencia** Narra lo que ocurrió.

   1. ¿Cuántos años tenías?
   2. ¿Con quién estabas?
   3. ¿Qué pasó?
   4. ¿Qué aprendiste?

4. **Conclusión** Termina la historia con un consejo para tus compañeros.

Comprueba y lee

5. **Revisa** Lee tu historia para mejorarla.

   - Comprueba el uso correcto de los tiempos verbales.
   - Asegúrate de que usas el subjuntivo adecuadamente.

6. **Lee** Lee tu historia a tus compañeros. Ellos tomarán notas y, cuando hayas terminado de leer, tienes que estar preparado/a para contestar sus preguntas.

Los misterios del amor

Nos hacemos tantas preguntas sobre el amor que no tienen respuesta... ¿O sí la tienen? ¿Qué es el amor? ¿Por qué nos enamoramos? ¿Cómo se pasa del enamoramiento al amor? En esta tertulia van a intentar resolver entre todos los misterios del amor. ¿Se atreven?

1. La clase se divide en grupos pequeños. Tienen que contestar las preguntas.
   - ¿Qué importancia tiene la atracción física en el enamoramiento?
   - ¿Qué factores intervienen en la experiencia amorosa?
   - ¿Es posible enamorarse por Internet?
   - ¿Es posible encontrar el amor en un programa de televisión? ¿Por qué han tenido tanto éxito esos programas?
   - El amor a primera vista, ¿es un mito?
   - ¿Creen que existe una media naranja (*better half*) para cada uno/a de nosotros?
2. En el caso de que no todos los miembros del grupo estén de acuerdo, pueden mencionar que dentro del grupo hay distintas opiniones y explicar cuáles son.
3. Los diferentes grupos presentan sus ideas a la clase, mientras todos toman nota.
4. Cuando todos los grupos terminen sus presentaciones, toda la clase debe participar haciendo preguntas y/o defendiendo sus opiniones.

LECCIÓN 6

Modos de vivir

Mientras unos añoramos (*long for*) la vida sencilla, otros, para ser felices, necesitamos sentirnos rodeados de las últimas novedades. Unos queremos tener una rutina diaria, otros, en cambio, nos sentimos atrapados en la monotonía. ¿Cómo debemos vivir?

¿Y a ti? ¿Te gusta tu estilo de vida?

¿Qué cambiarías si pudieras?

146

154

168

Preparación

Vocabulario del corto

el cariño *affection*
el cristal *window (car)*
dañar *to damage*
la demanda *lawsuit*
el gancho *hanger*
la guagua (P.R.) *minivan*
el nene *little boy*
el reguero *spill*
el seguro *lock*
la sombrilla *umbrella, sunshade*
voltear *to turn*

Vocabulario útil

el aguacero *downpour*
el asiento trasero *back seat*
deambular *to wander around*
derramar *to spill*
el desprecio *disdain*
empujar *to push*
el maletín *briefcase*
mojarse *to get wet*
el/la payaso/a *clown*
el retrovisor *rear-view mirror*
el trapo *cloth*

EXPRESIONES

Esto está al garete. *This is pretty messed up.*
Mira, papa, aquí el ridículo eres tú. *Hey, man, the one being ridiculous here is you.*
Se acabó. *It's over.*
Síguelo por ahí. *Get lost.*
Te callas la boca./Cállate la boca. *Shut up.*

1 **Utilidad** Escoge la palabra que corresponde a cada utilidad.

1. Sirve para colgar ropa.
2. Sirve para llevar documentos.
3. Sirve para limpiar algo que está sucio.
4. Sirve para cerrar la puerta de un auto.
5. Sirve para hacer reír a la gente y alegrarles la vida.
6. Sirve para protegerse del sol y también de la lluvia.
7. Sirve para ver lo que hay detrás cuando vamos manejando un auto.

a. seguro
b. sombrilla
c. retrovisor
d. maletín
e. gancho
f. trapo
g. payaso

2 **No pertenece** Identifica la palabra que no pertenece al grupo. Después, escribe una oración con al menos tres palabras de cada grupo y compártelas con la clase.

1. aguacero • tormenta • mojarse • sol • agua
2. cariño • desprecio • afecto • amor • respeto
3. derramar • gancho • líquido • trapo • reguero
4. deambular • vagabundo • pasear • empujar • plaza
5. dañar • romper • arreglar • arruinar • destrozar
6. maletín • documento • payaso • demanda • abogado
7. sombrilla • asiento trasero • guagua • seguro • retrovisor

3 **Espacios públicos y nivel de vida** Trabajen en parejas. Dibujen un croquis (*sketch*) del centro de su pueblo, o ciudad, o de su zona favorita. Por turnos, expliquen al grupo cómo es. Contesten las preguntas y añadan toda la información que necesiten.

1. ¿Es un lugar atractivo? ¿Qué elementos lo embellecen (*make it beautiful*)? Describan el ambiente.
2. ¿Van ustedes a menudo allí? ¿Qué les gusta hacer? ¿Hay algo que les disguste del lugar?
3. ¿Es un lugar muy concurrido (*busy*)? ¿Qué suele hacer allí la gente?
4. ¿Hay algunos personajes que cada día están en el mismo sitio? ¿Quiénes son? ¿Qué hacen? ¿Los conocen? ¿Hablan con ellos? ¿Qué aportan (*contribute*) al lugar?
5. Según su opinión, ¿qué papel (*role*) juegan los espacios públicos de un pueblo o ciudad en el bienestar (*well-being*) y calidad de vida de sus ciudadanos?

4 **¡Ayuda!** En grupos de tres, relaten por turnos una experiencia en la cual estuvieron en una situación en la que un(a) desconocido/a necesitaba ayuda.

1. ¿Quién era la persona que necesitaba ayuda? ¿Cuál era su estado de ánimo (*mood*)?
2. ¿Cuál era su problema? ¿Dudaste por algún momento en ayudarla? ¿Qué hiciste para ayudarla?
3. ¿Aceptó esa persona tu ayuda o la rechazó?
4. ¿Había otras personas que también se ofrecieron para ayudar?
5. ¿Le solucionaron su problema? ¿Cómo? ¿Fue fácil?
6. ¿Qué aprendieron de la experiencia?

5 **Anticipar** En parejas, observen los fotogramas e imaginen qué ocurre en este cortometraje. Consideren los interrogantes, el título del corto y el vocabulario para hacer sus previsiones.

- ¿Qué relación hay entre estos cuatro personajes?
- ¿Se conocen? ¿Qué situación los ha unido?
- ¿Qué están haciendo bajo la lluvia?
- ¿Por qué uno de ellos actúa de forma violenta?
- ¿De quién es el auto?

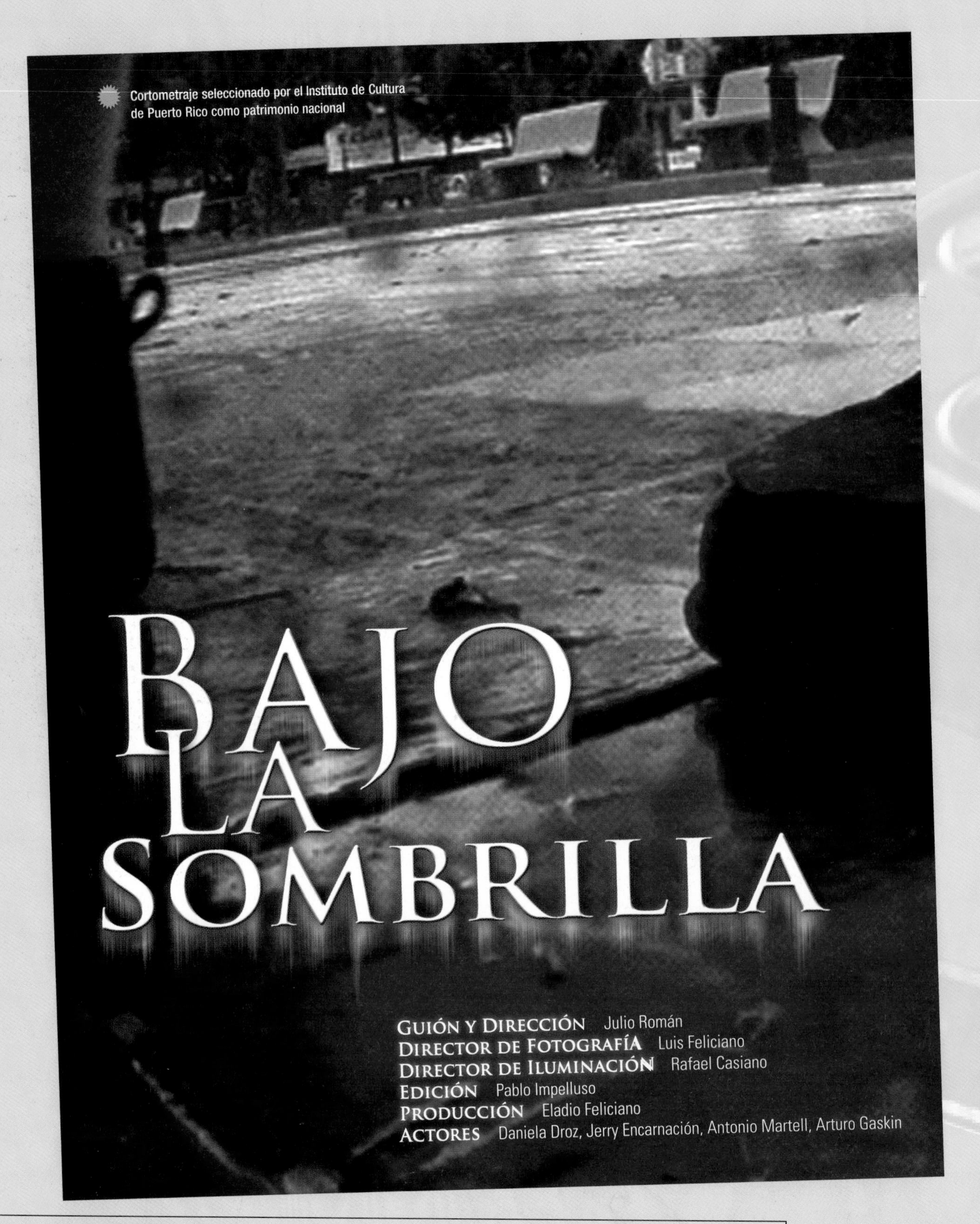

FICHA **Personajes** Andrea (Madre del niño), Pichu (Vagabundo), Rey (Abogado), Payaso
Duración 16 minutos **País** Puerto Rico **Año** 2004

ESCENAS 

(La Madre no puede entrar al auto y su niño de dos años está dentro.)
Madre La puerta... no abre... ¡¿qué es esto?!... No puede ser, no puede ser, no puede ser que yo dejé las llaves dentro, no puede ser Dios mío... ¡Qué voy a hacer ahora!

Madre Ya te dije que no tengo chavos[1], chico, de verdad. Síguelo por ahí.
Vagabundo Pero, permítame.
Madre No te preocupes, gracias, de verdad. Yo llamo a la gente esta de...
Vagabundo Pero, si me permite, yo podría ayudarla.

Abogado Oye, aléjate de esa guagua. No vengas a estar robando.
Vagabundo Yo no le estoy robando a nadie.
Madre No, no, no, la guagua es mía. Se me quedaron las llaves adentro.

Abogado Tú te puedes ir. Nosotros seguimos solos.
Vagabundo Esto está al garete.
Abogado Esto es ridículo.
Vagabundo Mira, papá, aquí el ridículo eres tú.

Abogado El power lock de las puertas traseras de esta guagua está aquí al lado. Tal vez sea más sencillo si metemos[2] el gancho por la orilla[3] y empujamos el seguro.
Vagabundo Bueno, mister, pues, ¡métase debajo[4] la sombrilla y vamos a hacerlo!

Madre Por favor, déjenlo ahí, vamos a buscar una piedra, vamos a romper el cristal o algo, pero saquemos el nene ya.
Abogado Vamos a tratarlo una última vez, si no logramos abrirlo en esta vez, entonces rompemos el cristal.

[1]*money* [2]*we put* [3]*side* [4]*come under*

Nota CULTURAL

Bajo la sombrilla fue rodado en la ciudad puertorriqueña de Caguas. Como todos los pueblos y ciudades de Puerto Rico, Caguas cuenta con una plaza central al estilo colonial, la cual vemos en la escena que abre el cortometraje. Caguas, también conocida como "La Ciudad Criolla" y "El Corazón de Boriquén", fue fundada en 1775 y su nombre deriva de Caguax, jefe indio de los taínos. El trepidante (*fast*) desarrollo urbano explica los más de 130.000 habitantes de una ciudad moderna y cosmopolita adaptada a las necesidades del nuevo siglo. A sus ciudadanos se les conoce con el nombre de cagüeños, y entre ellos destaca Abelardo Díaz Alfaro, el cuentista más famoso de la isla.

EN PANTALLA

Ordenar Ordena estas acciones según las vas viendo.

___ a. El Vagabundo intenta abrir la puerta con un gancho.
___ b. La Madre saca al niño del auto y agradece a todos su ayuda.
___ c. El Payaso les protege de la lluvia con su sombrilla.
___ d. El nene derrama el jugo.
___ e. El Abogado le dice al Vagabundo que se aleje del auto.
___ f. La Madre no puede entrar en el auto.

Análisis 

1 Comprensión Contesta las preguntas.

1. ¿Por qué está tan alterada (*upset*) la Madre mientras va manejando?
2. ¿Con qué propósito baja del auto?
3. ¿Con qué situación se encuentra cuando regresa al auto?
4. ¿Quién se ofrece para ayudarla?
5. ¿Cómo intenta el Vagabundo solucionar el problema?
6. ¿Cómo reacciona la Madre cuando ve que el Vagabundo intenta ayudarla?
7. ¿Qué le dice el Abogado al Vagabundo cuando lo ve intentando abrir la puerta del auto? ¿Por qué lo empuja?
8. ¿Cómo termina el drama?

2 Interpretación Contesten las preguntas en parejas y razonen sus respuestas.

1. ¿Por qué al principio la Madre rechaza la ayuda que le ofrece el Vagabundo?
2. ¿Por qué trata el Abogado con tanto desprecio al Vagabundo?
3. ¿Por qué el Abogado se toma la situación como una competencia?
4. ¿Qué hace cambiar de idea al Abogado, calmarse y colaborar con el Vagabundo?
5. ¿Se siente molesto el Vagabundo por la forma en que lo trata el Abogado o no le importa porque ya está acostumbrado a que lo traten mal?

3 Ampliación Contesten en grupos pequeños sin olvidar razonar todas sus respuestas.

1. ¿Qué función cumple (*serves*) la escena inicial del cortometraje?
2. ¿Qué conexión hay entre la primera escena, y los personajes que en ella vemos, y el personaje de la Madre?
3. ¿En qué momento se corta la escena inicial para presentarnos al personaje principal de la historia? ¿Es un buen momento de conectar ambas escenas?
4. ¿Qué detalles nos indican que la Madre es una "mujer moderna"?
5. ¿Qué quiere demostrar el director juntando personajes de distintas clases sociales? ¿Qué mensaje quiere transmitir?
6. ¿Qué representa para ustedes la figura del payaso?
7. ¿Qué conexión tiene el título del corto con el contenido de la historia?

4 Descripción En parejas, describan la escena inicial del corto. Consideren la información que plantean las preguntas y añadan todos los detalles que deseen.

1. ¿Qué parte de la ciudad muestra?
2. ¿Qué nos muestra la cámara y qué personajes nos presenta?
3. ¿Qué les evoca esta escena?
4. ¿Qué ambiente crea la música y el movimiento de la cámara?
5. ¿Hay algún sitio así o parecido en su pueblo o ciudad?

5 **Contextos** En grupos de tres, lean las afirmaciones y digan quién las dice, a quién y en qué momento de la historia. ¿Qué reflejan estos comentarios de las personas que los dicen? Vuelvan a ver el corto si es necesario. Después, usen las afirmaciones como guía para resumir brevemente la trama (*plot*) de la historia. Intervengan por turnos.

1. "Ya te dije que no tengo chavos, chico, de verdad, síguelo por ahí."
2. "Te dije que te alejes de esa guagua. Aquí no vengas a estar robando."
3. "Tiene que tener cuidado con esta gente."
4. "Oiga, yo también soy un ser humano."
5. "Por eso yo no me caso, porque no quiero un hombre que me hable así."
6. "¿Sabe qué? Usted se puede ir. Nosotros nos podemos quedar aquí solos y lo podemos resolver. Váyase con su familia. La próxima vez que hable con su esposa trate de hablarle con un poco de respeto y cariño."
7. "Bueno, Mister, pues métase debajo la sombrilla y vamo(s) a hacerlo."

6 **Vida familiar** ¿Cómo es la vida familiar de estos personajes? En grupos de tres, escojan uno de los cuatro personajes y especulen sobre sus vidas basándose en lo que han aprendido de ellos en esta historia. ¿Cómo influye su estilo de vida y sus relaciones y experiencias pasadas en su comportamiento? ¿Cómo han cambiado ellos después de este incidente? Después, compartan su perfil con los demás grupos y entre todos decidan qué personaje creen que ha cambiado más y expliquen cómo.

Madre

Vagabundo

Abogado

Payaso

7 **Situaciones** En parejas, elijan una de las situaciones e improvisen un diálogo. Utilicen al menos seis palabras o expresiones de la lista. Cuando estén listos, represéntenlo delante de la clase.

PALABRAS

cariño	**demanda**	**gancho**
cristal	**derramar**	**maletín**
dañar	**desprecio**	**payaso**
deambular	**empujar**	**seguro**

A

Has olvidado las llaves de tu auto o apartamento dentro y no puedes entrar. Necesitas ayuda inmediata, pero la única persona que puede ayudarte no quiere hacerlo porque cree que es un truco para robarle. Intentas convencerla de que no es un truco, pero no te cree. Discuten.

B

Tu amigo/a tiene problemas con su pareja porque es muy agresivo/a y poco cariñoso/a. Tú quieres ayudarlo/a. Se reúnen para identificar el origen de los errores de conducta y diseñar un plan de cambio. Tú sabes mucho del tema por experiencia propia y el/ella está dispuesto/a a salvar su relación.

Oraciones condicionales con si

Recuerda

Las oraciones condicionales indican una condición para que la acción de la oración principal se realice. Se pueden formar con **si** seguido por indicativo o por subjuntivo, y el orden de las oraciones es reversible.

Si con indicativo

Cuando si va seguido de indicativo, existe la posibilidad de que los hechos que se proponen se cumplan en el futuro.

- **Si + presente de indicativo, futuro**
  Si abren *la puerta,* ***sacarán*** *al niño.*
- **Si + presente de indicativo, ir a + infinitivo**
  Si *no* ***colaboran*** *todos, no* ***lo van a conseguir****.*
- **Si + presente de indicativo, mandato**
  Si tienes *alguna idea mejor,* ***dímela****.*
- **Si + presente de indicativo, presente de indicativo**
  Si abren *la puerta, lo* ***celebran****.*

Si *no* ***abren*** *la puerta, ella* ***romperá*** *el cristal con una piedra.*

Cuando se habla de hechos que eran posibles en el pasado, se usa el imperfecto de indicativo.

- **Si + imperfecto de indicativo, imperfecto de indicativo**
  Si no peleaban, *entre todos* ***podían*** *encontrar una solución.*

Si iban *a intentarlo,* ***debían*** *colaborar.*

Si con subjuntivo

Cuando **si** va seguido del imperfecto de subjuntivo, propone una situación que es más difícil que se haga realidad o que no es posible en el presente.

- **Si + imperfecto de subjuntivo, condicional**

  ***Si** él **quisiera** de verdad a su esposa, no la **trataría** tan mal.*

Cuando **si** va seguido del pluscuamperfecto de subjuntivo, presenta una situación que era poco probable que se cumpliera o que no pudo hacerse realidad en el pasado.

- **Si + pluscuamperfecto de subjuntivo, condicional perfecto**

  ***Si** no **hubiera sido** tan violento, no **se habría tenido** que marchar.*

***Si** ella **hubiera conocido** a un hombre bueno, **se habría casado** con él.*

Como si (*as if*) propone situaciones que son hipotéticas y sólo puede ir seguido de imperfecto o de pluscuamperfecto de subjuntivo.

*El Abogado actúa **como si se hubiera vuelto** loco.*

*El Payaso los mira **como si supiera** que lo van a conseguir.*

Práctica

1 

Si fueras... En parejas, háganse preguntas utilizando las opciones de la lista. Sigan el modelo. Después, compartan sus respuestas con la clase.

Modelo —Si fueras un mueble, ¿qué mueble serías?
—Si yo fuera un mueble, sería una cama porque lo que más me gusta es dormir.

1. un animal
2. una comida
3. un estilo musical
4. un aparato eléctrico
5. un personaje de ficción
6. un personaje famoso de la vida real
7. un programa de televisión
8. un libro

2

Problemas En parejas, preparen un diálogo. Son una pareja o un par de amigos/as. Últimamente han tenido muchos problemas y están discutiendo. Utilicen el **si** condicional con el pluscuamperfecto de subjuntivo. Sigan el modelo.

Modelo —Si hubieras sido más sincero, no habríamos tenido tantos problemas.
—Si tú me hubieras escuchado alguna vez, te habrías dado cuenta de que no era feliz.

Preparación

Sobre la autora

La escritora mexicana **Guadalupe Loaeza** ha destacado por las obras en las que, con un tono de crítica y con mucho humor, retrata la clase social privilegiada de su país, con sus excesos y sus particularidades. Actualmente colabora con una columna de opinión en varios periódicos entre los cuales están *Reforma* y *El Norte*. Además, participa en el programa de televisión *Hoy* y dirige el programa de radio *Detrás del espejo*. Algunos títulos de sus obras son *Las niñas bien, Primero las damas* y *Compro, luego existo*.

Vocabulario de la lectura

el aguinaldo *extra month's salary paid at Christmas*
el compromiso *obligation*
colgar (el teléfono) *to put down (the phone)*
desembolsar *to pay out*
enfriar *to chill*
el/la masajista *masseuse*
¡Qué barbaridad! *This is incredible!*
el/la vigilante *security guard*

Vocabulario útil

esnob *snobby*
la hipocresía *hypocrisy*
el lujo *luxury*
superficial *shallow*

1 **Vocabulario** Busca las palabras que corresponden con las definiciones.

M	Z	D	E	F	T	G	E	R
M	A	S	A	J	I	S	T	A
J	F	F	E	A	N	F	F	I
W	F	C	V	O	C	F	R	R
S	D	O	B	B	R	F	F	F
F	J	L	I	K	I	C	G	N
V	I	G	I	L	A	N	T	E
S	C	A	Y	S	D	A	U	K
H	V	R	M	S	Z	C	N	O

1. Vas a que te atienda cuando tienes algún problema muscular.
2. Imita las opiniones y acciones de quienes considera importantes.
3. Lo haces al terminar de hablar por teléfono.
4. Cuida de tu casa.
5. Para eso lo pones en el refrigerador.

2 **Opiniones** En parejas, háganse estas preguntas y comenten sus respuestas.

1. ¿Te gusta regalar? ¿Y que te regalen?
2. ¿Cuál fue el último regalo que hiciste o te hicieron? ¿Era un día especial o fue un regalo improvisado?

3 **Celebraciones** En parejas, cuéntense una anécdota que les haya ocurrido en una fiesta familiar, como el Día de Acción de Gracias o Navidad.

NAVIDAD DE UNA "rica y famosa"

Si algo les gusta celebrar a "las ricas y famosas", es la Navidad. Además de darles mucha ilusión, es un pretexto perfecto para "recibir" y ser "recibidas". Es decir, para organizar y asistir a todo tipo de reuniones. Lo importante es lucir° su casa, su nacimiento° y su árbol de Navidad, pero sobre todo, reunirse con los amigos también "ricos y famosos".

De ahí que muchas de estas señoras se encuentren, en estos días des-bor-da-das°, des-bo-ca-das°, des-ve-la-das°, des-or-ga-ni-za-das, des-tem-pla-das° y des-es-pe-ra-das porque no les alcanza el tiempo para nada. Imaginemos la víspera° de Navidad de cualquiera de estas mujeres. Imaginemos sus pensamientos mientras conducen su BMW plata por el Paseo de la Reforma para dirigirse a la avenida Presidente Masaryk en la Ciudad de México. Y por último imaginemos las últimas compras que aún le faltan por hacer.

"No es posible este tráfico. No me va a dar tiempo de hacer nada. ¡Qué horror! Es tardísimo y todavía tengo que pasar a Banamex a recoger los travelers°. Primero pasaré a Hermés para comprar el regalo de Paty. Ay, ¿pero una secretaria apreciará lo que es una mascada° de seda de Hermés? I doubt it. Creo que es mejor comprarle algo como una agua de colonia Estée Lauder o un suéter en Zara. ¡Híjole°, qué tonta, se me olvidó cancelar a la masajista! Bueno, ni modo... ¡Que me espere! Al fin que ya le pagué por adelantado la tanda° de 12 masajes. ¿También se le pagará aguinaldo a las masajistas? La verdad es que se me

to show off
ativity scene
verwhelmed
unbridled/
cking sleep/
out-of-sorts
eve
traveler's checks
scarf
Jeez
batch

haría too much... Mejor le regalo la nochebuena° que me mandó mi vecina. Ay, que no se me olvide pasar a Frattina, para comprarme un body negro con mangas largas. Ay, también tengo que ir a Tane a recoger la gargantilla° que aparté para mi cuñada. Espero que no se le olvide al chofer pasar por el mantel° a la tintorería°. Es tan pendejo° que de seguro se le va a olvidar. Mejor le llamo por teléfono".

poinsettia; necklace; tablecloth/dry cleaner's; dumb

Una vez que la señora cuelga su telefonito y lo guarda de nuevo en su bolsa, retoma el hilo° de sus pensamientos. El tráfico todavía se encuentra muy congestionado. "Gracias a Dios ya les compré su regalo a 'las maids'. Todavía no estoy muy segura si darles de aguinaldo una semana o 15 días de su salario. La verdad es que son bien huevonas°. Nada más de tres criadas, una cocinera, dos choferes, el jardinero y el vigilante, tengo que desembolsar como 30 mil pesos... Híjole, la verdad es que me duele el codo°. Debí haber despedido a dos de ellas justo antes de Navidad. Así me hubiera ahorrado el aguinaldo, pero ahora ya es too late. ¡Qué barbaridad, todavía me falta comprar el regalo de Lety y de Nancy! No puedo llegar al salón sin sus regalos de Navidad. Ay, ¿y qué le voy a llevar a Ken, él que es tan lindo conmigo, que me corta el pelo tan bonito, que luego luego me recibe y me hace tanta conversación? ¿Y si le compro una pluma Cartier? ¿Cuánto podría costar? ¿Cuatro mil... 5 mil pesos? Vale la pena. Gracias a él, siempre estoy súper bien peinada... La verdad es que tengo un corte de pelo di-viiiiii-no. Que no se me olvide comprar el disquete de la camarita de video. Ay, otro alto°... ¡Qué horror! ¿Por qué no avanza ese coche? Tengo que hablar a la casa... ."

picks up the thread; dumb; I am very stingy; stop

Para esas horas de la mañana, esta "rica y famosa" empieza a transpirar°, debido a su gruesísimo suéter de cachemira, su falda de gamuza° y sus botas de piel Prada, que se puso desde muy tempranito. Su pelo rubio, acentuado con centenas de "luces" doradas, se ve un poquito grasoso y despeinado. El "botox" que se inyectó, hace unas semanas, en la cara, más que rejuvenecerla, le da un aspecto de rigidez a sus facciones°: "¿Quién ha hablado?", pregunta de pronto a su empleada doméstica, que hace las veces de° su secretaria, desde su celular. "¿Hablaron de American Express? Pero si acabo de pagar más de 200 mil pesos. ¿Qué te dijeron exactamente? ¿Nada más que me comunicara con ellos? Están como operados del cerebro°... Mira, si vuelven a llamar, diles que ya pagué lo de moneda nacional y lo de dólares. Que estoy clean... No, mira, mejor, dales mi número del celular. Bueno, ¿quién más llamó? Okey. Okey. Okey. Oye, ¿no me llamaron de Vamos México? ¡Qué raro, porque me deben mandar el recibo para la deducción de impuestos del donativo que les acabamos de enviar por la Navidad! Oye, cuando lleguen los niños del colegio, les das de comer y después que los lleve el chofer a sus clases de tenis. Que a Patito no se le vayan a olvidar sus brackets°. ¿Ya pusieron las botellas de champagne a enfriar en el refrigerador? Okey. Bueno, yo no me tardo mucho. Cuando termine de mi shopping, me voy al salón. Si me hablan, que me hablen a mi celular, ¿Okey? Bueno... Adiós."

to sweat; chamois leather; facial features; sometimes; dumb; braces (dental)

Respecto a nuestra amiga de la globalización, todos los años es lo mismo. Las mismas carreras°, los mismos gastos, los mismos compromisos y el mismo estrés. Todos los años, en esta época del año, esta "rica y famosa" se hace las mismas reflexiones en relación con el aguinaldo de sus empleados, de sus vacaciones y de sus regalos navideños. Todos los años la invade el mismo espíritu de una Navidad consumista y superficial. Todos los años organiza la cena familiar en su casa y todos los años, después de la fiesta, se duerme con la conciencia tranquila. ■

hurrying around

Análisis

SUPERSITE

1 Comprensión Contesta las preguntas.

1. Según Loaeza, ¿para qué es un pretexto la Navidad para las "ricas y famosas"?
2. ¿Por qué muchas de ellas se encuentran desesperadas esos días?
3. ¿Qué hace la mujer cada vez que para el carro por el tráfico?
4. ¿Por qué debía haber despedido a dos de las *maids*?
5. ¿Para qué tenían que llamarle los de "Vamos México"?

2 Interpretar En parejas, contesten las preguntas.

1. ¿Cómo es la protagonista de la historia? Pongan ejemplos del texto.
2. ¿Qué importancia tienen todas las marcas en el artículo? Razonen su respuesta.
3. ¿Por qué utiliza tantos términos en inglés?
4. ¿Por qué hace referencia la autora a la conciencia tranquila de la mujer?
5. "Todos los años le invade el mismo espíritu de una Navidad consumista y superficial." Comenten la importancia de esta oración en el artículo.

3 Estilos de vida En parejas, escojan dos personajes de la lista e inventen un día en la vida de cada uno de ellos. Compartan después los tres días con la clase. ¿Hay coincidencias?

a. una estrella del rock
b. un(a) peluquero/a esnob
c. un(a) estudiante de ecología
d. un(a) filósofo/a millonario/a
e. un(a) fotógrafo/a profesional
f. un(a) locutor(a) de radio famoso/a

4 Así vivimos En grupos pequeños, háganse las preguntas. Después, conozcan cómo viven sus compañeros participando en una discusión con toda la clase.

1. ¿Estás contento/a con tu vida?
2. ¿Qué haces para ser feliz?
3. ¿Cómo es tu estilo de vida?
4. ¿Cuáles son tus expectativas en esta vida?
5. ¿Qué es lo más importante en tu vida?
6. Si pudieras definir tu existencia con un verbo, ¿qué verbo elegirías?

5 Situaciones En parejas, elijan una de las situaciones e improvisen un diálogo. Utilicen al menos seis palabras de la lista. Cuando estén listos, represéntenlo delante de la clase.

PALABRAS

aguinaldo	desembolsar	lujo
cariño	desprecio	masajista
compromiso	esnob	superficial
dañar	hipocresía	

A

Dos amigos hablan de las fiestas (Día de San Valentín, Navidad,...). Uno/a dice que son muy comerciales; el/la otro/a dice que son buenas para reflexionar sobre nuestras vidas.

B

Dos amigos/as muy diferentes entre sí están discutiendo sobre las ventajas e inconvenientes de la vida sencilla en un área rural y la vida moderna en una zona urbana.

Preparación 

Sobre el autor

En 1928, **Gabriel García Márquez** nació en Aracataca, Colombia. Desde muy joven se dedicó al periodismo y a la literatura, sus dos grandes pasiones. Participó como periodista en varias revistas y diarios hasta que en 1955 publicó su novela *La hojarasca*. Desde entonces, sus obras han sido un éxito editorial y él se ha convertido en uno de los autores más importantes del panorama literario mundial. Su obra, que destaca por la variedad de estilos literarios que cultiva, se hizo internacionalmente famosa tras la publicación de *Cien años de soledad.* Ésta popularizó el género llamado "realismo mágico", en el que la realidad se confunde con la fantasía. En 1982, se le reconoció con el máximo galardón de las letras, el Premio Nobel de Literatura.

Vocabulario de la lectura

el comodín *joker*
condenado/a *doomed*
embarazarse *to get pregnant*
la incapacidad *incompetence*
insalvable *insurmountable*
la inversión *reversal*
invertir *to invert, to reverse*
malbaratar *to squander*
el manejo *management*
menospreciado/a *underestimated*
prevalecer *to prevail*
revelar *to reveal*
sobreponerse *to overcome*

Vocabulario útil

controvertido/a *controversial*
la natalidad *birthrate*
reciclar *to recycle*

1  **Sílabas** Combina las sílabas del cuadro para formar cuatro palabras de **Vocabulario**. Después, escribe cinco oraciones usando esas palabras y el **si** condicional.

ble	dad	in	ne
ca	de	jo	pa
ci	do	ma	sal
con	in	na	va

2 **Experiencias** En parejas, contesten las siguientes preguntas y expliquen sus experiencias.

1. ¿Creen que existe la igualdad entre hombres y mujeres? Pongan ejemplos.
2. ¿Creen que debe cambiar el papel que tienen los hombres y las mujeres en la sociedad? ¿Por qué?
3. ¿Creen que el mundo actual sería diferente si hubiera más mujeres en el poder?

¿Cuáles son las prioridades de la humanidad para las próximas décadas?

Lo único nuevo que podría intentarse para salvar la humanidad en el siglo XXI es que las mujeres asuman° el manejo del mundo. No creo que un sexo sea superior o inferior al otro. Creo que son distintos, con distancias biológicas insalvables, pero la hegemonía masculina ha malbaratado una oportunidad de diez mil años.

°take on

Alguien dijo: "Si los hombres pudieran embarazarse, el aborto sería casi un sacramento". Ese aforismo genial revela toda una moral, y es esa moral lo que tenemos que invertir. Sería, por primera vez en la historia, una mutación esencial del género humano, que haga prevalecer el sentido común —que los hombres hemos menospreciado y ridiculizado con el nombre de intuición femenina— sobre la razón —que es el comodín con que los hombres hemos legitimado nuestras ideologías, casi todas absurdas o abominables.

La humanidad está condenada a desaparecer en el siglo XXI por la degradación del medio ambiente. El poder masculino ha demostrado que no podrá impedirlo, por su incapacidad de sobreponerse a sus intereses. Para la mujer, en cambio, la preservación del medio ambiente es una vocación genética. Es apenas un ejemplo. Pero aunque sólo fuera por eso, la inversión de poderes es de vida o muerte. ■

Análisis

SUPERSITE

1 **Comprensión** Contesta las preguntas.

1. ¿Qué es, según el escritor, lo único que podría hacerse para salvar la humanidad?
2. ¿Qué opinión tiene sobre las diferencias entre los sexos?
3. ¿Con qué identifica García Márquez el sentido común?
4. ¿Por qué dice que va a desaparecer la humanidad en el siglo XXI?
5. ¿Por qué los hombres no han podido solucionar el problema del medio ambiente?
6. Según él, ¿qué es para la mujer la preservación del medio ambiente?

2 **Ampliar** En parejas, contesten las preguntas.

1. El autor habla de la hegemonía masculina. ¿A qué creen que se refiere? Den ejemplos.
2. ¿Creen ustedes en la intuición femenina?
3. García Márquez afirma que la intuición femenina es el sentido común. ¿Están de acuerdo? ¿Ven diferencias entre estos dos conceptos? ¿Cuáles?
4. ¿Cuáles son, según su opinión, las "ideologías absurdas" a las que se refiere el autor colombiano?
5. ¿Están de acuerdo en que el tema del medio ambiente es un asunto (*issue*) de vida o muerte? Expliquen sus respuestas.

3 **Medio ambiente** García Márquez está especialmente preocupado por la degradación del medio ambiente. ¿Y ustedes? En grupos de tres intenten solucionar tres de estos problemas medioambientales. Digan en qué consisten y propongan soluciones.

1. **El excesivo consumo de energía**
   Problema:
   Solución:
2. **La falta de agua**
   Problema:
   Solución:
3. **La contaminación del aire**
   Problema:
   Solución:
4. **El cambio climático**
   Problema:
   Solución:
5. **La deforestación de los bosques**
   Problema:
   Solución:
6. **Las especies en peligro de extinción**
   Problema:
   Solución:
7. **La contaminación del mar**
   Problema:
   Solución:

4 **Embarazados** En grupos pequeños, contesten las preguntas. Después, compartan sus respuestas con la clase.

1. ¿Les gustaría que los hombres pudieran quedarse embarazados?
2. ¿Qué creen que pasaría si fueran los hombres los que tuvieran niños? ¿Qué cambiaría? ¿Qué sería igual?
3. ¿Creen que se va a conseguir el embarazo masculino en el futuro? ¿Están de acuerdo con este tipo de investigaciones científicas? ¿Por qué?

5 **Hombres vs. Mujeres** En grupos pequeños, hagan una lista de las ventajas y otra de las desventajas que tiene ser mujer o ser hombre. Cuando terminen, compartan sus listas con la clase. ¿Coinciden?

Mujer		Hombre	
ventajas	**desventajas**	**ventajas**	**desventajas**

6 **Situaciones** En parejas, elijan una de las situaciones e improvisen un diálogo. Utilicen al menos seis palabras de la lista. Cuando estén listos, represéntenlo delante de la clase.

PALABRAS

compromiso	**insalvable**	**natalidad**
condenado/a	**invertir**	**prevalecer**
controvertido/a	**malbaratar**	**reciclar**
embarazarse	**manejo**	**revelar**
incapacidad	**menospreciado/a**	**sobreponerse**

A

Dos amigos/as, que nunca están de acuerdo, discuten y discuten sin llegar tampoco esta vez a un acuerdo. Su pregunta es: ¿Qué cambiaría si una mujer fuera la presidenta del país?

B

Dos amigos/as discuten sobre el medio ambiente. Uno/a defiende que vale la pena ahorrar energía. El/La otro/a dice que no quiere cambiar su estilo de vida, y que quiere comprarse un SUV.

Preparación

Sobre los autores

El escritor venezolano **Luis Britto García** nació en Caracas en 1940. Ha trabajado como catedrático de historia del pensamiento político en la Universidad Central de Venezuela y actualmente colabora en el periódico *El Nacional* con una columna de opinión. Britto ha publicado una vasta obra ensayística y literaria sobre los problemas sociales y políticos de su país y de toda Latinoamérica. En 1970 recibió el Premio Casa de las Américas por su colección de cuentos *Rajatabla* y, en 1979, por su novela *Abrapalabra*. En 2002 le entregaron el Premio Nacional de Literatura por su trayectoria periodística, literaria y de investigación.

El autor **Poli Délano**, destacado narrador chileno, nació en 1936. En 1973 se le otorgó el Premio Casa de las Américas por su cuento "Cambio de máscaras". De 1974 a 1984 se exilió a México donde publicó varias obras, entre las cuales se encuentra una de sus novelas más conocidas, *En este lugar sagrado*. Un año después de haber llegado a ese país, Délano recibió el Premio Nacional de Cuento. Algunos de sus títulos son *Sin morir del todo, El dedo en la llaga, Cero a la izquierda* y *Solo de saxo*.

Wilfredo Machado nació en Barquisimeto, Venezuela, en 1956. Ha publicado ensayos, cuentos y novelas y, además, ha trabajado en la administración de empresas editoriales. Varios de sus cuentos han sido premiados, entre ellos "Contracuerpo", que en 1986 ganó el Concurso de Cuentos del diario *El Nacional*. En 1995 obtuvo el Premio Municipal de Narrativa con la obra *Libro de Animales* (1994). Ha publicado también *Fábula y muerte del Ángel* (1991) y *Manuscrito* (1994).

Andrés Neuman nació en Buenos Aires en 1977 y se dio a conocer a principios de los años noventa. Neuman se licenció en Filología Hispánica en la Universidad de Granada en donde dirigió la revista *Letra Clara*. Este joven escritor ha ganado hasta el momento tres concursos literarios: Los Nuevos de Alfaguara en 1995, el Premio de Poesía Joven Antonio Carvajal en 1998 y el Federico García Lorca de Poesía en 1999. Neuman ha colaborado además en varias revistas como *Clarín* y *Prima Littera*.

Al autor dominicano **Marcio Veloz Maggiolo** se le considera uno de los más importantes cronistas de Santo Domingo, ciudad en donde nació en 1936. Se licenció en Filosofía y Letras en la Universidad Autónoma de Santo Domingo, recibió el doctorado en Historia de América en la Universidad de Madrid y cursó estudios de periodismo en Quito. Ha sido también embajador en México, Italia y Perú. Veloz Maggiolo ha publicado poesía, ensayo, novela, cuento y crítica literaria. Algunos de los galardones que ha recibido son el Premio Nacional de Poesía en 1961, el Premio Nacional de Novela en 1962, el Premio Nacional de Cuento en 1981 y el Premio Nacional de Literatura en 1996.

Sobre el microcuento

El microcuento es un texto breve que busca atrapar al lector. Suele tener un final abierto, dando la impresión muchas veces de no estar terminado. El lector debe primero recrear y después completar el mundo sugerido por el autor, lo que permite que el final de cada relato sea la creación personal de los diferentes lectores. El microcuento más corto y el mejor ejemplo de este género viene de la mano del microcuentista guatemalteco Augusto Monterroso, titulado "El dinosaurio", cuyo texto íntegro dice así: "Cuando despertó, el dinosaurio todavía estaba allí."

Vocabulario de la lectura

acechar *to lurk*
advertir *to notice*
afilado/a *sharp*
agravarse *to worsen*
amargamente *bitterly*
blando/a *soft, delicate*
la ceguera *blindness*
colocado/a *placed*
compadecer *to feel sorry for*
el consuelo *comfort*
(hacer algo) a sus espaldas *(to do something) behind somebody's back*
oscilar *to swing*
perseguir *to chase*
saltar *to jump*
el vestuario *wardrobe*

Vocabulario útil

la monotonía *monotony*
el sufrimiento *suffering*

1 **Vocabulario** Completa las oraciones con la palabra correspondiente. Después, en parejas, elijan una de las oraciones y escriban una breve historia inspirándose en ella. Cuando terminen, compartan su historia con la clase.

1. Le dijo __________ que no quería seguir viviendo así.
2. El cuchillo se cayó al suelo. En ese momento vio que no estaba __________.
3. Le pidió que no se preocupara, que la situación no iba a __________.
4. Él lloraba sin parar, pero ella no podía darle __________.

PALABRAS

afilado	consuelo
agravarse	oscilar
amargamente	perseguir

2 **Microcuentos** En grupos de tres, elijan un elemento de cada lista para escribir un microcuento. Debe tener unas cinco líneas más o menos. Después, compártanlo con la clase.

Personaje	Situación
un(a) soldado	es invisible
una madre desesperada	va a la guerra
un animal	quiere cambiar su vida
un vigilante	va al psiquiatra

A primera vista

Poli Délano
Chile

Verse y amarse locamente fue una sola cosa. Ella tenía los colmillos largos y afilados. Él tenía la piel blanda y suave: estaban hechos el uno para el otro.

La cita de su vida

Andrés Neuman
Argentina

El lunes sueña con la cita. El martes se entusiasma pensando en que se acerca. El miércoles empieza el nerviosismo. El jueves es todo preparativos, revisa su vestuario, pide turno en la peluquería. El viernes lo soporta como puede. El sábado, por fin, sale a la calle con el corazón rebosante°. Durante toda la mañana del domingo llora sin consuelo. Cuando nota que vuelve a soñar, ya es lunes y hay trabajo.

Fábula de un animal invisible

Wilfredo Machado
Venezuela

El hecho —particular y sin importancia— de que no lo veas, no significa que no exista o que no está aquí, acechándote desde algún lugar de la página en blanco, preparado y ansioso de saltar sobre tu ceguera.

El animal invisible.

El soldado

Marcio Veloz Maggiolo
República Dominicana

Había perdido en la guerra brazos y piernas. Y allí estaba, colocado dentro de una bolsa con sólo la cabeza fuera. Los del hospital para veteranos se compadecían° mientras él, en su bolsa, pendía° del techo y oscilaba como un péndulo medidor° de tragedias. Pidió que lo declarasen muerto y su familia recibió, un mal día, el telegrama del Army: Sargento James Tracy, Vietnam, murió en combate.

La madre lloró amargamente y pensó para sí: "hubiera yo preferido parirlo° sin brazos ni piernas; así jamás habría tenido que morir en un campo de batalla".

felt sorry
dangled
measuring
to give birth to him

LA NAPARANOIA

Luis Britto García
Venezuela

Los pacientes atacados de naparanoia sienten la extraña sensación de que nadie los persigue, ni está tratando de hacerles daño. Esta situación se agrava a medida que creen percibir que nadie habla de ellos a sus espaldas, ni tiene intenciones ocultas. El paciente de naparanoia finalmente advierte que nadie se ocupa de él en lo más mínimo, momento en el cual no se vuelve a saber más nunca del paciente, porque ni siquiera puede lograr que su psiquiatra le preste atención.

Análisis

1 **Interpretar** Contesta las preguntas y explica tus respuestas.

1. a. ¿Quiénes crees que son y qué representan los dos personajes de "A primera vista"?
   b. ¿Por qué crees que "estaban hechos el uno para el otro"?
2. a. ¿Qué tipo de cita crees que tenía el sábado el personaje de "La cita de su vida"?
   b. ¿Por qué crees que llora sin consuelo después? ¿Cómo piensas que es la vida de este personaje?
3. a. En "Fábula de un animal invisible", se lee: "El hecho (...) de que no lo veas no significa que no exista." ¿Estás de acuerdo con esta afirmación o tú sólo crees en lo que ves?
   b. ¿A qué crees que se refiere el autor cuando habla de un animal invisible?
4. a. ¿Por qué pidió el personaje de "El soldado" que lo declarasen muerto?
   b. Él perdió los brazos y las piernas en el campo de batalla. Relaciona este hecho con las palabras de su madre.
5. a. ¿Qué sensación sienten los pacientes del microcuento "La naparanoia"?
   b. ¿Por qué no se vuelve a saber nada de los pacientes "atacados de naparanoia"?

2 **Inventar** En parejas, lean otra vez los microcuentos y expliquen brevemente qué tema(s) creen que trata su autor en cada uno de ellos. Después, hagan una lista de todos los personajes que aparecen en los cinco microcuentos. Inventen un nombre para cada uno de ellos e imaginen qué estilo de vida lleva. Para finalizar la actividad, comparen sus listas con las listas de las otras parejas para ver en qué aspectos coinciden y en cuáles no.

Microcuento	Tema(s)	Personaje(s)
"A primera vista"		
"La cita de su vida"		
"Fábula de un animal invisible"		
"El soldado"		
"La naparanoia"		

3 **¿Cómo sigue?** En parejas, elijan uno de los microcuentos y desarrollen un final nuevo. Compartan su historia con la clase.

4 **Naparanoia** En parejas, preparen un diálogo entre dos de los siguientes personajes. Ellos no están felices con sus vidas, quieren cambiarlas y se dan consejos mutuamente. No olviden usar algunas oraciones con **si** condicional. Cuando terminen, tienen que representar el diálogo delante de la clase.

- una persona invisible
- un(a) fanático/a del trabajo
- una persona rica y famosa
- un(a) enfermo/a de paranoia
- un hombre o una mujer vampiro
- una persona muy tímida e hiperactiva
- un(a) enamorado/a que no es correspondido/a
- un(a) hipocondríaco/a

5 **Ampliar** Trabajen en grupos pequeños para realizar esta actividad.

A Hablen de los siguientes temas. ¿Creen que son problemas de la sociedad contemporánea o son realidades de la condición humana que siempre han existido y siempre existirán? Expliquen, según su opinión, cuáles son sus causas.

- La soledad en las ciudades
- La necesidad de las guerras
- La necesidad de ir al psiquiatra

B Después,intenten dar una solución a cada problema. Usen oraciones condicionales con **si** y el modo subjuntivo. Cuando hayan terminado, compartan sus ideas con la clase.

6 **Un animal imaginario** En parejas, tienen que inventarse un animal imaginario. Tienen que contestar las preguntas y deben estar preparados para dibujarlo en el pizarrón de clase.

1. ¿Dónde viven estos animales?
2. ¿Qué comen?
3. ¿Cómo se mueven?
4. ¿Cómo se comunican entre ellos?
5. ¿Qué habilidades especiales tienen?
6. ¿Varía su rutina en distintas épocas del año?
7. ¿Qué hacen durante el día? ¿Y durante la noche?

7 **Situaciones** En parejas, elijan una de las situaciones e improvisen un diálogo basado en ella. Usen al menos seis palabras de la lista. Cuando estén listos, represéntenlo delante de la clase.

PALABRAS

acechar	**consuelo**	**revelar**
advertir	**insalvable**	**saltar**
agravarse	**monotonía**	**sobreponerse**
amargamente	**oscilar**	**sufrimiento**
compadecer	**perseguir**	**vestuario**

A

Un(a) psiquiatra y un(a) paciente están en la consulta. El/La paciente tiene una enfermedad que el/la psiquiatra dice que es imaginaria. Discuten.

B

Una persona solitaria quiere conocer a su pareja ideal. Pone un anuncio en Internet y contesta un(a) desconocido/a totalmente distinto/a a lo que la persona solitaria buscaba. Acuden a una cita y cuando se conocen se llevan muy mal, al menos al principio.

Preparación

Sobre la autora

Maitena Burundarena nació en Buenos Aires, Argentina, en 1962. Artista autodidacta (*self-taught*), empezó trabajando como ilustradora gráfica de diarios, revistas y textos escolares. Con el tiempo, se inclinó hacia la historieta. Sus personajes aparecieron en *Tiempo Argentino* y *El Cronista Comercial*, entre otros medios gráficos. Desde 1993 tiene una página semanal de humor en la revista *Para Ti*, cuyos trabajos han sido recopilados en los volúmenes *Mujeres alteradas 1, 2, 3, 4* y *5*. Es una de las historietistas más talentosas de la actualidad y sus viñetas se publican en revistas y periódicos de muchos países.

Vocabulario de la tira cómica

alcanzar *to get, to bring*
apagado/a *switched off*
el brote *outbreak*
la cobertura *coverage*
la señal *signal*
el síndrome de abstinencia *withdrawal symptoms*
sonar *to ring*
tender a *to tend to*
el tercero *third party*

Vocabulario útil

dar rabia *to be annoying*
estar localizable *to be available*
innecesario/a *unnecessary, needless*
inoportuno/a *untimely, inopportune*
irritante *irritating*
permitirse el lujo *to afford*
prescindir *to do without*
prolongado/a *long, lengthy*
el/la usuario/a *user*

1 Encuesta En parejas, háganse las preguntas.

1. ¿Tienes teléfono celular? ¿Por qué?
2. ¿Lo consideras un lujo o una necesidad?
3. a. Si tienes uno, ¿podrías prescindir de él? ¿Por qué?
   b. Si no tienes uno, ¿hay algo que te moleste de los usuarios de celular?
4. ¿Crees que hoy día es posible ir por la vida sin teléfono celular?

Análisis

1 En serio En grupos pequeños, contesten las preguntas y compartan sus experiencias.

1. ¿Les resultan familiares las situaciones de la tira cómica? ¿Qué reflejan? ¿Creen que son exageradas?
2. ¿Se sienten identificados/as con algún personaje de las viñetas o conocen a alguien que les recuerde a alguno de ellos?

2 Incomunicación En parejas, improvisen un "diálogo" entre las dos personas de la última viñeta, una vez que él termine su llamada, por supuesto. ¿Quién hablará primero? ¿Qué dirá? ¿Se cortará de nuevo la comunicación?

3 Otra viñeta En parejas, inventen otra situación que capte (*captures*) con humor la dependencia del celular y su influencia en las relaciones personales. Después, compártanla con la clase y, por votación, decidan cuál es la mejor.

Teléfono, Una Enfermedad Celular
PROVOCA ADICCIÓN.
¡SÍ, SOY YO! ¡YA SÉ QUE ESTOY EN EL BAÑO...
¿ME PODRÍAS ALCANZAR UN ROLLO DE PAPEL?
TIENDE A LLEVAR A LA ESQUIZOFRENIA.
SÍ, TE ESCUCHO...
¡NO TE ESCUCHO!
ESCÚCHAME
GENERA BROTES PARANOICOS A TERCEROS.
¿POR QUÉ LO TENÍAS "APAGADO" DE SEIS A SEIS Y VEINTE?
¿QUÉ QUIERE DECIR "FUERA DEL AREA DE COBERTURA"?
¡¿DÓNDE ESTABAS?!!
DELÍRIUM TREMENS PROPIOS.
¡SHH! Y ¿SONÓ? ¿ESTÁ SONANDO? ¿ES EL MÍO?
...ES EN LA TELE...
CREA UN FUERTE SÍNDROME DE ABSTINENCIA.
¡UAU! ¡QUÉ LINDO!
¡... SÍ, MUY LINDO, PERO NOS TENEMOS QUE VOLVER PORQUE HACE 2KM. QUE ME QUEDÉ SIN SEÑAL...!
INCOMUNICA.

maitena

Escribe un artículo de opinión

La ciencia lo sabe, y más de un puñado (*handful*) de casos aislados lo ratifica: "el ser humano tiene la capacidad de vivir ciento veinte años". ¿Qué te parece la idea de cumplir esa edad? Piénsatelo bien y luego escribe un artículo de opinión sobre la posibilidad que tienen los jóvenes de ahora de vivir ciento veinte años.

Plan de redacción

Planea

1. **Busca información** Busca información en la biblioteca o en Internet para ampliar tus conocimientos sobre el tema.
2. **Elige un punto de vista** Debes centrar tu atención en el aspecto o aspectos del tema que más te interesen. Por ejemplo, ¿estás de acuerdo o no?, ¿cómo vas a respaldar (*support*) tu posición?, ¿vas a presentar experiencias personales y/u opiniones de otras personas?, ¿vas a mencionar los descubrimientos científicos realizados hasta el momento?, ¿quieres tú llegar a los ciento veinte años?, etc.

Escribe

3. **Título** Inventa un título interesante para tu artículo.
4. **Introducción** Escribe una breve introducción explicando qué te ha motivado a escribir sobre ese aspecto. Trata de comenzar de manera creativa y original. Debes intentar captar el interés del lector.
5. **Ideas** Aquí debes presentar lo que anticipaste en la introducción y desarrollar el punto de vista que elegiste. Escribe un párrafo para cada idea.
6. **Conclusión** Tienes que resumir brevemente tu opinión. ¿Qué cambios podría causar en el comportamiento y/o estilo de vida de los jóvenes? ¿Cómo podría afectar a las relaciones entre viejos y jóvenes? Termina con una frase que despierte la curiosidad del lector por el tema y provoque en él una reacción.

Comprueba y lee

7. **Revisa** Lee tu artículo para mejorarlo.
   - Comprueba el uso de los tiempos y modos verbales.
   - Evita las oraciones demasiado largas. Usa un estilo claro y sencillo.
   - Evita las repeticiones.
   - Asegúrate de que mencionas las fuentes (*sources*) de donde sacaste la información.
8. **Lee** Lee tu artículo a tus compañeros de clase. Ellos tomarán notas y, cuando hayas terminado de leer, tienes que estar preparado/a para contestar sus preguntas.

¿Cómo será la vida dentro de cincuenta años?

Muchas veces intentamos predecir cómo será el futuro. Pero, ¿podemos tener la absoluta certeza de que nuestras predicciones se cumplirán? ¿Cómo ven ustedes el futuro? ¿Son optimistas o pesimistas? ¿Creen que anticipar el futuro nos puede ayudar a mejorar el presente? Aprovechen esta oportunidad para descubrir qué piensan.

1. La clase se divide en grupos pequeños. Tienen que imaginar cómo será la vida dentro de cincuenta años. Completen la tabla con sus predicciones y luego razónenlas.

¿Cómo serán...?	
los alimentos	
las relaciones personales	
los medios de transporte	
los medios de comunicación	
los sistemas de gobierno	
otros asuntos que se les ocurran	

2. En el caso de que no todos los miembros del grupo estén de acuerdo, pueden mencionar que dentro del grupo hay distintas opiniones y explicar cuáles son.
3. Los diferentes grupos presentan sus ideas a la clase, mientras todos toman notas.
4. Cuando todos los grupos terminen sus presentaciones, toda la clase debe participar haciendo preguntas y/o defendiendo sus opiniones.

Diálogos de los cortometrajes

Vocabulario

Índice

Créditos

Sobre los autores

Cortometraje: *Viaje a Marte*

Director: Juan Pablo Zaramella
País: Argentina

VOZ Eight, seven, six, five, four, three, two, one, zero.

(Antonio niño mira su serie favorita de ciencia ficción de dibujos animados en la televisión.)
VOZ SERIE TV ¡Muere maldito° monstruo invasor!
MADRE DE ANTONIO ¡Antonio! ¡Antonio! ¡Baja un poco ese televisor!
ANTONIO NIÑO Sí mamá, ya termina.
MADRE DE ANTONIO Pero ¡qué escándalo! Todo el día...
VOZ SERIE TV ¡Bajen todos de la nave y ataquen! ¡Fuego!
ANTONIO NIÑO Bien.
VOZ SERIE TV ¿Podrá nuestro héroe escapar de las garras del peligroso monstruo? ¡No se pierda mañana otro apasionante capítulo de *Viaje a Marte!*

damned

(Antonio juega a ser un personaje de su serie favorita.)
ANTONIO NIÑO ¡Fuego! ¡Suban a la nave! ¡Bajen todos de la nave y ataquen! ¡Muere maldito monstruo! Tantatatatán... ¡Corran! ¡Au!
Abuelo quiero ir a Marte.

(Antonio niño va con su abuelo a Marte.)
ABUELO ¿Eh?
ANTONIO NIÑO Cuando sea grande, voy a ir yo en un cohete a Marte.
ABUELO ¿Un cohete? ¿Y para qué vamos a esperar? Yo te puedo llevar ahora.
ANTONIO NIÑO ¿En serio? Abuelo, yo vi en la tele que iban en platillos voladores y en cohetes.
ABUELO Y con grúa también se puede llegar. Ya vas a ver. Ésta es una camioneta especial. Cuando levante velocidad....ffffffff... ¡a Marte! Llegamos.
ANTONIO NIÑO ¡Uau! Señora, ¿esto es Marte?
SEÑORA DEL KIOSCO Sí, bienvenido.
ANTONIO NIÑO Abuelo, ¿me, me compras un recuerdo de Marte?

(Antonio niño en la escuela dos años más tarde)
MAESTRA Y así fue como el Hombre llegó a la Luna, y algún día, quizás no muy lejano°, también llegará a Marte y otros planetas.
ANTONIO NIÑO Señorita, señorita, yo ya estuve en Marte. Me llevó mi abuelo cuando era chico.
MAESTRA Escuchen un poquitito°.
ANTONIO NIÑO ¡En serio! ¡En serio! ¡Me llevó en la camioneta! ¡En serio!
MAESTRA Orden, por favor, chicos. ¡De esa forma no podemos trabajar! ¡No van a entender y yo directamente tomo la lección° sin explicar!

distant

little bit

I give you a test of the lesson

(Locutor retransmitiendo en directo la llegada del Hombre a Marte.)
LOCUTOR ¡Un nuevo hito en la historia de la Humanidad! Otro salto gigante desde que el Hombre puso por primera vez un pie en la Luna. Porque hoy cuatro embajadores de nuestro planeta llegarán a Marte. Esta misión fue concebida por hombres que querían llegar más allá. Tras cinco años de intenso entrenamiento y luego de una rigorosa selección, los astronautas han adaptado sus costumbres y pueden convivir en la nave y dedicarse de lleno a complejas y delicadas tareas científicas.

(El hijo y la esposa de Antonio están siguiendo en directo por televisión la llegada del Hombre a Marte.)
HIJO DE ANTONIO Mamá, papá, ¡vengan que ya están por llegar!
LOCUTOR Una travesía extraordinaria en una nave excepcional...
HIJO DE ANTONIO ¿Viste, pa? Esta noche el Hombre llega a Marte.
ANTONIO ADULTO Y sí, algún día tenían que llegar, ¿no?
ESPOSA DE ANTONIO Ay, Antonio, ¡qué humor! Vos, cuando eras chico ¿no querías ser astronauta?

(Suena el teléfono. Antonio adulto tiene que irse.)
ANTONIO ADULTO Servicio de grúa... Sí... ¿Dónde?... ¿Ruta 78? ¿Entre el arrollo° y la salina°?... ¿Es un camino vecinal?... Creo que sé como llegar pero voy a tardar. Es un poco a trasmano. ¿Vio? Bueno.
ESPOSA DE ANTONIO ¿Y ahora te tenés que ir?
HIJO DE ANTONIO ¡Te vas a perder la llegada!
ANTONIO ADULTO ¿Y qué querés? El Hombre llega a Marte, pero los autos se siguen quedando.

brook/saltmine

*(Antonio adulto va a atender (*take care of*) una emergencia. Monta en la grúa, enciende el radio, se pone en marcha y habla por teléfono para pedir direcciones.)*
LOCUTORA *...Los mensajes de nuestros oyentes...*
OYENTE *...sí... el Hombre está llegando a Marte, pero acá las calles están todas rotas.*
ANTONIO ADULTO Hola, sí, sí, soy yo, el de la grúa... Sí... Recién pasé por° el molino... Hola, sí... y bueno... a la derecha... ¿Hola?... Sí... Disculpe... ¿Qué loma?... se va... usted, me...¿Hola? ¿Usted me escucha?... ¿De la loma a la derecha me dijo?... No, pero yo ahora estoy a la izquierda... ¡No!... ¿Hola?... ¡Hola, hola!... ¡Hola!... ¿Hola?... Casi no hay señal. ...Puta que lo parió°.

I just passed by

Damn!

(Antonio adulto se pierde y termina saliendo en la televisión.)
SEÑORA DEL KIOSCO ¡Bienvenidos!
HIJO DE ANTONIO ¡Mira ma, papi está en la tele!
ASTRONAUTA Houston, we have a problem.

Cortometraje: *Diez minutos*

Director: Alberto Ruiz Rojo
País: España

NURIA Airfone, buenas noches, mi nombre es Nuria. ¿En qué puedo ayudarle?
ENRIQUE Hola, buenas noches, mire, quería hacer una consulta, por favor.
NURIA Facilíteme usted su número de teléfono si es tan amable.
ENRIQUE 637 546189
NURIA Su nombre, por favor, para dirigirme a usted.
ENRIQUE Enrique González Martín.
NURIA Indíqueme su número de DNI, si es tan amable.
ENRIQUE Sí, 3356477658.
NURIA ¿La dirección donde recibe nuestro correo?
ENRIQUE Príncipe de Vergara, 91, 4° derecha.
NURIA Muy bien, don Enrique. Dígame, ¿qué consulta deseaba realizar?
ENRIQUE Vamos a ver, es muy sencillo. A las 19.35 de esta tarde se ha hecho una llamada desde este teléfono. Quería saber a qué número se ha realizado.
NURIA Entiendo. Don Enrique, dice usted que a las 19.35 horas, realizó una llamada desde su terminal a otro número, ¿es correcto?
ENRIQUE Bueno, se hizo desde mi teléfono, sí.
NURIA Entiendo. Un momento.
(Música)
NURIA Gracias por la espera. Don Enrique, indicarle que puede usted comprobar en su teléfono las diez últimas llamadas realizadas.
ENRIQUE Ya, eso ya lo sé, pero el problema es que no hay manera de que salga el número porque ya he hecho más de diez llamadas.
NURIA En ese caso, indicarle que yo no puedo darle esa información.
ENRIQUE Pero ¿por qué?
NURIA Porque no me consta.
ENRIQUE Pero vamos a ver, ahí se quedan registradas todas las llamadas que yo hago, ¿no? Luego, yo en casa recibo la factura donde vienen especificados el número, la duración de la llamada y la hora que se ha hecho la llamada, es así ¿no?
NURIA Efectivamente, usted podrá consultar esa información cuando reciba la factura.
ENRIQUE Ya, pero es que la necesito ahora.
NURIA Don Enrique, le estoy indicando que no le puedo facilitar esa información.
ENRIQUE Pero vamos a ver, ¿estoy hablando con un ordenador o estoy hablando con una persona?
NURIA Está usted hablando con el servicio de atención al cliente de Airfone.

ENRIQUE Simplemente quiero saber si esto es un ordenador o una persona, nada más que eso.
NURIA Don Enrique, está hablando con una persona.
ENRIQUE Vale, pues, entonces no me vuelva a repetir lo de que no me puede dar esa información, ¿vale? Me pones con un supervisor, por favor.
NURIA Indicarle que no nos está autorizado transferir llamadas.
OPERADORA ¿Quieres algo?, voy a la máquina.
NURIA Don Enrique, si desea hacerme otra consulta...
ENRIQUE ¡Sí!, sí, ¡quiero saber qué llamada se ha hecho a las 19.35 de esta tarde desde mi móvil! ¡Simplemente eso!
NURIA Comprendo, pero creo que le estoy explicando...
ENRIQUE Lo que le estoy pidiendo no es ningún capricho, es una información muy importante para mí. ¿Me entiende? Mire, mi novia me ha dejado, se ha ido esta tarde. ¿Usted tiene novio o novia?
NURIA No nos está autorizado dar ningún tipo de información personal.
ENRIQUE Ya, ya, da igual, era sólo para que me entendiera porque ¿usted habrá estado enamorada alguna vez, ¿no?
NURIA Comprendo don Enrique, pero le indico de nuevo...
ENRIQUE Un momento, un momento. Mire, mi novia estaba esta tarde aquí, haciendo la maleta porque mañana se va de viaje y llamó a una amiga para que viniera a recogerla, pero llamó desde mi móvil, porque el suyo ya lo ha dado de baja. Yo no tengo el teléfono de esa amiga, pero si usted me facilita ese teléfono, yo podré llamarla y hablar con ella. ¿Entiende lo importante que es para mí esa llamada? ¿Lo entiende?
NURIA Don Enrique, indicarle, no obstante, que esa información no nos consta.
ENRIQUE ¿Pero qué quiere decir "no nos consta"? ¿No puede usted entrar en el programa de facturación ése y mirar qué llamada se hizo a esa hora? Sé perfectamente la hora que era porque estaba muy nervioso y miré el reloj. Eran las 7: 35, las 19.35.
NURIA Comprendo, don Enrique.
ENRIQUE Pero, comprender ¿qué? ¿No puede usted comprender lo que es la desesperación? ¿Lo que es la impotencia humana? ¿Dónde vamos a ir a parar si no nos echamos una mano cuando lo necesitamos? Nuria, imagínese que fuese al revés. Imagínese que yo estuviera ahí y fuera usted la que necesita ese teléfono. ¿No me diría?: "¿Pero esto no es *atención al cliente*?" ¿Por qué negarme una información que voy a tener dentro de unos días cuando reciba la factura?
NURIA Don Enrique, informarle que de verdad no se le puede facilitar esa información.
ENRIQUE ¿Y no hay un servicio de atención al cliente un poquito más personalizado?
NURIA Don Enrique, éste es el único servicio al cliente de Airfone.
ENRIQUE Y no puede usted consultar con algún compañero, no sé, alguien... alguien que sepa cómo averiguar ese dato, llamando a otro departamento, no lo sé, por favor, se lo estoy suplicando.
NURIA Un momento si es tan amable.
(Música)
NURIA Gracias por la espera, don Enrique. Indicarle que "Por la seguridad del usuario, no se le puede facilitar información alguna sobre el registro de llamadas".
ENRIQUE ¿Cómo que por mi seguridad? ¿Es que no ha escuchado todo lo que le he dicho?
NURIA Don Enrique, si me quiere realizar alguna otra consulta...
ENRIQUE Vamos a ver, Nuria. Yo estoy completamente seguro de que usted no es imbécil, vale... y yo tampoco lo soy. Así que no me tomes como un imbécil. ¿Qué quiere, que estemos así toda la noche? Porque yo no pienso colgar hasta que consiga ese número.
NURIA Don Enrique, indicarle que existe un tiempo máximo en la duración de las llamadas a este servicio.
ENRIQUE Y, ¿qué pasa cuando se acaba?, ¿me electrocuta el móvil?
NURIA Al superar el tiempo máximo, la llamada se interrumpe.
ENRIQUE Pues vuelvo a llamar.
NURIA Correcto, puede usted volver a llamar.
ENRIQUE Ah, claro, ¿entonces ya no hablaría con usted?
NURIA Somos muchas compañeras. Saldría usted ganando.
ENRIQUE Vaya, si tiene usted sentido del humor y todo, entonces es una persona y no un ordenador. Mira, Marta, mi novia, se va fuera a trabajar. Le ha salido un trabajo estupendo en Nueva York, lo que siempre ha querido, su sueño, y ella me pidió que me fuera con ella, pero yo no lo veo claro. Bueno, no lo veía claro. Y esta tarde, cuando estaba vaciando los cajones, cogiendo sus cosas y ha cerrado la maleta, de repente he sentido como que me vaciaran por dentro. Luego se ha marchado, ha cerrado la puerta, y me he quedado ahí, yo qué sé, en el tiempo, mirando la puerta. Nunca había sentido un silencio igual. Desde que se ha marchado, pues es como que nada tiene sentido. No puedo vivir sin ella. Sé que suena a tópico de mierda, pero es verdad. Necesito ese teléfono, es muy urgente, es un asunto de vida o muerte. Mañana coge ese avión, ¿entiendes? ¿Entiendes, joder? Necesito esa mierda de teléfono, ¡ya!, ahora mismo, ¡YA! ¿Estás ahí?
NURIA Don Enrique, indicarle que DE VERDAD no le puedo facilitar esa información.

ENRIQUE Pero, ¿qué estamos haciendo? ¿Qué estamos creando con esta forma de relacionarnos? ¿Qué coño importan las normas, Nuria? Imagínate que estás en un semáforo. Está en rojo para los peatones y hay una niña a tu lado y va a cruzar y cruza y se cae, se tropieza. No se puede levantar y viene un camión y la va a atropellar, ¿no te tirarías a salvarla? Dime, ¿la salvarías? ¿Sí o no?, sin riesgo para ti, ¿la salvarías?
NURIA Ya, pero...
ENRIQUE No, ¿la salvarías, sí o no? ¿Sí o no?
NURIA Sí.
ENRIQUE Sí, sí, sí, sí, has dicho ¡sí!, el primer *sí* de la noche. Has dicho *sí, sí la salvaría,* pero para salvarla te tendrías que saltar un semáforo en rojo, te tendrías que saltar una norma. Saltarse una norma para salvar una vida. Esto es lo mismo, ¿me entiendes? Por Dios, dame ese teléfono. Nuria, yo sé que tú no eres un ordenador. ¡Demuéstramelo! Dame ese número.
NURIA No puedo dar esa información. Lo lamento.
ENRIQUE No, tú antes has dicho "sí", no has dicho "correcto", "afirmativo", "no obstante", has dicho "sí". Seguro que os prohíben decir "sí" en esos cursos de mierda que os hacen. Os habrán prohibido, decir "sí", "buenos días", cualquier cosa que os haga parecer personas con sentimientos. Pero tú has dicho "sí", porque tú eres una persona y me has escuchado. Y hay una parte de ti que me entiende y sabe lo importante que es para mí ese número y el tiempo que llevamos hablando, que son ya casi diez minutos. Espero que no sean diez minutos el tiempo máximo ése.
NURIA Me temo que sí. Mire, de verdad lamento su situación, pero yo no puedo hacer nada, si usted desea hacerme otra consulta yo le contestaré con mucho agrado.

ENRIQUE No sabes lo que siento ahora mismo. Lo que siento aquí dentro en el estómago. Todo el estómago vacío, como una bola, como una gran esfera dentro, hueca y dolorosa. Sólo recuerdo haberme sentido así una vez. Te vas a reír... Yo era un niño y tenía una perrita, una perrita muy fea, la verdad, era un chucho°, pero la adoraba. Se llamaba, Mina. La adorábamos todos: mi padre, mi madre, yo. Y la muy cabrona° una Nochebuena° se perdió. Bajó con mi padre a hacer la compra y desapareció. Estuvimos todo el día desesperados buscándola, de un lado para otro y nada. No aparecía, no aparecía, no aparecía. Y nada, nos pusimos a cenar. Imagínate que ambientazo, ¿no? Y de repente ponen el anuncio ése del turrón[1], el de "vuelve a casa, vuelve"...."Vuelve, a casa vuelve por Navidad, que hoy es Nochebuena y mañana Navidad". Bueno, se nos empezaron a caer unos lagrimones° a todos... La misma sensación en el estómago, el mismo vacío que ahora. No sé por qué no prohíben ese anunció de mierda. ¿A cuánta gente le habrá roto el alma?, ¿Quién no espera en Navidad alguien que no va a volver nunca? Claro que lo que habría que hacer es prohibir la Navidad de una puta vez. Nuria, ¿no dices nada? ¿Te ayudo? "Don Enrique, indicarle que habría que prohibir la puta Navidad". Por una vez tu silencio te hace persona.

mutt
bitch/Christmas Eve
big tears

NURIA ¿Volvió?
ENRIQUE ¿Quién? ¿Mi perrita? Sí, sí, sí, la encontramos al día siguiente. Perdona que te he dejado con la angustia. ¿Tienes perro? Es gracioso, ¿no? El silencio hace que por fin hables. ¿Qué perro? No, no me lo digas, "no puedes dar información personal". ¿Un pastor alemán?
NURIA No.
ENRIQUE ¿Un caniche?
NURIA No.
ENRIQUE ¿Un cocker? (*silencio*) ¡Un cocker! ¡Tienes un cocker! Son muy simpáticos, no, bueno, si tienes un cocker definitivamente eres una buena persona. Ha costado saberlo, pero al final se sabe que eres una buena persona. Nuria, tú sabes el teléfono, ¿verdad? ¿La llamada de las 19.35? La tienes ahí delante, ¿verdad?, en la pantalla.
NURIA No se puede dar.
ENRIQUE Ya, pero la sabes. Nuria, ¿el primer número es un nueve?
NURIA No.
ENRIQUE ¿Un seis?
(Silencio de Nuria)
ENRIQUE Es un seis claro, es un móvil, ¿verdad? El segundo número, ¿es un cero?
NURIA No.
ENRIQUE ¿Un uno?
NURIA No.
ENRIQUE ¿Un dos?
NURIA No.
ENRIQUE ¿Un tres?
(Silencio de Nuria)
ENRIQUE Tres. Es un tres. Perfecto. El siguiente número, ¿es un cero?
NURIA No.
ENRIQUE ¿Un uno?
NURIA No.
ENRIQUE ¿Un dos?

[1] *sweet in the shape of a tile eaten at Christmas especially. The traditional type is made with almonds, or hazelnults, and binded with honey or sugar.*

NURIA No.
ENRIQUE ¿Un tres?
NURIA No.
ENRIQUE ¿Cuatro?
NURIA No.
ENRIQUE ¿Cinco?
NURIA No.
ENRIQUE ¿Seis?
(Silencio de Nuria)
ENRIQUE ¿Seis? Un seis. El siguiente número. ¿Es un cero?
(Silencio de Nuria)
ENRIQUE ¿Es un cero? Venga va. ¿El siguiente es un cero?
NURIA No.
ENRIQUE ¿Un uno?
NURIA No.
ENRIQUE ¿Dos? ¿Es un dos?
NURIA No, no, no.
ENRIQUE ¡Perdona. ¿Tres?
NURIA No.
ENRIQUE ¿Cuatro?
NURIA No.
ENRIQUE ¿Cinco?
NURIA No.
ENRIQUE ¿Seis?
(Silencio de Nuria)
ENRIQUE ¿Es un seis? Mierda, qué poco tiempo queda. El siguiente, ¿un uno?
NURIA No.
ENRIQUE ¿Dos?
NURIA No.
ENRIQUE ¿Tres?
NURIA No.
ENRIQUE ¿Cuatro?
NURIA No.
ENRIQUE ¿Cinco?
NURIA No.
ENRIQUE ¿Seis?
NURIA No.
ENRIQUE ¿Siete?
NURIA No.
ENRIQUE ¿Ocho?
NURIA No.
ENRIQUE ¿Nueve?
NURIA No.
ENRIQUE ¿Cómo que no? ¡Los he dicho todos!
NURIA No.
ENRIQUE ¿Cero? *(Silencio de Nuria)* Cero, mierda, se me había olvidado el cero. El siguiente número, ¿es un cero?
NURIA No.
ENRIQUE ¿Uno? (Silencio de Nuria) Es un uno. Sólo quedan dos, ¿verdad? ¿El siguiente número es un cero?
NURIA No.
ENRIQUE ¿Uno?
NURIA No.
ENRIQUE ¿Dos?
NURIA No.
ENRIQUE ¿Tres?
NURIA No.
ENRIQUE ¿Cuatro?
NURIA No.
ENRIQUE ¿Cinco?
NURIA No.
ENRIQUE ¿Seis?

NURIA No.
ENRIQUE ¿Siete?
(Silencio de Nuria)
ENRIQUE Siete. ¿Es un siete?
ENRIQUE Venga que sólo queda uno, Nuria, El siguiente número, ¿es un nueve?
NURIA ¡¡NO!!
ENRIQUE ¿Ocho?
VOZ Sentimos comunicarle, que el tiempo máximo de llamada a nuestro servicio ha sido superado. Gracias por llamar a Airfone.
ENRIQUE ¡Mierda! ¡Mierda! Un puto número. (*pausa*) ¡Qué gilipollas!
VOZ ¿Dígame?
ENRIQUE Hola, buenas noches ¿Está Marta, por favor?
VOZ Se ha confundido,° eh.
ENRIQUE Perdone. Lo siento.
VOZ Nada.
VOZ ¿Sí?
ENRIQUE Buenas noches, ¿está Marta, por favor?
VOZ Sí, sí, ahora te la paso.

You have the wrong number

Cortometraje: *Nada que perder*

Director: Rafa Russo
País: España

NINA Hola.
PEDRO Hola.
NINA Vamos a la calle Pintor Rosales.
PEDRO ¿Por dónde quieres que vayamos, por la Gran Vía o por los Bulevares?
NINA Me da igual.° Voy con tiempo.
NINA ...tan imperturbable. Imperturbable...
PEDRO ¿Qué, exámenes?
NINA ¿Eh?
PEDRO Que si estás de exámenes.
NINA No, bueno. Esto es un guión de cine. Es que voy a una prueba de *cásting.*
PEDRO Ah, ¿eres actriz?...
NINA Bueno, sí, no sé... La verdad es que nunca se me había ocurrido, pero el otro día alguien que controla esto me dijo que, que yo daría° muy bien en cámara y, no sé, pues me he lanzado y ahora no hay quien me baje del burro°...
PEDRO ¿Y has hecho ya algo?
NINA Bueno, sí. He hecho un par de videoclips y un corto para un amiguete°, pero así, peli-peli° todavía no he hecho ninguna.
PEDRO Ya, ¿y eso es para una... peli-peli?
NINA Sí.
PEDRO Pues qué bien, ¿no?
NINA Mm... Yo no sé ni para qué voy porque no me lo van a dar.
PEDRO Pero hombre, mujer, no digas eso. ¡Hay que ser más positivos en la vida!
NINA Es que me he levantado un poquito espesa°. Me lo noto°... Es que se me han caído hoy la madalenas° en el café. Y el día que se me caen las magdalenas en el café, más vale que me quede en la cama.
PEDRO Ah...
NINA Y luego al guionista este, que se ha sacado unas palabrejas° de la manga que ni te cuento... Porque vamos a ver, ¿tú crees que alguien en la vida real dice "imperturbable"? Vamos, yo no lo he dicho nunca... Y digo yo, con lo bonitos que son esos personajes que no dicen nada, que lo dicen todo con la mirada...
PEDRO Oye, pues por mí, si quieres ensayar en alto, no te cortes°. A mí me encanta el cine... Así te vas soltando° un poco antes de llegar...
NINA ¿De verdad que no te importa?
PEDRO Que no mujer. Tú imagínate que soy el director que te hace la prueba... Hasta el momento han pasado° tres tías° que no lo han hecho nada mal, pero yo no estoy del todo convencido. A ver, ¿cómo te llamas?
NINA Nina Salvador.
PEDRO ¡Siguiente: Nina Salvador!

It's the same to me.
I'd be/I can't back down
friend/real movie
off; out-of-sorts/ I can feel it/ madeleines
strange words
don't be shy/loosening up
have auditioned girls (slang)

(Nina le explica al taxista el contexto de la escena que está ensayando para la prueba de cásting.)
NINA Bueno, ¿te sitúo? Vale, estamos al final de la Guerra Civil española, yo soy la hija de un intelectual republicano que ha sido capturado por los nacionales. Y en esta escena yo voy a pedir la ayuda a un joven militar fascista para que le perdonen la vida a mi padre.
PEDRO ¿Dónde estamos?
NINA Estamos en un bar de un pueblo.
"Rodrigo, ¿cómo puedes estar aquí bebiéndote tu vermú° tan im-per-tur-ba-ble, como si nada ocurriera? Mi padre siempre te trató como a un hijo... ¿Acaso no te acuerdas de aquel fin de semana que viniste con nosotros a Sigüenza y él nos enseñó a reconocer las estrellas?... La osa mayor, la osa menor..." ¡Mierda, se me ha olvidado! A ver... ¿Qué tal?
PEDRO No ibas mal, pero creo que todavía le puedes dar un poquito más de... emoción a la cosa. Piensa que si no convences a ese facha, se cepillan° a tu padre...
NINA Tienes razón...
PEDRO Y no lo digas tan de carrerilla que parece que estás recitando la alineación° del Atleti°.
NINA Es que se me hace muy difícil hacerlo sin que alguien me dé la réplica°...
PEDRO Oye, pues si quieres te la doy yo...
NINA ¿De verdad que no te importa?
PEDRO ¡Que no mujer! Si a mí me encanta esto del cine. Además, aquí tenemos para rato.
NINA Vale, pues haces de° militar facha... Tú siempre estuviste coladito por mí, pero yo te di calabazas. Y en esta escena te encuentras totalmente debatido entre tus principios fachas y tus sentimientos hacia mí.
PEDRO Muy bien... Espera.
¡Cámaras, luces y acción!

vermouth
they finish off
lineup/equipo de fútbol de Madrid
to read the other part
you play the part of

(Nina y el taxista ensayan juntos la escena.)
"Rodrigo, ¿no sé cómo puedes estar aquí bebiéndote tu vermú tan im-per-tur-ba-ble, como si nada ocurriera? Mi padre siempre te trató como a un hijo. ¿Acaso no te acuerdas de aquel fin de semana que viniste con nosotros a Sigüenza y él nos enseñó a distinguir las estrellas?... La Osa Mayor, la Osa Menor..."
PEDRO "Me acuerdo perfectamente. Como también me acuerdo de cómo te reíste, cuando después de bañarnos en el río, te dije lo que sentía por ti..."
NINA "Sólo era una niña y pensaba en príncipes azules... Pero ahora seré toda tuya si lo deseas..."
PEDRO "Si impido° que maten a tu padre... Menudas vueltas da el destino, ¿no te parece? Y vosotros los ateos° no pensáis que Dios tenga nada que ver con ello, que tú has acabado volviendo hacia mí por tu propia iniciativa."
NINA "No sé si es Dios o el Diablo. Sólo sé que la religión...
Tú no eres como ellos, ¿verdad? No debes dormir pensando que entre esos que fusiláis° al amanecer, hay nombres que conoces y rostros que has visto."
PEDRO "También he visto iglesias ardiendo y el país rompiéndose en mil pedazos."
NINA "Y es así como pensáis solucionarlo todo: matando a todo aquél que no comparta vuestras ideas."
PEDRO "Por si no te has enterado, esto es una guerra... Y en una guerra, todo es lícito°..."
NINA "¿Como en el amor?"
PEDRO "No hay tiempo para hablar de amor ahora."
NINA No, hombre, no. ¡No! Tú no me puedes decir eso así tan frío, tan... tan tan imperturbable porque recuerda que tú, en el fondo, en el fondo, sigues enamorado de mí.
(El taxista llega a la calle Pintor Rosales y Nina se despide.)
PEDRO Tienes razón. No hay tiempo para hablar de amor ahora.
NINA Pues muchas gracias.
PEDRO Ha sido un placer. Y ahora, a por todas, ¡sin miedo! No tienes nada que perder.
NINA ¿Qué tal voy?
PEDRO ¡Estupenda!
NINA ¡Ah...! ¿Qué te parece? Es que... como hago° de la hija de un intelectual, pues he pensado que así doy más la pinta°.
PEDRO ¡Que te vean bien esos ojazos que tienes!...
NINA Que luego dicen que todos los taxistas de Madrid sois unos fachas...
NINA ¿Qué te debo?
PEDRO Lo que marca.
NINA Y quédate con el cambio.
PEDRO Gracias. Adiós. ¡Espera! Para la buena suerte. A mí nunca me ha fallado°. ¡Que sí mujer! Yo ya he tenido suficiente suerte pillando° este curre°...
NINA Gracias.
CLIENTE ¿Está libre?

prevent/atheists
shoot
allowed
since I play the part
look the part
failed
getting/job (slang)

PEDRO Sí.
TEXTO Muchos *cástings* y kilómetros después...
PEDRO (en portugués) en portugués) Junho (junio)... Setembro (Septiembre). Outubro (Octubre). Novembro (Noviembre). Dezembro (Diciembre). Segunda semana, palabras nuevas. Repita en voz alta y rápidamente. Desculpe-me (Disculpe). Por favor (Por favor). Infelizmente (Desafortunadamente). Trabalho (Trabajo). O que você está fazendo? (¿Qué estás haciendo?). Sinto muito (Lo siento mucho). Sinto muito (Lo siento mucho). Está frio (Está frío). Bonito (Bonito). Sinto muito (Lo siento mucho). Tercera semana, los...

(Nina sube a un taxi que casualmente conduce Pedro.)
PEDRO Hola.
NINA Hola. A la calle Hermosilla. ¿Tú qué miras tanto?
PEDRO No no no, no puedes decirme eso tan fríamente, tan imperturbable. Si en el fondo, en el fondo sigues enamorada de mí.
NINA Toma, ¡toma! Ya ves la suerte que me ha dado. Y a ti...
PEDRO ¿Qué pasaría si no fueras a donde vas y nos fuéramos a tomar algo?
NINA Tendrías que madrugar°, cariño, porque el cliente me quiere para toda la noche.
PEDRO (en portugués) Eu que pensava em me fazer conductor de limusinas para ter a oportunidade de te conduzir mais uma vez... (Yo que pensaba en ser conductor de limosinas para tener la oportunidad de conducirte una vez más.) ¿Has estado en Lisboa alguna vez?
NINA No.
PEDRO ¿No? Pues es una maravilla, lo tiene todo: el mar, los tranvías°, la luz. Conozco un restaurante alucinante° en el estuario que tiene unas vistas sobre la bahía que te pasas°... sobre todo por la noche cuando ves todas las luces de la ciudad... En cinco horas nos plantamos ahí si tú quieres... Cogemos la carretera y a tirar millas. Cinco horas. ¿Qué dices? Tienen un grupo de música caribeña que levanta hasta a un muerto. ¿No te gusta bailar? Y hay también un grupo de percusionistas que hacen malabarismos con fuego que son, ¡son mágicos! como de otro mundo. ¿Qué dices? Venga, ¡vamos!

get up early

streetcars/fantastic
that are amazing

(Pedro da media vuelta de manera un poco brusca.)
NINA ¿Pero qué haces?
PEDRO Ya verás lo bonito que es.
NINA A ver, ¡espera un momento!
PEDRO Tengo unos amigos que tienen una casa al lado del mar en la que nos podemos quedar todo el tiempo que queramos.
NINA ¡Que te he dicho que te esperes!
PEDRO Si no te gusta o te aburres, te juro que mañana te traigo de vuelta.
NINA ¡Que pares!°
PEDRO Si no te gusta Lisboa, vamos a otro sitio. Donde tú quieras. Yo te llevo. ¿No hay ningún sitio en especial al que siempre hayas querido ir?
NINA Los sitios especiales no están hechos para mí.
PEDRO ¿Y por qué has seguido llevando la cola de conejo todo este tiempo?

Stop!

(Nina recibe una llamada en su teléfono móvil y contesta.)
NINA ¿Sí? No, es que... hay mucho tráfico...
PEDRO No vayas.
NINA No, no, no, no la llames. Ya llego yo...
CASSETE (en portugués) Colores, repita en voz alta y rápidamente. Branco (Blanco). Preto (Negro). Vermelho (Rojo). Azul (Azul). Verde (Verde). Laranja (Naranja). Amarelo (Amarillo). Castanho (Café). Cinzento (Gris). Y ahora, recordemos unos cuantos saludos. Boa-tarde (Buenas tardes). Boa-noite (Buenas noches). Até logo (Hasta luego). Tchau (Adiós).

Cortometraje: *El ojo en la nuca*

Director: Rodrigo Plá
País: Uruguay-México

(Flashback.)
GENERAL DÍAZ ¡Dale!° ¡Dale cachazo°! ¡Dale! Vamos muchachos despacito, eso mismo, ahí está, ¡ahora! — *Hit him!/blow*

TEXTO En Uruguay, la ley de caducidad que otorgaba amnistía a los militares acusados de cometer violaciones a los derechos humanos durante la dictadura militar (1973-1984), fue sometida a referéndum el 16 de abril de 1989. Por un escaso margen de votos, los militares conservaron la impunidad.
TEXTO CIUDAD DE MÉXICO, Una semana después del referéndum.

(Empieza la historia en el presente.)
LAURA Los desaparecidos están muertos, no vuelven...
PABLO Ya, bonita, por favor. Esto es algo que tengo que hacer.
PABLO ¡Ándale! Ábreme... Déjame que te dé un beso...
LAURA Si te vas, ya no regreses...
TEXTO MONTEVIDEO, URUGUAY, 24 de abril de 1989.
PABLO ¡Estate quieto!
DIEGO Es que no es la manera primo, ¿a qué vas? Tenés° que darte cuenta de que esto tampoco es justicia... ¡Por más bronca que tengas! ¡Pará° Pablo! Yo también quería mucho a tu viejo. — *Tienes* / *Para*
PABLO Ese hijo de puta es un asesino y merece la muerte.
DIRECTOR DE LANCE General Díaz. Sr. Pablo Urrutia. ¿Sr. Urrutia? ¡Fuego! ¡uno...! ¡dos...! A su posición por favor General. ¡Fuego! ¡Uno...!
POLICÍAS ¡Alto, policía! ¡Soltá° pibe! ¡Soltá° el arma! — *Suéltala/Suelta*
GENERAL DÍAZ No, no, no me toquen...
POLICÍA Dejá°, no te equivoques. — *Déjalo*
PABLO ¡Diego!, diles que me falta mi tiro°, Diego. ¡Me falta mi tiro, carajo°! ¡Diego! — *shot/damn*
POLICÍA ¡Soltá° el arma! — *Drop*
JUEZA ¿Se da cuenta? En plena democracia dos hombres haciéndose justicia por su propia mano. ¡Es una locura!
PABLO Tiene que dejarme acabar el duelo. Estoy en mi derecho...
JUEZA La ley de duelo existe, sí, pero es anacrónica. Está ahí porque con el tiempo fue olvidada por los legisladores.
POLICÍA ¿Quería algo, Sra. Jueza?
JUEZA Sí, requíselas hasta nuevo aviso y mande° de una vez al General. ¿Me entiende? Lo espero mañana a las nueve para darles una respuesta. — *get*
REPORTERA Por favor, me podría decir, ¿qué pasó ahí adentro? ¿Qué pasó ahí adentro? Treinta años después de efectuado el último duelo a muerte en el Uruguay, dos hombres le dan vigencia° a la ley de duelo con un nuevo enfrentamiento llevado a cabo esta mañana. — *give validity*
DUEÑO ALMACÉN ¡Se fueron!
PABLO ¿Cómo?
DUEÑO ALMACÉN La familia que vivía en esta casa... hace más de diez años que se fueron... se iban para México.
PABLO Gracias.
DIEGO ¡Pablo! Subí°. Dale°, subí. — *(Sube) Get in/Come on*

(Pablo, Laura y Diego están en un bar y ven las noticias.)
CONDUCTORA DE TV Nos encontramos frente al Ministerio de Defensa Nacional... aguardando° las declaraciones del General Díaz, quien fuera señalado como uno de los responsables de delitos y abusos cometidos durante el gobierno de facto. — *waiting for*
REPORTERA TV General Díaz, ¿qué va a pasar a partir del duelo, cree que habrá nuevos actos de violencia?
GENERAL DÍAZ TV No hay que seguir viviendo con un ojo en la nuca, hay que mirar hacia delante y olvidar rencores.
PABLO ¿A qué viniste?
LAURA Tu padre ya está muerto Pablo, tienes que dejarlo ir. Ni siquiera estás seguro de que fue Díaz.
PABLO ¡Cállate! De esto tú nunca entendiste nada. Consígueme un tiro para mañana, primo. El que me deben. No vaya a ser la de malas.
LAURA ¿Pablo?
PABLO Sólo sé que odio, que tengo que odiar. ¡Ésa es mi pinche° herencia! ¡Vámonos a México! — *damn*

(Al día siguiente Diego le da a Pablo lo que éste le pidió.)
DIEGO ¿Dónde andabas? Estamos atrasados. Vení acá°. Lo que me pediste, está adentro. ¿Qué haces? — *Ven aquí*
LAURA ¿Qué pasa?
PABLO Nada.
JUEZA Acta 1531... Por la autoridad que el estado y la constitución me confieren y ante los hechos acaecidos° el pasado 24 de abril de 1989, declaro la ley de duelo suspendida hasta una próxima revisión y por lo tanto la continuación del enfrentamiento entre el General Gustavo Díaz y el Sr. Pablo Urrutia, queda terminantemente prohibida. — *incidents that took place*

(Flashback.)
GENERAL DÍAZ Así que vos sos° de los que aguantan, ¿eh?... Ya vas a saber lo que es bueno. — *tú eres*
¡Llévenselo!
¡Llévenselo!
TEXTO Los militares todavía no han sido juzgados por sus crímenes. En 1991, la ley de duelo fue derogada.

Cortometraje: *Un día con Ángela*

Directora: Julia Solomonoff
País: Argentina

ÁNGELA No, a mí no me gustaría vivir acá. ¡Mucho ruido! Una cosa desesperante. Imagínese todo esto. La tranquilidad, yo no puedo vivir así. Además, está sucio. Mire estas veredas°, ¡todo emparchado°! No sé... A veces, una se siente muy sola en este trabajo, ¿sabe? — *sidewalks/pot-holed*
Me vine sola, a los diecisiete. Después conocí a Pedro, que era albañil. Tuvimos tres criaturas°. Los domingos, hacíamos la casa todos juntos... ¡Qué peleas! Conseguí más trabajo cuando me quedé sola... — *children*
ESCRITOR ¿Y qué pasó con Pedro? ¡Puta! ¡Cómo pesa este bolso! ¿Qué lleva acá?
ÁNGELA ¡No diga malas palabras! Debe ser la plancha. Algunos no tienen ni tabla de planchar, ni escobillón, nada. Traigo yo las cosas. Mire que les dejo notas: compre detergente, compre una rejilla, compre lavandina. Se olvidan. ¡Usted también se olvida! A ver, permiso. El señor Moncalvo no está nunca. Hace un año que trabajo para él, pero lo vi dos veces. Antes él estaba casado, pero ella lo dejó, porque él tomaba. Le debe plata a medio mundo. Antes lo llamaban todo el tiempo, siempre alguno que quería cobrar. ¡Me gritaban a mí! Después se lo cortaron... el teléfono. A mí me da pena. ¡Pobre hombre! ¿Qué mujer se rebajaría a meterse en una cama como ésta? A Pedro, cuando se murió, no le lloré. ¡Ni una lágrima! Le debo el llanto. Y también un puñetazo. Esta camiseta percudida°... debe hacer un mes que no la lavo. La ropa sucia me la esconde. ¿Y esto? ¿Por qué no lo tira? ¡Este hombre no puede tirar nada! ¡Qué manera de juntar porquerías°! — *rotten* / *junk*
ESCRITOR ¿Por qué toma tantas de estas chiquitas°? — *tiny ones*
ÁNGELA A lo mejor no puede comprar más grandes. No sé, ¿vio? Tiene un buen trabajo... Ah, ¡que Dios se lo conserve!
ESCRITOR ¿Qué hace?
ÁNGELA Trabaja en los aviones.
ESCRITOR ¡Ah! En los aviones las regalan.
ÁNGELA ¿Cómo? Si no es mozo, es piloto.
ESCRITOR ¿Piloto?
ÁNGELA ¿Hola?
SEÑORA MONCALVO ¿Con quién hablo?
ÁNGELA Con la doméstica del señor Moncalvo.
SEÑORA MONCALVO Así que ahora tiene mucama. Algo que yo no tengo. ¿Puede la mucama del señor Moncalvo decirle que su mujer quiere hablar con él?
ÁNGELA Sí, sí, pero él no está.
SEÑORA MONCALVO No me mienta. ¡Dígale que atienda°, por favor! — *to come to the phone*
ÁNGELA Bueno, está volando.
SEÑORA MONCALVO ¿Volando? ¿Todavía lo dejan volar? Siempre está volando, querida, siempre.
ÁNGELA No, quiero decir que... que está trabajando.
SEÑORA MONCALVO Dígale que me llame apenas llegue.
ÁNGELA Muy bien, se lo diré. Buenos días.
ÁNGELA ¡Qué mujer repelente! No me extraña° que él esté como esté. — *It doesn't surprise me*

ESCRITOR Ángela limpia mi departamento°. Cobra por horas, viene los jueves a la mañana. Yo escribo, cobro por páginas y esta mañana tenía que entregar una nota, pero no podía concentrarme. En dos horas, Ángela había convertido mi caos en una casa. Yo no había superado mi primer renglón. Se me ocurrió acompañarla. Verla limpiar casas ajenas°. Ella aceptó.

apartment

other people's

ÁNGELA ¿Quiere un poco?
ESCRITOR No.
ÁNGELA Yo no me paso° nunca. ¿Sabe qué? Me saca la pesadez, la pesadez de acá. ¡Me da ánimo! Borra lo malo. Pobre Pedro... usted sabe que ya, yo no me acuerdo lo que hacía de malo. Me acuerdo de los momentos de felicidad, eso no se puede olvidar. ¿Usted es positivo? ¡Ay! ¡Pero hay que ser positivo! Le da... un brillo a la vida. ¿Sabe qué? Tengo fe. Venga a ver, tome un poquitito. Eso, ¡ahí está! Mire, un hombre limpio es otra cosa. Usted sabe que antes que empezara a tomar, antes de que pasara lo peor, mi Pedro era un hombre fuerte y sano... ¡Sabe cómo bailaba! En los bailes, las mujeres lo miraban pero yo era la que lo abrazaba. Bueno, vamos. ¿Sabe una cosa? Voy a dejar todo abierto. No es bueno que un hombre entre en la oscuridad.

I don't overdo it

ESCRITOR Y yo, yo podría vivir en cualquier casa que usted limpie.
ÁNGELA Usted podría vivir en cualquier parte, ¡bah! Venga, cruce aquí.
ESCRITOR ¿Y cómo es la señorita Lubman?
ÁNGELA Tendrá unos treinta años. Y usted, ¿cuántos tiene?
ESCRITOR Veinticinco.
ÁNGELA ¡Mire! Es más grande ella que usted. ¡Qué va! ¿Vio? Las mujeres siempre parecemos más grandes que los hombres. Bueno, le cuento. Es una chica saludable. Tiene amigos... no le duran° mucho que digamos.

they don't last her

ESCRITOR Y los amigos son... ¿como yo?
ÁNGELA Qué, no me va a decir que anda buscando novia, ¡che!
ESCRITOR ¡Ugh! ¡Dietética!
ÁNGELA Deja los libros tirados en todas partes, ¡como usted!
ESCRITOR Me dijo que es escritora, ¿no?
ÁNGELA No, es redactora. Hace propagandas. Conoce usted esa que sale ahora... "La leche, la leche, la leche Guerlera, no es una leche, una leche cualquiera. Es una leche verdadera, ¡Guer-le-ra!" ¡Ella se ríe igualito que usted! Nos hicimos amigas, claro que nos hicimos amigas. Porque un día yo llegué y estaba ella con todos los ojos llorosos°. Me dijo que quería dormir. Que si llamaba alguien dijera que estaba de viaje. Al ratito nomás° se levantó, no podía dormir. Bajó, se fue al baño y se cayó. Ahí, delante de la puerta del baño. Mire, fue terrible. Entonces yo fui abajo, la ayudé a levantarse, le preparé un tecito° y le dije: quédese quietita° en la cama. Y me empezó a decir "gracias, gracias, gracias" de una manera que me asusté. Yo le pregunté qué le dolía, y ella me decía, no me duele nada, se tocaba el vientre y me decía, no siento el cuerpo, estoy como vaciada°. ¡Pobrecita mía! ¡Quería dormir y no podía! Y me decía quiero dormir, quiero dormir y no despertarme, pero no para morirme, sino para olvidarme. Y ahí fue nomás, justito° cuando yo le empecé a hablar de Dios, claro. Que por qué no venía un día al templo. Pero ella me dijo que no, que no podrían consolarla porque no tenía fe. Después se durmió, como un angelito. Yo tenía que irme a trabajar a otra casa, pero no me animaba dejarla así. Yo no dejo solo ni a un perro. Con Pedro fue otra cosa... Ella se despertó como a las dos horas y me pidió que bajara a comprarle leche y tarta de manzana. Cuando volví me preguntó cuántos hijos tenía, a qué edad los había tenido. Yo le conté de los tres. Le conté de que con Marito, el tercero, casi no salgo viva, pero que recé, recé mucho porque quería vivir, vivir para cuidar a los otros dos. ¡No toque eso! ¡Venga conmigo abajo! ¡Voy a hacer las compras!

teary
Right after
cup of tea/still; without moving
emptied
right

(Una amiga de la señorita Lubman le deja un mensaje en el contestador.)
AMIGA DE SEÑORITA LUBMAN Hola negra, ¿cómo estás? Habla Pau. Che, mañana después del seminario vamos a comer con Guido y un amigo que te quiere conocer, ¿dale?° Ponéte° el vestido azul y vení°. Si no llegas a ir al curso, te esperamos en Viamonte y Junín a las 11 horas. Un besito. ¡Chaucha!°

Come on/Ponte/ven
Bye-bye!

ESCRITOR ¿Una computadora? Sí, podría escribir más... O un sillón muy cómodo para leer. No, me quedaría dormido. ¿Y si me fuera al campo? No, tampoco... ¿Mudarme? Me gusta cómo limpia Ángela. Es eficaz, es simétrica, pero no es obsesiva. Sabe que su orden es provisorio y que lo va a tener que volver a hacer la semana siguiente.
ÁNGELA ¡Ah, mire! Mire en esta revista, fíjese, aquí salió... Aquí está. El Doctor Ricardo Cardoza. Fíjese, es éste. Es una fiesta importante, ¿no?
ESCRITOR Ricardo Cardoza, ¿vive acá°?

aquí

ÁNGELA Bueno, vivir, como vivir, no sé. Una vez me dijo que me fuera por dos meses. A veces, esto parece una oficina. Un día, llegó a las tres de la tarde, yo recién llegaba. Me dijo que me podía ir. ¿Pero cómo?, ¡si no le pude hacer la cama! Llegó con... con tres tipos°. ¡Unas caras! Una no ve esas caras en el templo. No es que sean caras lindas, son caras honestas. Éstas... daban miedo. Un día que hacía mucho calor, yo me vine para aquí antes, porque acá está fresquito, prendo el aire acondicionado... me los crucé en la entrada. Él y Graciela Furó. Ella tenía lentes oscuros, pero seguro que era. ¿La conoce a Graciela Furó?

guys

ESCRITOR No.
ÁNGELA ¿Cómo no? Es la de *La Dama de Negro*. ¡La malvada! Después tuvo un accidente y pierde la memoria. Yo le dije al doctor, él me dijo que no, que no era ella. ¿Sabe cuál digo?
ESCRITOR No, no...
ÁNGELA La que no quiere reconocer que tiene un hijo con Antonio Gromau, un hombre indecente... Sí, que después se casa con su primo. Pero si es una artista muy conocida. Bueno, de todas formas, capaz que me equivoqué, yo mucho no la pude mirar. Una cruzadita en el ascensor nomás°. Y... él es un hombre importante, con muchas relaciones°... ¡Agh!... Este departamento siempre tiene ese olor agrio°, no sé de dónde viene... yo paso Pinolux, paso y paso pero no se va. Hay casas que ya vienen así ¿vio? Con un olor fuerte, ¡como de gato! Espera... Es el portero. ¿No?... Sí... ¿Yo? La doméstica. Bueno...
ESCRITOR ¿No quiere que me vaya, la espero abajo mejor?
ÁNGELA No, vamos. Sí, ¡a mí tampoco me gusta este lugar! Téngame°, que yo me cambio rapidito. No me voy a andar fijando, ¿vio? Toda la gente tiene derecho a que le limpie. Es mi trabajo. Vamos.
ESCRITOR Ángela saca fuerzas de su trabajo. Hace algo por los demás. Se siente útil. Yo...
ÁNGELA La señora Doris, cuando está, ¡se pone de pesada! ¡Esa manía° de darme órdenes! "No use demasiado jabón, Ángela. No desperdicie.°" ¡Siempre encima mío! Los chicos, ¡tan sucios! Pegan chicles° por debajo de la mesa. Los hijos del Rafael, gritones° y malcriados°... tienen un perrito que orina° las alfombras, ¡insoportable! ¿Tiene ganas de comer algo? Abra la heladera° y sírvase. ¿Y? A ver, ¡qué rico! A ver, ¡está riquísimo! ¿Por qué no se fija si hay algo dulce? Sabe que debe haber helado... Usted se parece a la Yoli, tan buenita cuando era chiquitita. A ver, un momentito... un toque° de esto... ¿Qué tal? Ahí está. Bueno, una vez, a la Yoli la habían elegido para hacer de dama antigua. La casa de Los Sorondo me habían dado una pollerita°, y yo, yo le había hecho unos voladitos° con papel crepé. Y el Marito, que en ese entonces era tan unido a ella, agarró una peineta°, le puso unas piedritas y unas bolitas... Estábamos orgullosos, la Yoli... ¡parecía una reina! Todo estuvo bien, hasta que trajeron las empanadas con el vino. ¡No tomes, justo hoy, Pedro! La Yoli estaba asustada. No quería que unos compañeritos supieran que él bebía. Y yo, que nunca, nunca me había peleado con él, le dije: Andáte°, Pedro, ¡andáte!, ¡que estás tomando frente de los chicos! A los dos días volvió, con una cajita de música con una dama antigua que daba vueltas...

just
connections/bitter
Hold this
obsession
waste/Stick chewing gum
shouters/spoiled/pees
fridge
touch
skirt/ruffles
ornamental comb
Get out

(Ángela y el Escritor bailan.)
CANCIÓN ...Y así le decían, mami el negro está rabioso, quiere bailar conmigo, decírselo a mi papá, mami, yo me acuesto tranquila, me acuesto de cabeza y el negro me destapa°. Mami, ¿qué será lo que quiere el negro? Mami, ¿qué será lo que quiere el negro? Mami, ¿qué será lo que quiere el negro? Mami, ¿qué será lo que quiere el negro? Mami, ¿qué será lo que quiere el negro?
ÁNGELA ¡Deje eso! A ver, toma. ¿Sabe? Una vez, Pedro y yo peleamos muy fuerte. Yo no lo podía dejar volver, por los chicos, él tomaba mucho. Lo encontraron una mañana muerto de frío, en un banco de plaza. Pedro era tan... ¿Sabe? Cuando transpiraba° parecía que se le limpiaba el cuerpo, le brillaba. Dios guarde su alma. ¡Eh! ¿Qué está hablando?
ESCRITOR Estoy rezando.°
ÁNGELA ¿Usted? Soy yo la que va a misa. ¡Usted ni siquiera cree en Dios!
ESCRITOR Estoy rezando por usted, Ángela.
ÁNGELA No rece por mí, mi alma ya se ha salvado. Rece por esas almas perdidas en la ciudad.
ESCRITOR Ángela vuelve a su casa. Todos vuelven a sus casas. ¿Caminar? ¿Irme a un bar? No, mejor vuelvo a casa. Tengo ganas de escribir.

pulls the covers off
he would sweat
praying

Cortometraje: *Bajo la sombrilla*
Director: Julio Román
País: Puerto Rico

(Vista panorámica de la plaza)
CHICA Se acabó.

MADRE Bendito sea Dios, ¡nena! ¡Carlito°! ¡Termínate el bendito jugo, por Dios! ¡No! No me diga que esta vaina° va a empezar a morir. ¡Dios mío! ¡Con este calor que hace! ¡Carlito! ¡¿No te vas a tomar más nada, nene?! Dame el bendito jugo ese, acá°. Espérate, no me lo... no me lo... ¡Noooo! ¿Por qué hiciste eso, chico? Ahora tengo que buscar con qué rayos limpiarlo. Me has ensuciado° la guagua, chico.
(Se dirige a un vagabundo.)
No tengo chavos°. ¡Que no tengo chavos!, ¿OK? ¡¡Dios mío!! ¿No es suficiente? (*Se dirige a su hijo.*)
¡Te callas la boca que ahora tengo que buscar cómo limpiar el reguero que hiciste! Dios mío.

Carlitos
thing
aquí
You got the car dirty.
money

(La Madre baja de la guagua y cuando regresa no puede entrar.)
MADRE La puerta… no abre… ¡¿Qué es esto?!...No puede ser, no puede ser, no puede ser que yo dejé las llaves adentro, no puede ser Dios mío… ¿Qué voy a hacer ahora?
VAGABUNDO Missy, si no ha abierto hasta ahora, créame que no va a abrir así.
MADRE Ya te dije que no tengo chavos, chico, de verdad. Síguelo por ahí.
VAGABUNDO Pero, permítame.
MADRE No te preocupes, gracias, de verdad. Yo llamo a la gente esta de…
VAGABUNDO Pero, si me permite, yo podría ayudarla.
MADRE No tengo celular ni tengo nada encima. Carlito, ¿qué voy a hacer? Ay, papi, calma, calma, mami lo va a resolver, ¿OK? Dame un break.
VAGABUNDO Missy, no se preocupe que esta puerta la abrimos en ná°.
nada
MADRE No, pero ten cuidado con ese gancho. Cuidado que no me dañes el carro… con cuidado, ¿OK?

(El Abogado va andando y hablando por celular.)
ABOGADO Dile, que mi cliente no va a esperar más. Si mañana a primera hora nosotros no recibimos una oferta, vamos a proceder con la demanda. Bueno, hablamos luego. *(dirigiéndose al Vagabundo)* Oye, aléjate de esa guagua. Te dije que te alejes de esa guagua, aquí no vengas a estar robando.
VAGABUNDO Yo no le estoy robando a nadie.
MADRE No, no, no la guagua es mía; no hay ningún problema, es mía. Se me quedaron las llaves adentro.
ABOGADO Oye, tiene que tener cuidado con esta gente.
VAGABUNDO Oiga, yo también soy un ser humano.
ABOGADO ¡Cállate la boca!
VAGABUNDO Oiga, mister, qué es lo que está pasando.
ABOGADO Voy a abrir la puerta del pasajero, ésa abre más rápido.
(al Vagabundo) ¿Que tú haces?
VAGABUNDO ¿Qué tú crees, papa°? Tratando de abrir la puerta para sacar al chamaquito°.
man/boy
ABOGADO Tú te puedes ir. Nosotros seguimos solos.
MADRE Por favor, dejen eso. Deja que él intente por esa puerta.
ABOGADO *(suena el celular)* Hello… Maldita sea la madre°, Yolanda. Llévala tú o espérame, pero no me sigas llamando. *(Empieza a llover.)*
Damn it!
MADRE ¿Era su esposa? Por eso yo no me caso, porque yo no quiero un hombre que me hable así.
VAGABUNDO Esto está al garete.

(Se acerca el Payaso con una sombrilla.)
ABOGADO Esto es ridículo.
VAGABUNDO Mira, papa, acá el ridículo eres tú.
MADRE Mira, ¿sabe qué? Usted se puede ir. Nosotros nos podemos quedar aquí solos y lo podemos resolver. Váyase con su familia. La próxima vez que hable con su esposa trate de hablarle con un poco de respeto y cariño.

(El Abogado se va, pero enseguida regresa dispuesto a colaborar.)
ABOGADO El power lock de las puertas traseras de esta guagua está aquí al lado… Tal vez sea más sencillo si metemos el gancho por la orilla y empujamos el seguro.
VAGABUNDO Bueno, mister, pues, ¡métase debajo la sombrilla y vamos a hacerlo!
MADRE Por favor, déjenlo ahí, vamos a buscar una piedra o vamos a romper el cristal o algo, pero saquemos el nene ya.
ABOGADO Vamos a tratarlo una última vez, si no logramos abrirlo en esta vez, entonces rompemos el cristal. *(dirigiéndose al Vagabundo)* Vamos, vamos a hacer esto… OK, dobla°, dobla la punta° pa'° que esté más fuerte. Bien, yo voy a agarrar ésta, ¿OK?
bend/tip/para
VAGABUNDO ¡Orea!
ABOGADO Vamos, con cuidado, con cuidado… sigue… hacia abajo… eso, eso… ¡Cayó en el seguro!… cayó… cayó… cayó en el seguro… aguanta°… aguanta… aguanta… ¡Okay! ¡Eso!
hang in there
ABOGADO ¡Abrió la guagua! ¡¡¡Abrióóóóóóó!!!
PAYASO *(dirigiéndose a la Madre)* Será mejor que se quede bajo la sombrilla.
MADRE *(besa al niño)* Gracias Dios mío, gracias. Venga con mami, venga con mami.
MADRE *(abraza al Vagabundo)* ¡Ay! ¿Cuál es su nombre?
VAGABUNDO Pichu.
MADRE Gracias Pichu. *(dirigiéndose a Rey)* Gracias.
REY Fue un placer.
MADRE Y, ¿dónde está el…? *(dirigiéndose a Carlitos)* Venga, vamos con mami, vamos.
ABOGADO Hello, no, no, no la lleves tú sola. Espérame unos minutos, yo voy contigo. Bye.

Introducción al vocabulario

Vocabulario activo

Este glosario contiene las palabras y expresiones que se presentan como vocabulario activo en **REVISTA**. Los números indican la lección en la que se presenta dicha palabra o expresión.

Sobre el alfabeto español

En el alfabeto español la **ñ** es una letra independiente que sigue a la **n**.

Abreviaciones empleadas en este glosario

adj.	adjetivo	*loc.*	locución	*pl.*	plural
adv.	adverbio	*m.*	masculino	*v.*	verbo
f.	femenino				

Español-Inglés

A

a solas *adj.* alone
a voluntad *adv.* at will **5**
abeja *f.* bee **5**
aborrecer *v.* to detest
abuso de poder *m.* abuse of power **4**
acechar *v.* to lurk **6**
acertado/a *adj.* right **1**
acontecimiento *m.* event **1**
acortar *v.* to cut short **3**
acosador(a) *m., f.* stalker **3**
acosar *v.* to stalk **3**
acuarela *f.* watercolor
acusado/a *m., f.* accused **4**
adivinar *v.* to guess **1**
adulatorio/a *adj.* flattering **5**
adusto/a *adj.* austere
advertir *v.* to notice **6**
afilado/a *adj.* sharp **6**
afirmar *v.* to state, to assert **2**
afrontar *v.* to face **2**
agacharse *v.* to crouch down
agarrar *v.* to grab
agasajar *v.* to receive (a guest) **5**
agradecer *v.* to be grateful
agravarse *v.* to worsen **6**
agregar *v.* to add
aguacero *m.* downpour **6**
aguinaldo *m.* extra month's salary paid at Christmas **6**
agujero *m.* hole **4**
aislado/a *adj.* isolated **3**
aislamiento *m.* isolation **4**
ajeno/a *adj.* foreign
alabar *v.* to praise
alarma *f.* alarm **5**
albañil *m., f.* mason **5**
alcanzar *v.* to get, to bring **6**
alcohólico/a *adj.* alcoholic **5**
alienado/a *adj.* alienated **4**
alimentar *v.* to feed **2**
alivio *m.* relief **3**
alma *f.* soul
alocado/a *adj.* reckless **5**
alrededor *adv.* around
altavoz *m.* loudspeaker **4**
alterarse *v.* to get upset **3**
altura *f.* height **5**
aludir *v.* to refer to; to allude **5**
alusión *f.* allusion **3**
amado/a *m., f.* sweetheart **5**
amanecer *v.* to dawn
amante *m., f.* lover **2**
amargamente *adv.* bitterly **6**
amargura *f.* bitterness **1**
ambición *f.* ambition **2**
ambulante *adj.* itinerant **1**
amenazante *adj.* threatening
amenazar *v.* to threaten **1**
amontonar *v.* to pile up
amor de pareja *m.* romantic love **5**
amor no correspondido *m.* unrequited love **5**
andén *m.* platform
ángel *m.* angel
animación *f.* animation **1**
animado/a *adj.* lively
animar *v.* to cheer up **1**
animar *v.* to encourage **3**
anonadado/a *adj.* overwhelmed **3**
anticuado/a *adj.* old-fashioned **5**
anunciar *v.* to foreshadow **1**
anuncio (tele) *m.* (TV) commercial **2**
apagado/a *adj.* switched off **6**
aparentar *v.* to feign **2**
aparición (de un fantasma) *f.* apparition (of a ghost) **1**
aparición *f.* apparition **1**
apartar(se) *v.* to pull someone away **4**; to stray **4**
apasionante *adj.* exciting; thrilling **1**
apatía *f.* apathy, listlessness **3**
apenas *adv.* hardly
aplastar *v.* to squash **1**
apoderarse *v.* to take possession **4**
apresurar(se) *v.* to hurry **4**
arena *f.* sand
arma de fuego *f.* firearm **2**
arma *f.* gun
armario *m.* closet **5**
arrebatar *v.* to snatch **1**
arrebato *m.* fit **3**
arrepentirse *v.* to be sorry; to regret
arriesgarse *v.* to risk; to take a chance **2**
arrogante *adj.* arrogant **5**
arrojar *v.* to throw **4**
arzobispo *m.* archbishop
asaltante *m., f.* robber
asequible *adj.* attainable **2**
asesinar *v.* to murder **4**
asiento trasero *m.* back seat **6**
asomar *v.* to reveal **4**
asombrado/a *adj.* astonished
asombro *m.* astonishment
aspecto *m.* appearance **1**
aspirante a *adj.* aspiring to **3**
astro *m.* heavenly body **1**
astronauta *m., f.* astronaut **1**
astuto/a *adj.* cunning **5**
asustarse *v.* to become frightened **1**
asustarse *v.* to get frightened **1**
atacar *v.* to attack **1**
atasco *m.* traffic jam **3**
ataúd *m.* coffin
aterrizaje *m.* landing **1**
aterrizar *v.* to land **1**
atrapar *v.* to catch
atrasar *v.* to lose time **1**
atravesar *v.* to cross **4**
atreverse a *v.* to have the courage to (+ inf.); to dare
atrofiar *v.* to atrophy, to degrade **3**
atropellar *v.* to run over **2**
autoestima *f.* self-esteem **2**
autovía *f.* highway **5**
avaricioso/a *adj.* greedy **6**
aventurarse *v.* to venture
avergonzado/a *adj.* ashamed; embarrassed **3**
avergonzarse *v.* to be ashamed **3**
averiguar *v.* to find out
azotea *f.* flat roof **4**

B

banda sonora *f.* soundtrack **1**
bandeja *f.* tray **1**
barbaridad: ¡Qué barbaridad! This is incredible! **6**
batería *f.* drums
batir *v.* to beat **4**
batirse en duelo *v.* to fight a duel **4**
besar *v.* to kiss **5**
bicho *m.* bug **1**
bienes *m. pl.* possessions
bienestar *m.* well-being **2**
bigote *m.* moustache **2**
blando/a *adj.* soft, delicate **6**
bloqueo mental *m.* mental block **5**
bombero/a *m., f.* firefighter **2**
bondadosamente *adv.* kindly
bostezar *v.* to yawn **3**
botín *m.* loot
brillo *m.* sparkle **4**
brote *m.* shoot **4**
brote *m.* outbreak **6**
burlar *v.* to get around, to evade **4**
burlarse de *v.* to make fun of **1**
búsqueda *f.* search
butaca *f.* seat **3**

C

cadáver *m.* corpse
cajón (Esp.) *m.* drawer **2**
cambiar de opinión *v.* to change one's mind **4**
camino: de camino a *loc.* on the way to **3**
camioneta *f.* pickup truck **1**
campanilla *f.* bell
campaña *f.* campaign **4**
campesino/a *m., f.* peasant
candidato/a *m., f.* candidate **4**
caos *m.* chaos **5**
capítulo *m.* chapter **1**
capricho *m.* whim **2**
cárcel *f.* jail
cardenal *m.* bruise
carecer *v.* to lack **3**
cargo *m.* position **5**
cariño *m.* affection **6**
carretera *f.* road **5**
casco *m.* helmet **1**
castigar *v.* to punish
castigo *m.* punishment **4**
cásting *m.* audition **3**
caverna *f.* cave, cavern
ceder *v.* to give away **2**
ceguera *f.* blindness **6**
censura *f.* censorship
cerebro *m.* brain
chamán *m.* shaman
chisme *m.* piece of gossip **5**
chispa *f.* flicker **3**
chocar *v.* to crash
cicatriz *f.* scar **1**
ciego/a *adj.* blind **1**
cigarra *f.* cicada **5**
cimentar *v.* to establish **3**
ciudadano/a *m., f.* citizen
clavar *v.* to drive something into something **3**
clave *f.* key **2**
clonación *f.* cloning **1**
cobertura *f.* coverage **6**
cobrar *v.* to charge; to collect money owed **5**
cohete *m.* rocket **1**
cola de conejo *f.* rabitt's foot **3**
colgar (el teléfono) *v.* to put down (the phone) **6**
colmillo *m.* canine **5**
colocado/a *adj.* placed **6**
colonia *f.* eau de cologne
comediante *m., f.* comedian **3**
cometer un crimen *v.* to commit a crime
comodín *m.* joker **6**
compadecer *v.* to feel sorry for **6**
complacer *v.* to please **2**
complicar *v.* to complicate **2**
cómplice *m., f.* accomplice **4**
componerse *v.* to fix itself; to get better
comportarse *v.* to behave **2**
(in)comprensión *f.* (lack of) understanding **2**
comprensivo/a *adj.* understanding **5**
compromiso *m.* obligation **6**
concebir *v.* to conceive **1**
concentrarse *v.* to concentrate **5**
conciliador(a) *m., f.* conciliatory
condenado/a *adj.* doomed **6**
condenar *v.* to sentence
confesar *v.* confess **2**
(in)conformista *adj.* (non)conformist **4**
conmover *v.* to move (emotionally) **2**
consagración *f.* professional recognition **3**
conservatorio *m.* conservatory **3**
consolar *v.* to console **5**
conspirar *v.* to conspire, to plot **3**
consuelo *m.* comfort **6**
consulta *f.* question **2**
contentar *v.* to make happy
contentarse *v.* to be satisfied **2**
controvertido/a *adj.* controversial **6**
convencer *v.* to convince
convertir en *v.* to turn something into something **2**
copo *m.* snowflake
coraje *m.* courage
correrse la voz *v.* to spread news **1**
cortar (el pelo) *v.* to have (the hair) cut **2**
costumbre *f.* custom **3**
creencia *f.* belief **5**
creyente *m., f.* believer **5**
criado/a *m., f.* maid
criarse *v.* to bring up, to be raised by
criatura *f.* creature
cristal *m.* window **6**
crítica *f.* review
crónica *f.* report **1**
cueva *f.* cave **1**
culpable *m., f.* guilty **4**
cura *f.* cure **5**
cura *m.* priest
curita *f.* bandage

D

dañar *v.* to damage **6**
dar a luz *v.* to give birth **4**
dar rabia *v.* to be annoying **6**
darse cuenta *v.* to become aware of something, to realize **2**
datos personales *m. pl.* personal information **2**
de buenas a primeras *loc.* suddenly **1**
deambular *v.* to wander around **6**
debilidad *f.* weakness **5**
decepción *f.* disappointment **1**
decidido/a *adj.* determined **4**
declaración *f.* statement **4**
dedicación *f.* dedication **3**
dedicar *v.* to dedicate **5**
dedicatoria *f.* dedication **5**
deformar *v.* to distort **2**
defraudado/a *adj.* disappointed **3**
delirar *v.* to be delirious
delito *m.* crime **4**
demanda *f.* lawsuit **6**
depresión *f.* depression **2**
deprimido/a *adj.* depressed **2**
derecho *m.* right
derogar (una ley) *v.* to abolish (a law) **4**
derramar *v.* to spill **6**
derretirse *v.* to melt, to disintegrate
desamor *m.* lack of affection **5**
desanimarse *v.* to get discouraged
desaparecer *v.* to disappear **2**
desaparecido/a *m., f.* missing person **4**
desaprovechar *v.* to waste **3**
desconocer *v.* not to know **5**
desconocido/a *adj.* unknown **1**
descubrimiento *m.* discovery **2**
descuidado/a *adj.* careless **1**
desdeñado/a *adj.* rejected **5**
desembarcar *v.* to disembark
desembolsar *v.* to pay out **6**
desengañado/a *adj.* disillusioned **3**
desengaño amoroso *m.* heartbreak **5**
desenlace *m.* ending **3**
deseo *m.* wish, desire **4**
desesperante *adj.* exasperating **5**
desesperar(se) *v.* to become exasperated **2**
desfile *m.* parade **4**

desgraciado/a *adj.* unhappy, unfortunate **2**
deshacer *v.* to disintegrate
desilusionado/a *adj.* disappointed **3**
desilusionar *v.* to disappoint **2**
desilusionarse *v.* to be disappointed, to become disillusioned
desinterés *m.* lack of interest **3**
desistir *v.* to give up hope **2**
desordenado/a *adj.* untidy, messy **5**
despegue *m.* launch, lift-off **1**
desperdiciar *v.* to waste **5**
desprecio *m.* disdain **6**
desprendido/a *adj.* detached **4**
desterrar *v.* to exile **3**
destrozar *v.* to ruin **4**
desvanecerse *v.* to vanish, to disappear
detener *v.* to stop **4**
determinación *f.* determination, resolution
diablo *m.* devil
dibujos animados *m. pl.* cartoon **1**
dictadura *f.* dictatorship **4**
difunto/a *m., f.* deceased **5**
dilatar *v.* to prolong **1**
discurso *m.* speech **4**
disecado/a *adj.* taxidermied
disfraz *m.* costume **2**
disiparse *v.* to clear **1**
disparar *v.* to shoot **4**
dispararse *v.* to skyrocket **3**
disparate *m.* nonsense **3**
disparo *m.* shot **2**
distraer *v.* to distract; to entertain **3**
distraído/a *adj.* absentminded **5**
DNI (Documento Nacional de Identidad) *m.* ID **2**
dócil *adj.* docile **3**
doméstico/a *m., f.* maid **5**
duelo *m.* duel **4**
dulcemente *adv.* sweetly **2**
duro/a *adj.* harsh **4**

E

echar de menos *v.* to miss **4**
ecuación *f.* equation **2**
efectos secundarios *m. pl.* side effects **5**
eficaz *adj.* efficient **5**
embarazada *adj.* pregnant
embarazarse *v.* to get pregnant **6**
embotellamiento *m.* traffic jam **3**
emoción *f.* emotion **2**
empujar *v.* to push **6**
enamoramiento *m.* infatuation **5**
encargado/a *m., f.* supervisor **5**
encuentro *m.* meeting **1**
enfrentamiento *m.* confrontation **4**
enfriar *v.* to chill **6**
engañar *v.* to cheat **2**; to deceive, to trick
engañoso/a *adj.* deceiving **3**
ensayar *v.* to rehearse **3**
ensueño *m.* daydream, fantasy
enterarse *v.* to find out **1**
enterrar *v.* to bury
entierro *m.* burial, funeral
entreabierto/a *adj.* half-open
entrenamiento *m.* training **1**
entristecerse *v.* to become sad **2**
episodio *m.* episode **3**
equilibrio *m.* balance **4**
equivocarse *v.* to make a mistake
escalera *f.* stairway **5**
escalofriante *adj.* horrifying
escándalo *m.* racket **1**
escéptico/a *adj.* skeptical **1**
escoba *f.* broom **1**
esconder *v.* to hide **5**
esconderse *v.* to hide **2**
escondido/a *adj.* hidden
esencia *f.* essence **4**
esfuerzo *m.* effort
esnob *adj.* snobby **6**
espejo *m.* mirror **2**
esperanza *f.* hope **2**
establo *m.* stable
estar en un dilema *v.* to have a dilemma
estar localizable *v.* to be available **6**
estelar *adj.* star **3**
estimular *v.* stimulate **5**
estrella *f.* star **3**
estrenar *v.* to premiere **3**
estreno *m.* premiere **3**
estupidez *f.* stupidity **2**
evadirse *v.* to escape **2**
evitar *v.* to avoid **3**
exigente *adj.* demanding
exigir *v.* to demand **1**
exiliado/a *adj.* exiled, in exile **4**
exilio *m.* exile **4**
existencia *f.* existence **4**
éxito *m.* success **3**
expectativa *f.* expectation **2**
extasiado/a *adj.* captivated, enraptured
extrañar *v.* to miss **2**
extraño/a *adj.* strange, odd **1**
extraterrestre *m., f.* extraterrestrial, alien **1**

F

facha *m., f.* fascist **3**
facilitar *v.* to provide **2**
factura *f.* bill **2**
fajo (de billetes) *m.* wad (of bills)
falla *f.* flaw **4**
fallecer *v.* to die, to expire
falsa ilusión *f.* delusion
falsear *v.* to falsify, to distort **2**
falta de *f.* lack of
famoso/a *m., f.* famous person **3**
fan *m., f.* fan **3**
fantasía *f.* fantasy **1**
fantasma *m.* ghost **1**
fantástico/a *adj.* fantastic, imaginary **1**
fe *f.* faith **5**
fenómeno *m.* phenomenon
fiarse de (alguien) *v.* to trust (somenone) **3**
filo *m.* blade
fingir *v.* to pretend **2**
firmar *v.* to sign
fisgonear *v.* to nose around **5**
fortuito *adj.* fortuitous **3**
forzar *v.* to force **4**
fracaso *m.* failure **3**
fulminante *adj.* sudden, devastating **4**

G

galán *m.* hero **3**
gallina *f.* hen **5**
gallo *m.* rooster **5**
gancho *m.* hanger **6**
garra *f.* claw **1**
gobernar *v.* to govern **4**
golpear *v.* to hit
gorra *f.* cap **3**
gotear *v.* to drip
gritar *v.* to shout **5**
grúa *f.* tow truck **1**
gruta *f.* cave
guagua (P.R.) *f.* minivan **6**
guardia de seguridad *m., f.* security guard **5**
guardia urbano *m., f.* city police **3**
guerra *f.* war **4**
guiñar *v.* to wink **5**

H

hablador(a) *adj.* talkative **5**
hacer: (hacer algo) a sus espaldas *v.* (to do something) behind somebody's back **6**
helar *v.* to freeze
hendido *adj.* cleft, split **1**
herencia *f.* inheritance **4**
hipocresía *f.* hypocrisy **6**
hito *m.* milestone **1**
hogareño/a *adj.* domestic **3**
hostil *adj.* hostile, unfriendly **2**
hueco/a *adj.* hollow **2**
huella *f.* footprint, track **1**
humilde *adj.* humble
humor gráfico *m.* graphic humor (comics) **3**
humorista *m., f.* humorist, cartoonist **3**
hundir (un barco) *v.* to sink (a ship)

I

idealizar *v.* to idealize **5**
idear *v.* to come up with **2**
ilusión *f.* hope; illusion
imaginario/a *adj.* imaginary **1**
impedir *v.* to impede, to hinder **3**
improvisar *v.* to improvise **3**
impune *adj.* unpunished **4**
impunidad *f.* impunity **4**
incapacidad *f.* incompetence **6**
incomodidad *f.* discomfort
incómodo/a *adj.* uncomfortable; awkward **3**
indeciso/a *adj.* undecided
indefenso/a *adj.* defenseless **3**
industria *f.* industry **3**
inédito/a *adj.* unprecedented **4**
inercia *f.* inertia **3**
inerme *adj.* unarmed **4**
infelicidad *f.* unhappiness **2**
infidelidad *f.* infidelity **2**
informarse *v.* to get informed **4**
informe *m.* report
injuriar *v.* to slander
injurioso/a *adj.* slanderous
inmortal *adj.* immortal **1**
inmortalidad *f.* immortality
innecesario *adj.* unnecessary, needless **6**
inocencia *f.* innocence, naivety **1**
inoportuno/a *adj.* untimely, inopportune **6**
inquietante *adj.* disturbing **5**
inquieto/a *adj.* restless **5**
insalvable *adj.* insurmountable **6**
insólito *adj.* unusual **1**
insoportable *adj.* unbearable **5**
inspiración *f.* inspiration **5**
inspirado/a *adj.* inspired **5**
inspirar *v.* to inspire **5**
inspirarse *v.* to get inspired **5**
instinto *m.* instinct **3**
insultar *v.* to insult **5**
internado *m.* boarding school **3**
interpretar *v.* to interpret **3**
interrumpir *v.* to stop **4**
intransigente *adj.* unyielding **2**
intrépido/a *adj.* intrepid
intrigar *v.* to intrigue
inversión *f.* investment; reversal
invertir *v.* to invert, to reverse **6**
investigador(a) *m., f.* researcher **2**
ironía *f.* irony **3**
irritante *adj.* irritating **6**

J

jornada *f.* working day
juez(a) *m., f.* judge **3**
jugar a ser *v.* to play make-believe; to pretend **1**
juicio *m.* trial **4**
juntar *v.* to put together
justo *adv.* just **4**
justo: (in)justo/a *adj.* (un)fair **4**
juzgado *m.* court house **4**
juzgado/a *adj.* tried (legally) **4**
juzgar *v.* to judge

L

laborioso/a *adj.* hard-working **5**
ladrón/ladrona *m., f.* thief
lágrima *f.* tear **5**
languidecer *v.* to languish **1**
legar *v.* to bequeath, to leave (in a will)
lema *m.* motto **4**
lentitud *f.* slowness **1**
letargo *m.* lethargy **3**
liberarse (de) *v.* to free oneself (from) **4**
librarse de *v.* to get free of **2**
librepensador(a) *m., f.* freethinker **3**
linterna *f.* flashlight **1**
llamador *m.* button
llamativo/a *adj.* catchy, striking **3**
llanto *m.* crying **5**
llevar a cabo *v.* to carry out **4**
llevar razón *v.* to be right **5**
locura *f.* madness
lucha *f.* struggle **4**
luchar por *v.* to fight for **2**
lujo *m.* luxury **6**

M

magia *f.* magic **1**
magnificar *v.* to exaggerate **2**
malbaratar *v.* to squander **6**
maletín *m.* briefcase **6**
malhumor *m.* bad mood
malvado/a *adj.* evil **3**
mancha *f.* stain
manejo *m.* management **6**
manía *f.* obsession, peculiar habit
manifestación *f.* demonstration **4**
manosear *v.* to handle
marchar *v.* to leave
Marte Mars **1**
masajista *m., f.* masseuse **6**
máscara *f.* mask **2**
mascullar *v.* to mumble **3**
matar *v.* to kill **1**
medios *m. pl.* means, resources
mejorar *v.* to improve **5**
melodioso/a *adj.* melodious
menospreciado/a *adj.* underestimated **6**
merecer(se) *v.* to deserve **4**
meta *f.* goal **2**
metálico: en metálico *adv.* cash
mezquino/a *adj.* mean
miedo *m.* fear **1**
mimado/a *adj.* spoiled **5**
misa *f.* mass **5**
mobiliario *m.* furniture
mojado/a *adj.* wet
mojarse *v.* to get wet **6**
mono *m., f.* monkey **5**
monotonía *f.* monotony **6**
monstruo *m.* monster **1**
montón *m.* pile
moraleja *f.* moral **5**
moribundo/a *adj.* dying **1**
mortecino/a *adj.* pale, deathly
(teléfono) móvil (Esp.) *m.* cell (phone) **2**
mudo/a *adj.* mute
mueca (de dolor) *f.* grimace (of pain)
multa *f.* fine **3**
muñeca *f.* wrist **1**
muralla *f.* wall
murmullo *m.* murmur

N

natalidad *f.* birthrate **6**
náufrago/a *m., f.* castaway
navaja *f.* razor
nave espacial *f.* spaceship **1**
nave *f.* spaceship **1**
nene *m.* little boy **6**
novelero/a *adj.* fickle **3**
nuca *f.* nape **4**

O

obligar *v.* to oblige, to force **4**
obsesionado/a *adj.* obsessed **3**
ocurrir *v.* to occur **2**
ocurrirse *v.* to come to mind
odiar *v.* to hate **2**
oído *m.* inner ear
olvido *m.* oblivion **2**
oponerse *v.* to oppose
ordenador (Esp.) *m.* computer **2**
oscilar *v.* to swing **6**
otorgar *v.* to grant **4**
OVNI (objeto volador no identificado) *m.* UFO **1**
oxidado/a *adj.* rusted

P

pantalla *f.* screen **3**
paradoja *f.* paradox **4**
paraguas *m.* umbrella
paraíso/a *m., f.* paradise
paranormal *adj.* paranormal
pareja *f.* couple **5**
pasamontañas *m.* ski mask
pasividad *f.* passiveness **3**
paso *m.* step 4
payaso/a *m., f.* clown **6**
pedante *adj.* know-it-all
pelea *f.* argument **5**
pelear *v.* to argue **5**
pelearse *v.* to quarrel

peligro *m.* danger
pelo *m.* hair **2**
peluca *f.* wig
peluquero/a *m., f.* hairdresser **2**
penas *f. pl.* woes **5**
perder(se) *v.* to miss **1**
perderse *v.* to disappear **2**
perdurar *v.* to last **1**
pereza *f.* laziness **3**
perezoso/a *adj.* lazy **3**
permanecer *v.* to remain **2**
permitirse el lujo *v.* to afford **6**
perseguir *v.* to chase **6**
perspicaz *adj.* acute, sagacious
pertenecer *v.* to belong **2**
perverso/a *adj.* perverse **2**
pez *m.* fish **2**
pícaro/a *adj.* cunning **4**
pisar *v.* to tread
plantear un interrogante *v.* to raise a question **1**
platillo volador *m.* flying saucer **1**
poblador(a) *m., f.* settler
pobreza *f.* poverty **1**
poder *m.* power
poderoso/a *adj.* powerful **4**
podrido/a *adj.* fed up **1**
polémico/a *adj.* controversial **3**
poner a salvo *v.* to put in a safe place
porquería *f.* filth
porvenir *m.* future **4**
premio *m.* prize **3**
prensa amarillista *f.* sensationalist press **3**
prensa *f.* press
preocupación *f.* concern, worry **3**
preocupante *adj.* worrying, alarming **3**
presagio *m.* omen **1**
prescindir *v.* to do without **6**
presenciar *v.* to witness **4**
preso/a *m., f.* prisoner
presumido/a *adj.* conceited **5**
prevalecer *v.* to prevail **6**
prevenir *v.* to prevent **5**
principiante *m., f.* beginner **3**
procesión *f.* procession
prolongado/a *adj.* long, lengthy **6**
provechoso/a *adj.* profitable
provisorio/a *adj.* temporary **5**
psiquiatra *m., f.* psychiatrist **2**
puñalada *f.* stab **3**
puñetazo *m.* punch **5**

Q

queja *f.* complaint **4**
quejarse *v.* to complain **5**

R

rabia *f.* anger **4**
radiolocalizador *m.* beeper **4**
rama *f.* branch **4**
rascacielos *m. pl.* skyscraper **5**
rasgar *v.* to tear **4**
rasgos *m. pl.* features
rasguño *m.* scratch
ratón, ratona *m., f.* mouse **1**
rebelarse *v.* to rebel
rebelde *adj.* rebellious
rebeldía *f.* rebelliousness **4**
rechazo *m.* rejection **3**
reciclar *v.* to recycle **6**
recogedor *m.* dustpan **1**
recompensa *f.* reward
recóndito/a *adj.* remote **5**
recuerdo *m.* memory; souvenir **1**
recurrir (a alguien) *v.* to turn to (someone); to resort to (something)
reflejar *v.* to reflect **2**
régimen *m.* form of goverment **4**
registrar *v.* to search
reglamento *m.* regulations
reguero *m.* spill **6**
relámpago *m.* lightning **1**
remedio *m.* remedy, cure **5**
remover *v.* to toss
rencor *m.* resentment **4**
renglón *m.* line **5**
rentable *adj.* profitable
renunciar *v.* to give up **5**
repartir *v.* to distribute, to hand out
reparto *m.* cast **3**
reposo *m.* rest
reproche *m.* reproach
requisar *v.* to confiscate **4**
resistir *v.* to stand **4**
respeto *m.* respect
restos *m. pl.* remains **4**
resultado *m.* result **5**
retar a duelo *v.* to challenge to a duel **4**
retorcido/a *adj.* twisted, devious
retorno *m.* return
retransmisión en directo *f.* live broadcasting **1**
retratar *v.* to photograph
retrato *m.* portrait
retrovisor *m.* rear-view mirror **6**
revelar *v.* to reveal **6**
rezo *m.* prayer
riguroso/a *adj.* thorough, rigorous **1**
risueño/a *adj.* agreeable
ritmo *m.* rhythm
robar *v.* to rob
robo *m.* robbery
robot *m.* robot **4**
rodar *v.* to shoot (a film) **3**
rodear *v.* to surround **1**
rollo *m.* roll **3**
rostro *f.* face
ruidoso/a *adj.* noisy **5**
rumbo *m.* direction **4**
rutina diaria *f.* daily routine **2**

S

saborear *v.* to savor **2**
sala *f.* movie theater **3**
salida de emergencia *f.* emergency exit **5**
saltar *v.* to jump **6**
sangre *f.* blood **1**
sátira *f.* satire **3**
seco/a *adj.* dry
secuestrar *v.* to kidnap **4**
sedentario/a *adj.* sedentary **3**
seguridad *f.* safety **2**
seguro *m.* lock **6**
selva *f.* jungle **5**
sencillez *f.* simplicity **5**
sendero *m.* path **4**
sentimiento *m.* feeling **4**
señal *f.* sign **3**; signal **6**
sequía *f.* drought
ser capaz de *v.* to be able to **5**
ser humano *m.* human being
ser *m.* being **2**
sesión (cinematográfica) *f.* performance **3**
sin pareja *adj.* single **5**
síndrome de abstinencia *m.* withdrawal symptoms **6**
sirena *f.* mermaid, siren
sobrenatural *adj.* supernatural
sobreponerse *v.* to overcome **6**
sobrevivir *v.* survive **2**
soleado/a *adj.* sunny **4**
sombra *f.* shadow
sombrilla *f.* sunshade, umbrella **6**
sonar *v.* to ring **6**
soportar *v.* to put up with
sospechar *v.* to suspect **2**
suceso *m.* incident
suciedad *f.* filth
suelo *m.* ground **1**
sueño *m.* dream **1**
sufrimiento *m.* suffering **6**
sufrir *v.* to suffer **2**
suicidarse *v.* to commit suicide **5**
sumar *v.* to add **2**
sumiso/a *adj.* submissive
superar *v.* to exceed **2**

superar *v.* to overcome, to get over **5**
superarse *v.* to better oneself **5**
superficial *adj.* shallow **6**
superpoblación *f.* overpopulation **1**
suplicar *v.* to plead **2**
suprimir *v.* to suppress **5**
surgir *v.* to arise **3**
suspirar *v.* to sigh
susurrar *v.* to whisper

T

tacaño/a *adj.* miserly, stingy
tanto *adj.* so much **2**
tapa *f.* lid
tejado *m.* roof
teleadicto/a *m., f.* couch potato **3**
telediario *m.* television news **4**
telequinesia *f.* telekinesis
telespectador(a) *m., f.* TV viewer **3**
temblar *v.* to shake, to tremble
temer *v.* to fear **1**
tender a *v.* to tend to **6**
tener celos *v.* to be jealous **2**
tercero *m.* third party **6**
terco/a *adj.* stubborn
testamento *m.* will
tétrico/a *adj.* gloomy
tibio/a *adj.* lukewarm **4**
tijera *f.* scissors
tiritar *v.* to shiver
tomarse la molestia *v.* to bother **3**
tonterías *f. pl.* idiocies **3**
torcer *v.* to twist **4**
tormenta *f.* storm **1**
tortilla *f.* omelet **4**
tragarse *v.* to swallow up **4**
tramar *v.* to plot; to weave **2**
trapo *m.* cloth **6**
trasladar *v.* to move **4**
trastornado/a *adj.* disturbed **3**
tratar a (alguien) *v.* to treat (someone) **3**
tratar de *v.* to try to **2**
tribunal *m.* court **4**
trinar *v.* to sing (as a bird) **4**
tronco *m.* trunk **4**
tropezar *v.* to stumble, to trip; to walk into something
turbado/a *adj.* disturbed

U

urraca *f.* magpie **5**
usuario/a *m., f.* customer **2**; user **6**

V

vaciar *v.* to empty **2**
vago/a *adj.* lazy **3**
valer la pena *v.* to be worth it
valiente *adj.* brave
valor: tener el valor *v.* to have the courage **2**
valorar *v.* to value; to appreciate
vanidoso/a *adj.* vain **2**
varón *m.* man **4**
velocidad *f.* speed **1**
venganza *f.* revenge **1**
vengar *v.* to avenge **4**
vengarse *v.* to take revenge **4**
vestuario *m.* wardrobe **6**
vicio *m.* vice **2**
vigilante *m., f.* security guard **6**
virtud *f.* virtue **2**
volcar *v.* to empty **4**
voltear *v.* to turn **6**
voluntad *f.* will **5**

Inglés-Español

A

abolish (a law) derogar (una ley) *v.* 4
absentminded distraído/a *adj.* 5
abuse of power abuso de poder 4
accomplice cómplice *m., f.* 4
accused acusado/a *m., f.* 4
acute perspicaz *adj.*
add sumar *v.* 2; agregar *v.*
affection cariño *m.* 6
afford permitirse el lujo *v.* 6
agreeable risueño/a *adj.*
alarm alarma *f.* 5
alarming preocupante *adj.* 3
alcoholic alcohólico/a *adj.* 5
alien extraterrestre *m., f.* 1
alienated alienado/a *adj.* 4
allude aludir *v.* 5
allusion alusión *f.* 3
alone a solas *adj.*
ambition ambición *f.* 2
angel ángel *m.*
anger rabia *f.* 4
animation animación *f.* 1
apathy apatía *f.* 3
apparition (of a ghost) aparición (de un fantasma) *f.* 1
apparition aparición *f.* 1
appearance aspecto *m.* 1
appreciate valorar *v.*
archbishop arzobispo *m.*
argue pelear *v.* 5
argument pelea *f.* 5
arise surgir *v.* 3
around alrededor *adv.*
arrogant arrogante *adj.* 5
ashamed avergonzado/a *adj.* 3
ashamed: be ashamed avergonzarse *v.* 3
aspiring to aspirante a *adj.* 3
assert afirmar *v.* 2
astonished asombrado/a *adj.*
astonishment asombro *m.*
astronaut astronauta *m., f.* 1
at will a voluntad *adv.* 5
atrophy atrofiar *v.* 3
attack atacar *v.* 1
attainable asequible *adj.* 2
audition cásting *m.* 3
austere adusto/a *adj.*
avenge vengar *v.* 4
avoid evitar *v.* 3
aware: become aware of something darse cuenta *v.* 2
awkward incómodo/a *adj.* 3

B

back seat asiento trasero *m.* 6
bad mood malhumor *m.*
balance equilibrio *m.* 4
bandage curita *f.*
be (emotionally) moved conmovido/a *adj.* 1
be able to ser capaz de *v.* 5
be annoying dar rabia *v.* 6
be available estar localizable *v.* 6
be jealous tener celos *v.* 2
be raised by criarse *v.*
be right llevar razón *v.* 5
be worth it valer la pena *v.*
beard barba *f.* 2
beat batir *v.* 4
become exasperated desesperar(se) *v.* 2
become frightened asustarse *v.* 1
become sad entristecerse *v.* 2
bee abeja *f.* 5
beeper radiolocalizador *m.* 4
beginner principiante *m., f.* 3
behave comportarse *v.* 2
being ser *m.* 2
being ser *m.* 4
belief creencia *f.* 5
believer creyente *m., f.* 5
bell campanilla *f.*
belong pertenecer *v.* 2
bequeath legar *v.*
better oneself superarse *v.* 5
bill factura *f.* 2
birthrate natalidad *f.* 6
bitterly amargamente *adv.* 6
bitterness amargura *f.* 1
blade filo *m.*
blind ciego/a *adj.* 1
blindness ceguera *f.* 6
blood sangre *f.* 1
boarding school internado *m.* 3
bother tomarse la molestia *v.* 3
brain cerebro *m.*
branch rama *f.* 4
brave valiente *adj.*
briefcase maletín *m.* 6
bring alcanzar *v.* 6
bring up criarse *v.* 6
broom escoba *f.* 1
bruise cardenal *m.*
bug bicho *m.* 1
burial entierro *m.*
bury enterrar *v.*
button llamador *m.*

C

campaign campaña *f.* 4
candidate candidato/a *m., f.* 4
canine colmillo *m.* 5
cap gorra *f.* 3
captivated extasiado/a *adj.* 2
careless descuidado/a *adj.* 1
carry out llevar a cabo *v.* 4
cartoon dibujos animados *m. pl.* 1
cartoonist humorista *m., f.* 3
cash en metálico *adv.*
cast reparto *m.* 3
castaway náufrago/a *m., f.*
catch atrapar *v.*
catchy llamativo/a *adj.* 3
cave cueva *f.*; caverna *f.*; gruta *f.*
cavern caverna *f.*
cell (phone) (teléfono) móvil (Esp.) *m.* 2
censorship censura *f.*
challenge to a duel retar a duelo *v.* 4
change one's mind cambiar de opinión *v.* 4
chaos caos *m.* 5
chapter capítulo *m.* 1
charge cobrar *v.* 5
chase perseguir *v.* 6
cheat engañar *v.* 2
cheer up animar *v.* 1
chill enfriar *v.* 6
cicada cigarra *f.* 5
citizen ciudadano/a *m., f.*
city police guardia urbano *m., f.* 3
clave *f.* key 2
claw garra *f.* 1
clear disiparse *v.* 1
cleft hendido *adj.* 1
cloning clonación *f.* 1
closet armario *m.* 5
cloth trapo *m.* 6
clown payaso/a *m., f.* 6
coffin ataúd *m.*
collect money owed cobrar *v.* 5
come to mind ocurrirse *v.*
come up with idear *v.* 2
comedian comediante *m., f.* 3
comfort consuelo *m.* 6
(TV) commercial anuncio (tele) *m.* 2
commit a crime cometer un crimen *v.*
commit suicide suicidarse *v.* 5
complain quejarse *v.* 5
complaint queja *f.* 4
complicate complicar *v.* 2
computer ordenador (Esp.) *m.* 2
conceited presumido/a *adj.* 5
conceive concebir *v.* 1
concentrate concentrarse *v.* 5
concern preocupación *f.* 3
conciliatory conciliador(a) *m., f.*
condemned condemned *m., f.* 2
confess confesar *v.* 2
confiscate requisar *v.* 4
(non)conformist (in)conformista *adj.* 4
confrontation enfrentamiento *m.* 4
conservatory conservatorio *m.* 3
console consolar *v.* 5
conspire conspirar *v.* 3
controversial polémico/a *adj.*; 3 controvertido/a *adj.* 6
convince convencer *v.*
corpse cadáver *m.*
costume disfraz *m.* 2
couch potato teleadicto/a *m., f.* 3
couple pareja *f.* 5
courage coraje *m.*

courage: to have the courage tener el valor *v.*
court house juzgado *m.* **4**
court tribunal *m.* **4**
coverage cobertura *f.* **6**
crash chocar *v.*
creature criatura *f.*
crime delito *m.* **4**
cross atravesar *v.* **4**
crouch down agacharse *v.*
crying llanto *m.* **5**
cunning astuto/a *adj.* **5**
cunning pícaro/a *adj.* **4**
cure cura *f.* **5**
cure remedio *m.* **5**
custom costumbre *f.* **3**
customer usuario/a *m., f.* **2**
cut short acortar *v.* **3**
cut: (have the hair) cut cortar (el pelo) *v.* **2**

D

daily routine rutina diaria *f.* **2**
damage dañar *v.* **6**
danger peligro *m.*
dare atreverse a [+ inf.] *v.*
dawn amanecer *v.*
daydream ensueño *m.*
deathly mortecino/a *adj.*
deceased difunto/a *m., f.* **5**
deceive engañar *v.*
deceiving engañoso/a *adj.* **3**
dedicate dedicar *v.* **5**
dedication dedicación *f.* **3**; dedicatoria *f.* **5**
defenseless indefenso/a *adj.* **3**
degrade atrofiar *v.* **3**
delicate blando/a *adj.* **6**
delirious: be delirious delirar *v.*
delusion falsa ilusión *f.* **2**
demand exigir *v.* **1**
demanding exigente *adj.*
demonstration manifestación *f.* **4**
depressed deprimido/a *adj.* **2**
depression depresión *f.* **2**
deserve merecer(se) *v.* **4**
desire deseo *m.* **4**
detached desprendido/a *adj.* **4**
determination determinación *f.* **2**
determined decidido/a *adj.* **4**
detest aborrecer *v.*
devastating fulminante *adj.* **4**
devil diablo *m.*
devious retorcido/a *adj.*
dictatorship dictadura *f.* **4**
die fallecer *v.*
dilemma: to have a dilemma estar en un dilema *v.*
direction rumbo *m.* **4**
dirt porquería *f.*
disappear desaparecer *v.* **2**; perderse *v.* **2**; desvanecerse *v.*
disappoint desilusionar *v.* **2**
disappointed defraudado/a, desilusionado/a *adj.* **3**
disappointed: to be disappointed desilusionarse *v.*
disappointment decepción *f.* **1**
discomfort incomodidad *f.*
discouraged: to get discouraged desanimarse *v.*
discovery descubrimiento *m.* **2**
disdain desprecio *m.* **6**
disembark desembarcar *v.*
disillusioned desengañado/a *adj.* **3**
disillusioned: to become disillusioned desilusionarse *v.*
disintegrate deshacer *v.*
distort deformar *v.* **2**; falsear *v.* **2**
distract distraer *v.* **3**
distribute repartir *v.*
disturbed trastornado/a *adj.* **3**; turbado/a *adj.*
disturbing inquietante *adj.* **5**
do without prescindir *v.* **6**
do: (to do something) behind somebody's back (hacer algo) a sus espaldas *v.* **6**
docile dócil *adj.* **3**
domestic hogareño/a *adj.* **3**
doomed condenado/a *adj.* **6**
downpour aguacero *m.* **6**
drawer cajón (Esp.) *m.* **2**
dream sueño *m.* **1**
drip gotear *v.*
drive something into something clavar *v.* **3**
drought sequía *f.*
drums batería *f.*
dry seco/a *adj.*
duel duelo *m.* **4**
dustpan recogedor *m.* **1**
dying moribundo/a *adj.* **1**

E

eau de cologne colonia *f.*
efficient eficaz *adj.* **5**
effort esfuerzo *m.*
embarrassed avergonzado/a *adj.* **3**
emergency exit salida de emergencia *f.* **5**
emotion emoción *f.* **2**
empty vaciar *v.* **2**; volcar *v.* **4**
encourage animar *v.* **3**
ending desenlace *m.* **3**
enraptured extasiado/a *adj.*
entertain distraer *v.* **3**
episode episodio *m.* **3**
equation ecuación *f.* **2**
escape evadirse *v.* **2**
essence esencia *f.* **4**
establish cimentar *v.* **3**
evade burlar *v.* **4**
event acontecimiento *m.* **1**
evil malvado/a *adj.* **3**
exaggerate magnificar *v.* **2**
exasperating desesperante *adj.* **5**
exceed superar *v.* **2**
exciting apasionante *adj.* **1**
exile desterrar *v.* **3**
exile exilio *m.* **4**; **in exile** exiliado/a *adj.* **4**
exiled exiliado/a *adj.* **4**
existence existencia *f.* **4**
expectation expectativa *f.* **2**
expire fallecer *v.*
extraterrestrial extraterrestre *m., f.* **1**

F

face afrontar *v.* **2**
face rostro *f.*
failure fracaso *m.* **3**
fair: (un)fair (in)justo/a *adj.* **4**
faith fe *f.* **5**
falsify falsear *v.* **2**
famous person famoso/a *m., f.* **3**
fan fan *m., f.* **3**
fantastic fantástico/a *adj.* **1**
fantasy ensueño *m.*; fantasía *f.*
fascist facha *m., f.* **3**
fear miedo *m.* **1**
fear temer *v.* **1**
features rasgos *m. pl.*
fed up podrido/a *adj.* **1**
feed alimentar *v.* **2**
feel sorry for compadecer *v.* **6**
feeling sentimiento *m.* **4**
feign aparentar *v.* **2**
fickle novelero/a *adj.* **3**
fight a duel batirse en duelo *v.* **4**
fight for luchar por *v.* **2**
filth porquería *f.*; suciedad *f.*
find out enterarse *v.* **1**; averiguar *v.*
fine multa *f.* **3**
firearm arma de fuego *f.* **2**
firefighter bombero/a *m., f.* **2**
fish pez *m.*
fit arrebato *m.* **3**
fix itself componerse *v.*
flashlight linterna *f.* **1**
flat roof azotea *f.* **4**
flattering adulatorio/a *adj.* **5**
flaw falla *f.* **4**
flicker chispa *f.* **3**
flying saucer platillo volador *m.* **1**
footprint huella *f.* **1**
force forzar *v.*, obligar *v.* **4**
foreign ajeno/a *adj.*
foreshadow anunciar *v.* **1**
form of goverment régimen *m.* **4**
fortuitous fortuito *v.* **4**
free oneself (from) liberarse (de) *v.* **4**
freethinker librepensador(a) *m., f.* **3**
freeze helar *v.*
funeral entierro *m.* **6**
furniture mobiliario *m.*
future porvenir *m.* **4**

G

get alcanzar *v.* 6
get around burlar *v.* 4
get better componerse *v.*
get free of librarse de *v.* 2
get frightened asustarse *v.* 1
get informed informarse *v.* 4
get inspired inspirarse *v.* 5
get over superar *v.* 5
get pregnant embarazarse *v.* 6
get upset alterarse *v.* 3
get wet mojarse *v.* 6
ghost fantasma *m.* 1
give away ceder *v.* 2
give birth dar a luz *v.* 4
give up hope desistir *v.* 2
give up renunciar *v.* 5
gloomy tétrico/a *adj.*
goal meta *f.* 2
govern gobernar *v.* 4
grab agarrar *v.*
grant otorgar *v.* 4
graphic humor (comics) humor gráfico *m.* 3
grateful: be grateful agradecer *v.*
greedy avaricioso/a *adj.* 6
grimace (of pain) mueca (de dolor) *f.*
ground suelo *m.* 1
guess adivinar *v.* 2
guilty culpable *m., f.; adj.* 4
gun arma *f.*

H

hair pelo *m.* 2
hairdresser peluquero/a *m., f.* 2
half-open entreabierto/a *adj.*
hand out repartir *v.*
handle manosear *v.*
hanger gancho *m.* 6
hardly apenas *adv.*
hard-working laborioso/a *adj.* 5
harsh duro/a *adj.* 4
hate odiar *v.* 2
have the courage to (+ inf.) atreverse a *v.* 2
heartbreak desengaño amoroso *m.* 5
heavenly body astro *m.* 1
height altura *f.* 5
helmet casco *m.* 1
hen gallina *f.* 5
hero galán *m.* 3
hidden escondido/a *adj.*
hide esconder *v.* 5; esconderse *v.* 2
highway autovía *f.* 5
hinder impedir *v.* 3
hit golpear *v.*
hole agujero *m.* 4
hollow hueco/a *adj.* 2
hope esperanza *f.* 2
hope ilusión *f.*
horrifying escalofriante *adj.*
hostile hostil *adj.* 2
human being ser humano *m.*
humble humilde *adj.*
humorist humorista *m., f.* 3
hurry apresurar(se) *v.* 4
hypocrisy hipocresía *f.* 6

I

ID DNI (Documento Nacional de Identidad) *m.* 2
idealize idealizar *v.* 5
idiocies tonterías *f. pl.* 3
illusion ilusión *f.*
imaginary fantástico/a, imaginario/a *adj.* 1
immortal inmortal *adj.* 1
immortality inmortalidad *f.*
impede impedir *v.* 3
improve mejorar *v.* 5
improvise improvisar *v.* 3
impunity impunidad *f.* 4
incident suceso *m.*
incompetence incapacidad *f.* 6
incredible: This is incredible! ¡Qué barbaridad! 6
industry industria *f.* 3
inertia inercia *f.* 3
infatuation enamoramiento *m.* 5
infidelity infidelidad *f.* 2
inheritance herencia *f.* 4
inner ear oído *m.*
innocence inocencia *f.* 1
inopportune inoportuno/a *adj.* 6
inspiration inspiración *f.* 5
inspire inspirar *v.* 5
inspired inspirado/a *adj.* 5
instinct instinto *m.* 3
insult insultar *v.* 5
insurmountable insalvable *adj.* 6
interpret (a role) interpretar *v.* 3
intrepid intrépido/a *adj.*
intrigue intrigar *v.*
invert invertir *v.* 6
investment inversión *f.* 6
irony ironía *f.* 3
irritating irritante *adj.* 6
isolated aislado/a *adj.* 3
isolation aislamiento *m.* 4
itinerant ambulante *adj.* 1

J

jail cárcel *f.*
joker comodín *m.* 6
judge juez(a) *m., f.*; juzgar *v.*
jump saltar *v.* 6
jungle selva *f.* 5
just justo *adv.* 4

K

kidnap secuestrar *v.* 4
kill matar *v.* 1
kindly bondadosamente *adv.*
kiss besar *v.* 5
know: not to know desconocer *v.* 5
know-it-all pedante *adj.*

L

lack carecer *v.* 3
lack of affection desamor *m.* 5
lack of falta de *f.*
lack of interest desinterés *m.* 3
land aterrizar *v.* 1
landing aterrizaje *m.* 1
languish languidecer *v.* 1
last perdurar *v.* 1
launch despegue *m.* 1
lawsuit demanda *f.* 6
laziness pereza *f.* 3
lazy perezoso/a *adj.* 3; vago/a *adj.* 3
leave (in a will) legar *v.*
leave marchar *v.*
lengthy prolongado/a *adj.* 6
lethargy letargo *m.* 3
lift-off despegue *m.* 1
lightning relámpago *m.* 1
line renglón *m.* 5
listlessness apatía *f.* 3
little boy nene *m.* 6
live broadcasting retransmisión en directo *f.* 1
lively animado/a *adj.*
lock seguro *m.* 6
long prolongado/a *adj.* 6
loot botín *m.*
lose time atrasar *v.* 1
loudspeaker altavoz *m.* 4
lover amante *m., f.* 2
lukewarm tibio/a *adj.* 4
lurk acechar *v.* 6
luxury lujo *m.* 6

M

madness locura *f.*
magic magia *f.* 1
magpie urraca *f.* 5
maid (empleado/a) doméstico/a *m., f.* 5
maid criado/a *m., f.*
make a mistake equivocarse *v.*
make fun of burlarse de *v.* 1
make happy contentar *v.* 2
man varón *m.* 4
management manejo *m.* 6
Mars Marte 1
mask máscara *f.* 2
mason albañil *m., f.* 5
mass misa *f.* 5

masseuse masajista *m., f.* **6**
mean mezquino/a *adj.*
means medios *m. pl.*
meeting encuentro *m.* **1**
melodious melodioso/a *adj.*
melt derretirse *v.*
memory recuerdo *m.*
mental block bloqueo mental *m.* **5**
mermaid sirena *f.*
messy desordenado/a *adj.* **5**
milestone hito *m.* **1**
minivan guagua (P.R.) *f.* **6**
mirror espejo *m.* **2**
miserly tacaño/a *adj.*
miss perder(se) *v.* **1**; extrañar *v.* **2**; echar de menos *v.* **4**
missing person desaparecido/a *m., f.* **4**
monkey mono *m., f.* **5**
monotony monotonía *f.* **6**
monster monstruo *m.* **1**
moral moraleja *f.* **5**
motto lema *m.* **4**
mouse ratón, ratona *m., f.* **1**
moustache bigote *m.* **2**
move trasladar *v.* **4**
move (emotionally) conmover *v.* **2**
movie theater sala *f.* **3**
mumble mascullar *v.* **3**
murder asesinar *v.* **4**
murmur murmullo *m.*
mute mudo/a *adj.*

N

naivety inocencia *f.* **1**
nape nuca *f.* **4**
needless innecesario *adj.* **6**
noisy ruidoso/a *adj.* **5**
nonsense disparate *m.* **3**
nose around fisgonear *v.* **5**
notice advertir *v.* **6**

O

obligation compromiso *m.* **6**
oblige obligar *v.* **4**
oblivion olvido *m.* **2**
obsessed obsesionado/a *adj.* **3**
obsession manía *f.*
occur ocurrir *v.* **2**
odd extraño/a *adj.* **1**
old-fashioned anticuado/a *adj.* **5**
omelet tortilla *f.* **4**
omen presagio *m.* **1**
oppose oponerse *v.*
outbreak brote *m.* **6**
overcome superar *v.* **5**; sobreponerse *v.* **6**
overpopulation superpoblación *f.* **1**
overwhelmed anonadado/a *adj.* **3**

P

pale mortecino/a *adj.* **2**
parade desfile *m.* **4**
paradise paraíso *m.*
paradox paradoja *f.* **4**
paranormal paranormal *adj.*
passiveness pasividad *f.* **3**
path sendero *m.* **4**
pay out desembolsar *v.* **6**
peasant campesino/a *m., f.*
peculiar habit manía *f.*
performance sesión (cinematográfica) *f.* **3**
personal information datos personales *m. pl.* **2**
perverse perverso/a *adj.* **2**
phenomenon fenómeno *m.*
photograph retratar *v.*
pickup truck camioneta *f.* **1**
piece of gossip chisme *m.* **5**
pile montón *m.*
pile up amontonar *v.*
placed colocado/a *adj.* **6**
platform andén *m.*
play make-believe jugar a ser *v.* **1**
plead suplicar *v.* **2**
please complacer *v.* **2**
plot tramar *v.* **2**; conspirar *v.* **3**
portrait retrato *m.*
position cargo *m.* **5**
possessions bienes *m. pl.*
poverty pobreza *f.* **1**
power poder *m.*
powerful poderoso/a *adj.* **4**
praise alabar *v.*
prayer rezo *m.*
pregnant embarazada *adj.*
premiere estrenar *v.*, estreno *m.* **3**
press prensa *f.*
pretend jugar a ser *v.* **1**; fingir *v.* **2**
prevail prevalecer *v.* **6**
prevent impedir *v.* **3**; prevenir *v.* **5**
priest cura *m.*
prisoner preso/a *m., f.*
prize premio *m.* **3**
procession procesión *f.*
professional recognition consagración *f.* **3**
profitable provechoso/a *adj.*; rentable *adj.*
prolong dilatar *v.* **1**
provide facilitar *v.* **2**
psychiatrist psiquiatra *m.* **2**
pull someone away apartar *v.* **4**
punch puñetazo *m.* **5**
punish castigar *v.*
punishment castigo *m.* **4**
push empujar *v.* **6**
put down (the phone) colgar (el teléfono) *v.* **6**
put in a safe place poner a salvo *v.*
put together juntar *v.*
put up with soportar *v.*

Q

quarrel pelearse *v.*
question consulta *f.* **2**

R

rabitt's foot cola de conejo *f.* **3**
racket escándalo *m.* **1**
raise a question plantear un interrogante *v.* **1**
razor navaja *f.*
realize darse cuenta *v.* **2**
rear-view mirror retrovisor *m.* **6**
rebel rebelarse *v.*
rebellious rebelde *adj.*
rebelliousness rebeldía *f.* **4**
receive (a guest) agasajar *v.* **4**
reckless alocado/a *adj.* **5**
recycle reciclar *v.* **6**
refer to aludir *v.*
reflect reflejar *v.* **2**
regret arrepentirse *v.*
regulations reglamento *m.*
rehearse ensayar *v.* **3**
rejected desdeñado/a *adj.* **5**
rejection rechazo *m.* **3**
relief alivio *m.* **3**
remain permanecer *v.* **2**
remains restos *m. pl.* **4**
remedy remedio *m.* **5**
remote recóndito/a *adj.* **5**
report crónica *f.* **1**; informe *m.*
reproach reproche *m.*
researcher investigador(a) *m., f.* **2**
resentment rencor *m.* **4**
resolution determinación *f.*
resort to something recurrir a *v.*
resources medios *m. pl.*
respect respeto *m.*
rest reposo *m.*
restless inquieto/a *adj.* **5**
result resultado *m.* **5**
return retorno *m.*
reveal asomar *v.* **4**; revelar *v.* **6**
revenge venganza *f.* **1**
reversal inversión *f.*
reverse invertir *v.* **6**
review crítica *f.*
reward recompensa *f.*
rhythm ritmo *m.*
right acertado/a *adj.* **1**; derecho *m.*
rigorous riguroso/a *adj.* **1**
ring sonar *v.* **6**
risk arriesgarse *v.* **2**
road carretera *f.* **5**
rob robar *v.*

robber asaltante *m., f.*
robbery robo *m.*
robot robot *m.* **4**
rocket cohete *m.* **1**
roll rollo *m.* **3**
romantic love amor de pareja *m.* **5**
roof tejado *m.*
rooster gallo *m.* **5**
ruin destrozar *v.* **4**
run over atropellar *v.* **2**
rusted oxidado/a *adj.*

S

safety seguridad *f.* **2**
sagacious perspicaz *adj.*
salary: extra month's salary paid at Christmas aguinaldo *m.* **6**
sand arena *f.*
satire sátira *f.* **3**
satisfied: to be satisfied contentarse *v.*
savor saborear *v.* **2**
scar cicatriz *f.* **1**
scissors tijera *f.*
scratch rasguño *m.*
screen pantalla *f.* **3**
search búsqueda *f.*; registrar *v.*
seat butaca *f.* **3**
security guard guardia de seguridad *m., f.* **5**; vigilante *m., f.* **6**
sedentary sedentario/a *adj.* **3**
self-esteem autoestima *f.* **2**
sensationalist press prensa amarillista *f.* **3**
sentence condenar *v.*
settler poblador(a) *m., f.*
shadow sombra *f.*
shake temblar *v.*
shallow superficial *adj.* **6**
shaman chamán *m.*
sharp afilado/a *adj.* **6**
shiver tiritar *v.*
shoot brote *m.* **4**; disparar *v.* **4**
shoot (a film) rodar *v.* **3**
shot disparo *m.* **2**
shout gritar *v.* **5**
side effects efectos secundarios *m. pl.* **5**
sigh suspirar *v.*
sign firmar *v.*
sign señal *f.* **3**
signal señal *f.* **6**
simplicity sencillez *f.* **5**
sing (as a bird) trinar *v.* **4**
single sin pareja *adj.* **5**
sink (a ship) hundir (un barco) *v.*
siren sirena *f.*
skeptical escéptico/a *adj.* **1**
ski mask pasamontañas *m. pl.*
skyrocket dispararse *v.* **3**
skyscraper rascacielos *m. pl.* **5**
slander injuriar *v.*
slanderous injurioso/a *adj.*
slowness lentitud *f.* **1**
snatch arrebatar *v.* **1**
snobby esnob *adj.* **6**
snowflake copo *m.*
so much tanto *adj.* **2**
soft blando/a *adj.* **6**
somebody's back (hacer algo) a su espalda *v.* **6**
sorry: to be sorry arrepentirse *v.*
soul alma *f.*
soundtrack banda sonora *f.* **1**
souvenir recuerdo *m.* **1**
spaceship nave espacial *f.* **1**
spaceship nave *f.* **1**
sparkle brillo *m.* **4**
speech discurso *m.* **4**
speed velocidad *f.* **1**
spill derramar *v.* **6**; reguero *m.* **6**
split hendido *adj.* **1**
spoiled mimado/a *adj.* **5**
spread news correrse la voz *v.* **1**
squander malbaratar *v.* **6**
squash aplastar *v.* **1**
stab puñalada *f.* **3**
stable establo *m.*
stain mancha *f.*
stairway escalera *f.* **5**
stalk acosar *v.* **3**
stalker acosador(a) *m., f.* **3**
stand resistir *v.* **4**
star estelar *adj.* **3**; estrella *f.* **3**
state afirmar *v.* **2**
statement declaración *f.* **4**
step paso *m.* **4**
stimulate estimular *v.* **5**
stingy tacaño/a *adj.*
stop detener *v.*; interrumpir *v.* **4**
storm tormenta *f.* **1**
strange extraño/a *adj.* **1**
stray apartarse *v.* **4**
striking llamativo/a *adj.* **3**
struggle lucha *f.* **4**
stubborn terco/a *adj.*
stumble tropezar *v.*
stupidity estupidez *f.* **2**
submissive sumiso/a *adj.*
success éxito *m.* **3**
sudden fulminante *adj.* **4**
suddenly de buenas a primeras *adv.* **1**
suffer sufrir *v.* **2**
suffering sufrimiento *m.* **6**
sunny soleado/a *adj.* **4**
sunshade sombrilla *f.* **6**
supernatural sobrenatural *adj.*
supervisor encargado/a *m., f.* **5**
suppress suprimir *v.* **5**
surround rodear *v.* **1**
survive sobrevivir *v.* **2**
suspect sospechar *v.* **2**
swallow up tragarse *v.* **4**
sweetheart amado/a *m., f.* **5**
sweetly dulcemente *adv.* **2**
swing oscilar *v.* **6**
switched off apagado/a *adj.* **6**

T

take a chance arriesgarse *v.* **2**
take possession apoderarse *v.* **4**
take revenge vengarse *v.* **4**
talkative hablador(a) *adj.* **5**
tapa *f.* lid
taxidermied disecado/a *adj.*
tear rasgar *v.* **4**; lágrima *f.* **5**
telekinesis telequinesia *f.*
television news telediario *m.* **4**
temporary provisorio/a *adj.* **5**
tend to tender a *v.* **6**
thief ladrón/ladrona *m., f.*
third party tercero *m.* **6**
thorough riguroso/a *adj.* **1**
threaten amenazar *v.* **1**
threatening amenazante *adj.*
thrilling apasionante *adj.* **1**
throw arrojar *v.* **4**
toss remover *v.*
tow truck grúa *f.* **1**
track huella *f.* **1**
traffic jam atasco *m.*, embotellamiento *m.* **3**
training entrenamiento *m.* **1**
tray bandeja *f.* **1**
tread pisar *v.*
treat (someone) tratar a (alguien) *v.* **3**
tremble temblar *v.*
trial juicio *m.* **4**
trick engañar *v.*
tried (legally) juzgado/a *adj.* **4**
trip tropezar *v.*
trunk tronco *m.* **4**
trust (somenone) fiarse de (alguien) *v.* **3**
try to tratar de *v.* **2**
turn something into something convertir en *v.* **2**
turn to (someone) recurrir a (alguien) *v.*
turn voltear *v.* **6**
TV viewer telespectador(a) *m., f.* **3**
twist torcer *v.* **4**
twisted retorcido/a *adj.*

U

UFO OVNI (objeto volador no identificado) *m.* **1**
umbrella paraguas *m.*; sombrilla *f.* **6**

unarmed inerme *adj.* **4**
unbearable insoportable *adj.* **5**
uncomfortable incómodo/a *adj.* **3**
undecided indeciso/a *adj.*
underestimated menospreciado/a *adj.* **6**
understanding comprensivo/a *adj.* **5**
(lack of) understanding (in)comprensión *f.* **2**
unfortunate desgraciado/a *adj.* **2**
unfriendly hostil *adj.* **2**
unhappiness infelicidad *f.* **2**
unhappy desgraciado/a *adj.* **2**
unknown desconocido/a *adj.* **1**
unnecessary innecesario *adj.* **6**
unprecedented inédito/a *adj.* **4**
unpunished impune *adj.* **4**
unrequited love amor no correspondido *m.* **5**
untidy desordenado/a *adj.* **5**
untimely inoportuno/a *adj.* **6**
unusual insólito *adj.* **1**
unyielding intransigente *adj.* **2**
user usuario/a *m., f.* **6**

V

vain vanidoso/a *adj.* **2**
value valorar *v.*
vanish desvanecerse *v.*
vice vicio *m.* **2**
virtue virtud *f.* **2**

W

wad (of bills) fajo (de billetes) *m.*
walk into something tropezar *v.*
wall muralla *f.*
wander around deambular *v.* **6**
war guerra *f.* **4**
wardrobe vestuario *m.* **6**
waste desaprovechar *v.* **3**; desperdiciar *v.* **5**
watercolor acuarela *f.*
way: on the way to de camino a *loc.* **3**
weakness debilidad *f.* **5**
weave tramar *v.* **2**
well-being bienestar *m.* **2**
wet mojado/a *adj.*
whim capricho *m.* **2**
whisper susurrar *v.*
wig peluca *f.*
will voluntad *f.* **5**; testamento *m.*
window cristal *m.* **6**
wink guiñar *v.* **5**
wish deseo *m.* **4**
withdrawal symptoms síndrome de abstinencia *m.* **6**
witness presenciar *v.* **4**
woes penas *f. pl.* **5**
working day jornada *f.*
worry preocupación *f.* **3**
worrying preocupante *adj.* **3**
worsen agravarse *v.* **6**
wrist muñeca *f.* **1**

Y

yawn bostezar *v.* **3**

ÍNDICE

S

T

Text Credits

13 © Eduardo Hughes Galeano, "Celebración de la fantasía" from El libro de los abrazos, 1989. Reprinted by permission of the author.
17 © Pedro García Bilbao, "La ciencia ficción clásica perdurará". Reprinted by permission of the author and of Revista QUO, editorial Hachette-Filipacchi. Desesperada, Spain.
20 © Luis R. Santos, "El otro círculo". Reprinted by permission of the author.
41 "Las cuatro fórmulas de la felicidad". © Reprinted by permission of Revista QUO, editorial Hachette-Filipacchi. Desesperada, Spain.
46 © Jorge Luis Borges, "Borges y yo".
50 © Denevi, Marco, *Falsificaciones*, Buenos Aires, Corregidor, 1984, págs. 159-160.
69 Isabel Piquer, "Benicio del Toro" Madrid, 2001. © Reprinted by permission of Diario El País, SL.
73 Cristina López Schlichting, "Pocholo es virtual" January 2004. Periódico La Razón. © Reprinted by permission of the author.
79 © Elena Poniatowska, "Cine Prado" Mexico, 1955. Reprinted by permission of the author.
99 Manuel Vicent, "La tortilla" July 2003. © Diario El País, SL/Manuel Vicent
103 Juan Gelman, Carta abierta a mi nieto Brecha, Montevideo, December 1998. © Reprinted by permission of Semanario Brecha.
108 © Julia de Burgos, "Yo misma fui mi ruta".
127 Juan José Millás, "Drácula y los niños" 2001. © Reprinted by permission of Mercedes Casanovas Agencia Literaria.
131 José María Izquierdo Rojo, "Las penas del amor se curarán un día con una inyección" 2003.
136 Agusto Monterroso, "El mono que quiso ser escritor satírico". © Reprinted by permission of the heirs of Monterroso.
155 © Guadalupe Loaeza, "Navidad de una 'rica y famosa'" from El Norte, December 2002. Reprinted by permission of the author.
159 Gabriel García Márquez, "¿Cuáles son las prioridades de la humanidad?" 1992.
164 © Poli Délano, "A primera vista". Reprinted by permission of the author.
164 © Andrés Neuman, "La cita de su vida". Reprinted by permission of the author.
164 © Wilfredo Machado, "Fábula de un animal invisible". Reprinted by permission of the author.
165 © Mercio Veloz Maggiolo, "El soldado". Reprinted by permission of the author.
165 © Luis Britto García, "La Naparanoia" 1992. Reprinted by permission of the author.

Comic Credits

27 © Joaquín Salvador Lavado Tejón (Quino), Humano se nace, Ediciones La Flor, 1991. Malditos ratones, Argentina. Reprinted by permission of the author.
55 © Ricardo Reyes. Yo le diría, Mexico. Reprinted by permission of the author.
85 © Forges. Reprinted by permission of the author.
113 © Ricardo Peláez. Los pájaros trinando por los altavoces, Mexico. Reprinted by permission of the author.
141 © Carlos Loiseau, ¡Alerta roja! Reprinted by permission of the author.
169 © Maitena Burundarena, Teléfono: Una enfermedad celular. Reprinted by permission of the author.

Photo Credits

AGA, Archivo General de la Administración: 98.

Corbis Images: Cover © Royalty-Free. **2** © John Lund. **7** © Royalty-Free. **13** Salvador Dalí. Soft Watch © Christies Images. **17** © Forrest J. Ackerman Collection. **26** © Isabel Steva Hernandez (Colita). **30** © Royalty-Free/Colin Anderson. **41** © Mark A Johnson. **46** (L) © BASSOULS SOPHIE/CORBIS SYGMA. **46** (R) © Bettmann/CORBIS. **48** © Albright-Knox Art Gallert/Corbis. **56** © Royalty-Free. **57** © LWA-Dann Tardiff/Dann Tardiff. **58** © Lester Lefkowitz. **69** © Frank Trapper. **74** © B. Bird/zefa/Corbis. **78** © Reuters NewMedia Inc./Jorge Silva. **80** © Stewart Tilger. **87** © Ralf-Finn Hestoft. **88** © William Whitehurst. **99** © Roger Ressmeyer. **103** © AFP Photo/EPA/EFE/Gustavo Cuevas. **108** © Tim Wright/Corbis. **115** © Royalty-Free. **116** © Cameron. **126** © Manuel Zambrana. **127** © Patrick Ward. **131** © Koopman. **135** © AFP/Toni Albir. **143** © Chuck Savage. **144** © Randy M. Ury. **155** © Chris Coxwell. **158** © Arici Graciano. **159** © Donna Day. **164-165** © Alan Schein Photography. **179** © Firefly Productions.

Other: 12 Héctor Zampaglione. **19** © Pascual Nuñez **20** © Lucky Pix/Masterfile. **23** © Frank Siteman/Getty Images. **45** © Rue des Archives/The Granger Collection, New York. **49** © GDA/La Nacion/Argentina. **50-51** bkgd, © Deborah Jaffe/Getty Images. **73** © Cipriano Pastrano **84** © Reprinted by permission of the author. **92** © Royalty Free. **107** Courtesy Instituto de Cultura Puertorriqueña, San Juan, Puerto Rico **120** © Royalty Free. **162** © Jaime Ballestas. **162** Grupo Santillana Venezuela. **168** Urko Suaba.

Sobre los autores

MARÍA CINTA APARISI es licenciada en Filología Inglesa y Traducción por la Universidad de Barcelona, España, y ha recibido certificados en traducción especializada en la Universidad de Barcelona, la Universidad de Londres y Bentley College, Massachusetts. Ha enseñado inglés en España a nivel secundario y español en el Boston Language Institute. Aparisi es editora de dos de los programas introductorios de Vista Higher Learning, **Vistas** y **Panorama**; y del programa intermedio **Imagina**. Escribió el guión del video de **Vistas** y las actividades para Internet. Editó y escribió actividades para Internet de tres de los programas de nivel intermedio, **Ventanas**, **Facetas** y **Enfoques**. Es coautora del programa de nivel avanzado **Revista, Primera Edición**.

JOSÉ A. BLANCO es fundador de Vista Higher Learning, compañía que desarrolla programas educativos en español. Nativo de Barranquilla, Colombia, Blanco se graduó en Literatura y Estudios Hispanos en la Universidad de Brown y la Universidad de California, Santa Cruz. Ha trabajado como escritor, editor y traductor para Houghton Mifflin y D.C. Heath and Company, y ha enseñado español a nivel secundario y universitario. Blanco es coautor de muchos otros programas de Vista Higher Learning: **Vistas, Aventuras, Panorama** y **¡Viva!** de nivel introductorio, **Ventanas, Facetas, Enfoques, Imagina y Sueña** de nivel intermedio, y **Revista, Primera Edición** de nivel avanzado.

MARCIE D. RINKA se dedica a la enseñanza del español desde hace diez años. Recibió su doctorado en Español y Portugués en la Universidad de Tulane, New Orleans. En la actualidad enseña todos los niveles de español en la Universidad de San Diego donde tiene el cargo de profesora asistente. Rinka ha publicado numerosos trabajos sobre literatura hispánica, siendo la literatura latinoamericana de los siglos XIX y XX su especialización. Ha viajado por España y diversos países de Latinoamérica.